新媒体环境下的网络舆情研究与传播

《图书情报工作》杂志社 编

海洋出版社

2016年·北京

图书在版编目（CIP）数据

新媒体环境下的网络舆情研究与传播／《图书情报工作》杂志社编．—北京：海洋出版社，2016.3

(名家视点．第7辑)
ISBN 978-7-5027-9364-7

Ⅰ.①新… Ⅱ.①图… Ⅲ.①互联网络-舆论-研究 Ⅳ.①G219

中国版本图书馆CIP数据核字（2016）第026073号

责任编辑：杨海萍　张　欣
责任印制：赵麟苏

海洋出版社　出版发行

http://www.oceanpress.com.cn
北京市海淀区大慧寺路8号　邮编：100081
北京朝阳印刷厂有限责任公司印刷　　新华书店北京发行所经销
2016年3月第1版　2016年3月第1次印刷
开本：787 mm×1092 mm　1/16　印张：17.25
字数：298千字　定价：48.00元
发行部：62132549　邮购部：68038093　总编室：62114335
海洋版图书印、装错误可随时退换

《名家视点丛书》编委会

主　任：初景利
委　员：易　飞　　杜杏叶　徐　健　　王传清
　　　　王善军　刘远颖　魏　蕊　胡　芳
　　　　袁贺菊　王　瑜　邹中才　贾　茹
　　　　刘　超

序

  2016年新年伊始，由《图书情报工作》杂志社策划编辑的《名家视点：图书馆学情报学档案学理论与实践系列丛书》第7辑共5本，已由海洋出版社出版。这一辑丛书是编辑从近年来发表的论文中精选出来的。这是《图书情报工作》杂志社与海洋出版社联袂奉献给中国图书情报界的新年志喜，也是为国家"十三五"规划开局之年给图书情报从业人员的一份礼物。

  在这份礼单中，首先是《图书馆发展战略规划与趋势》。在这本书中，我们收录了26篇文章，分专题篇、国外篇、国内篇三个部分，集中展示了国内学术界对图书馆发展战略规划与趋势的研究成果。创新发展，规划先行。面向"十三五"，图书馆需要在把握趋势、把握大势的基础上，确立新思维、制订新战略、采取新行动。"十三五"规划制订得好坏，直接影响每个图书馆今后5年的发展，而今后5年对图书馆的转型变革是至关重要的，是挑战，也是机遇。这一组文章基本上能展现国内外图书馆发展趋势和战略规划的特点和要点，相信对每个图书馆及管理者和图书馆员都具有重要的参考和借鉴价值，应成为制订"十三五"规划和指导"十三五"期间图书馆工作的重要案头书。

  其次是《新环境下图书馆用户信息行为》，共收录26篇重要文章，分专题篇、网络篇、服务篇和综述篇4部分。用户信息行为是图书馆学情报学最重要的研究对象。图书情报服务做得好不好，往往是由图书情报机构对其服务对象（用户）的信息需求和信息行为的认知和分析深度所决定的。在当前变化的信息环境下，我们对用户的信息需求及其行为的跟踪、揭示和研究是非常不够的，这不仅是由用户信息行为的复杂性所决定的，也是因为我们对用户行为的研究仍缺乏前瞻性的理论、科学的方法和有效的技术。本书所收录的文章将为我们进一步的研究提供新的起点、新的视角和新的结论，有助于我们对用户信息行为提供完整和深入的认识。

在今天图书情报机构提供的信息服务中，专利是不可忽视的。专利被认为是创新性研究或应用成果的代表，代表的是科技创新能力，对企业和各类机构而言是十分核心的信息资源和创新支撑。在《专利情报研究与服务》一书中，我们收录了28篇文章，分专题篇、方法篇、应用篇、评价篇4个部分，展现了国内专利领域的专家学者在专利的引文、工具、挖掘、服务、评价等多个方面有代表性的研究成果，表明国内图书情报界在应用专利推动国家的创新驱动发展战略中所开展的卓有成效的服务工作。总体而言，国内图书情报机构在对专利的重视程度上不够，在应用专利推动科技创新的实践力度上不够，在将专利信息资源转化为现实生产力的实际效果上不够。期待这些文章能对解决这些问题产生一定的推动作用。

网络舆情的研究随着新媒体环境的出现而愈发引起包括政府和相关机构的高度重视，也吸引了广大研究人员的积极参与。在名家视点第5辑中推出的《新媒体环境下的网络舆情研究和传播》一书受到读者好评，现已售罄。故这一辑将此书再版，增加了一些最新的稿件，使该书跟上新的形势。在不少图情机构，网络舆情的监控与分析，已经成为一项重要的情报研究和咨询服务。

最后一本书是《数字图书馆知识产权保护研究进展》。随着数字图书馆建设与发展，与数字图书馆相关的知识产权问题也显得愈加突出，往往是著作权法等相关法律未曾涉及的新的问题。知识产权问题能否解决好，关系到作者知识产权保护与数字图书馆可持续发展的平衡问题。二者不应是矛盾的，而是数字图书馆发展中必须直面、解决的问题。本书收录26篇文章，分策略篇、实践篇、综合篇，展示了我刊近年来发表的重要的相关研究成果，体现了作者们在有关数字图书馆知识产权问题的认知、实践和策略，有助于启发我们更深入的思考，提出更加符合法理和现实环境的解决对策。

"十三五"已经到来，图书情报界需要重新定位，前瞻谋划，大胆探索，砥砺前行。就图书情报机构的转型而言，这是一个非常关键的5年。如何做好规划，做好布局，寻求新的突破，重塑图书情报新的职业形象，赢得应有的职业尊严和专业地位，不仅关系到这5年的发展，而且直接影响未来10年或者更长时间图书情报机构的生存。我们既要有危机感和忧患意识，也要提振信心，抓住机遇，看到未来发展的前景。"图书馆，不要自甘寂寞"（《人民日报》2015年12月22日第12版语），代表的是全社会对图书馆的期许，也是对图书馆人的鞭策。图书馆若想不被边缘化，拯救自己的只有图书馆员自己。

初景利

《图书情报工作》杂志社社长、主编，教授，博士生导师

目　次

基　础　篇

我国网络舆情信息工作现状及对策思考 …………………………（3）
新媒体技术发展对网络舆情信息工作的影响研究 ………………（14）
我国舆情信息工作体系建设：现状、困境、走向 …………………（23）
基于最小二乘法的突发事件网络舆情演化规律研究 ……………（31）
基于主题的舆情跟踪方法研究及性能评价 ………………………（41）
网络舆情话题的数据立方体模型分析 ……………………………（50）
面向网络舆情的政府知识模型研究 ………………………………（60）
网络舆情在服务型政府建设中的影响与作用 ……………………（71）
网络舆情管控工作机制研究 ………………………………………（79）

应　用　篇

公共危机事件中政务微博的舆情信息工作理念与策略探析
　　——以雅安地震为例 …………………………………………（89）
基于情感分析的灾害网络舆情研究
　　——以雅安地震为例 …………………………………………（97）
我国图书馆舆情信息工作的现状与服务方式创新
　　——区域性图书馆舆情信息工作联盟构建设想 …………（111）
网络意见领袖舆论引导能力的评判体系研究
　　——基于灰色统计与层次分析法的模型构建 ……………（121）

1

基于贝叶斯网络建模的非常规危机事件网络舆情预警研究 …………（135）
定量网络舆情危机预警模型构建 ………………………………………（147）
突发事件网络舆情预警模式探索 ………………………………………（158）
网络舆情监测及预警指标体系构建研究 ………………………………（167）
企业竞争情报系统建设中的舆情监控研究 ……………………………（177）
主题追踪在医药卫生体制改革舆情监测系统中的应用 ………………（185）
MNPOS:军事网络舆情分析系统研究……………………………………（192）

传　播　篇

网络舆情信息传播视域中传播效果理论的嬗变与思考 ………………（201）
微博个体信息传播影响力评价指标分析 ………………………………（210）
网络意见领袖舆论引导能力的评判体系研究 …………………………（218）
网络社交现状及对现实人际交往的影响研究 …………………………（232）
基于微博传播的舆情演进案例研究 ……………………………………（247）
危机事件网络舆情传播模型及消极思潮应急对策 ……………………（258）

基　础　篇

我国网络舆情信息工作现状及对策思考*

习近平总书记在全国宣传思想工作会议上指出,"要把网上舆论工作作为宣传思想工作的重中之重来抓"[1]。新时期,互联网已经成为大国博弈新的战略制高点,网上舆论斗争错综复杂,高度活跃的网络舆情反映人们的所思所想和呼声意愿,左右人们的思想情绪和精神状态,影响社会的和谐稳定和有序运转,能否妥善应对已经成为关系执政治国的"最大变量",做好网络舆情信息工作关乎国家安全和政治稳定。

1 当前我国网络舆情的发展态势

《辞源》对"舆情"解释为"民众的意愿"。有学者从社会学视域考察舆情的定义,认为舆情是指社会各阶层民众对社会现象所持有的情绪、态度、看法、意见和行为倾向,尤其是对社会管理者和社会公共事务所持有的情绪、态度、意见等[2]。网络舆情则是社会总体舆情的一个组成部分,是以网络为载体存在,以网络传播方式汇聚、形成和表达的舆情,是各种不同情绪、态度和意见交错的总和。网络舆情的一般表现途径包括:网络新闻,新闻跟帖,论坛帖文,以博客、微博为代表的社会化媒体,即时通讯工具,电子邮件,搜索引擎,移动互联网终端,网上调查,网上签名,网络发起线下活动等[3]。网络舆情的基本特征可概括为自由性与可控性、互动性与即时性、丰富性与多样性、隐匿性与外显性、情绪化与非理性、个体化与群体极化性[4]。

1.1 网络热点事件不断攀升,网络舆情风险高频发生

当前,我国进入社会转型期,社会各阶层习惯于在网络上"喊话",一旦发生社会事件,网络舆情受到网上网下、显性隐性多重因素影响,通常会快速形成、快速扩散、快速变形,网民个体意图、外部环境变化、舆情诱发事

---

* 本文系国家社会科学基金重点项目"基于信息共享的网络舆情信息工作机制建构与服务内容研究"(项目编号:12ATQ005)研究成果之一。

件本身的发展、主流媒体报道、网民间的互动等因素都会不间断地改变舆情状态。中国人民大学舆论研究所发布了《中国社会舆情年度报告（2012）》，该报告统计，2011年网络热点事件349件，2010年为274件，2009年仅有248件。这说明我国社会舆情事件不断攀升，危机已不再是单位随机事件，而是环境、秩序、规则的系统性破坏或错位，成为一种社会常态存在[5]。中国人民大学喻国明教授基于百度热搜词的大数据分析，计算出社会运行压力指数：2009年为46.1；2010年为80.9；2011年为83.9；2012年为85.7[6]。4年来，社会整体压力指数持续上升，社会舆情、网络舆情信息工作亟待加强顶层设计。

1.2 网上各种思潮汇集交织，意识形态领域斗争复杂

互联网已经成为当今舆论斗争的主战场。西方反华势力一直妄图借助互联网的"信息优势"、"技术优势"来"扳倒中国"。做好当下网络舆情工作，一要充分认识国际战略环境衍生出复杂多元的国际涉华舆情。如美国在亚太推行"再平衡"战略，有保持军事战略存在因素，也有平衡盟友与伙伴关系的外交因素，还有经济再平衡因素，以防止在东亚出现以中国为核心的经济一体化进程[7]。因此，互联网上呈现出的涉华舆情既是多元的，也是多边的。二要充分认识到我国正处于社会转型期，不可避免地存在诸多矛盾，加之一些行政监督与法律保障未能及时跟进，互联网容易变成倾泻"仇官"、"仇富"等负面情绪的"舆论场"。因此，互联网上各种真实的、虚假的，理性的、非理性的，正确的、错误的思想认识和信息相互叠加，鱼龙混杂，泥沙俱下，难以条分缕析、精确全面地认知，这给互联网监管工作带来了挑战，网络舆情信息工作者不仅要增强政治意识和大局意识，还要解决"本领恐慌"问题。

1.3 网络信息传播进入法制性管理轨道

网络媒体日益成为社会信息的集散地，网络舆论成为反映民意的"晴雨表"，为党和政府及时了解舆情、体察民意提供了重要平台，广大网民通过互联网发表意见建议，有效行使知情权、参与权、表达权和监督权，其积极意义日益凸显。不可否认，网络也是把双刃剑。实施网络监督、网络问政、网络反腐的同时，网络谣言、流言、偏激意见在网络上呈现"爆炸式"、"病毒式"传播，甚至衍生出利用负面信息和虚假信息敲诈勒索、收费删帖等违法行为，并形成网下灰色"产业链"。近年来，我国加快网络法制建设，形成法律规范、行政监管、行业自律、技术保障、公众监督、社会教育相结合的互联网管理体系。2011年12月，北京和广东等省区市相继发布微博管理规定，

自 2012 年 3 月 16 日开始实施，对用户采取"后台实名、前台自愿"的实名方法，未通过身份认证的微博用户不能发言、转发、只能浏览；2012 年 3 月 15 日，工业和信息化部制定的《规范互联网信息服务市场秩序若干规定》开始施行，加强网站登记备案、接入服务、域名和 IP 地址等基础资源管理；7 月 9 日，国家广电总局和国家互联网信息办公室联合下发《关于进一步加强网络剧、微电影等网络视听节目管理的通知》，要求互联网视听节目服务机构对网络剧、微电影等网络视听节目一律实行先审后播；12 月 28 日，第十一届全国人大常委会第三十次会议审议通过了《关于加强网络信息保护的决定》[8]；2013 年 9 月 9 日，最高人民法院公布《最高人民法院、最高人民检察院关于办理利用信息网络实施诽谤等刑事案件适用法律若干问题的解释》，该解释厘定公民正当言论权的边界，将刑事打击谣言的范围，严格限制在恶意造谣、传谣者，同时也保证公民行使网络监督的正当权利。当前，我国网络舆情信息的监测、汇集、分析、报送与保障机制还需要加强法制化的配套建设。

1.4 社交媒介的链式传播生成的网络舆情空间趋于独立

微博、微信等社交媒体占据互联网信息传播的半壁江山。中国社会科学院新闻与传播研究所推出的《中国新媒体发展报告（2013 卷）》指出：2013 年，中国网民总数会超过 6 亿，微信用户将呈爆发式增长，大数据带动各个产业调整结构，新媒体将成为执政能力提高的重要手段，新闻的移动化传播将成为常态[9]。随着越来越多的私人化移动终端接入互联网信息传播链，由"人随网走"到"网随人走"，网络传播模式正发生变革。微博、微信投射在网络上是现实的"自我"，通过"人"与"人"的交流，形成链式传播，而传播的双向反馈在人际关系的链条上得以完全实现。过去，网络信息传播通常要获得传统媒体的跟进，才能在网络海量信息中凸显，实现多级放大，获得更广域的传播；现在，以微信为代表的社交网络，从原有的"弱关系链接网"向基于手机通讯录的"强关系链接网"转变，相关信息在相对稳定的社交圈完成多级链式传播，无需传统媒体推介。由于微信传播大多在特定的私密性空间完成，又可以链接网络公共信息平台，辐射影响全国受众，因此为实施网络舆情监测与网络舆论引导带来现实性难题。

1.5 中国网民的有限代表性与不可忽视的影响力

要科学地认知和判别我国网络舆情与社会民意之间的关系。根据中国互联网络信息中心（CNNIC）2013 年 7 月发布的第 32 次《中国互联网络发展状况统计报告》，我国网民构成以大学以下学历的青年人为主。据调查，中国微博用户基本特征调查呈现年龄低、学历低、收入低的"三低"倾向[8]。另外，虽然大比例公众从互联网上获得信息，但是真正活跃、主动的网民比例较小。2012年，新浪发布数据称，新浪微博的用户注册数量已经超过3亿，但是日活跃用户比例仅为9%[10]。从这个意义上讲，网络舆情对于社会总体民意只具有一定程度上的代表性，不能简单地将其等同于民意。与此同时，第32次《中国互联网络发展状况统计报告》也显示，截至2013年6月底，我国网民规模达到5.91亿，互联网普及率为44.1%[11]。这表明，网络舆情的影响面已经具有某种全民性。可见，某一社会话题的网络意见只是代表一部分公众的观点和立场，却可能造成全局性的影响。

2 我国网络舆情信息工作的基本格局

网络舆情信息工作，是指相关工作部门和人员对网络舆情信息进行汇集、分析和报送，为决策者提供决策依据的一系列工作。网络舆情信息工作的着力点在于以现代网络技术为手段，通过建立灵敏高效的工作网络和学科完善的工作机制，全面了解社会舆情的总体态势，指导全局工作。我国网络舆情信息工作随着互联网技术的发展与国际国内环境的变化而呈现动态变化，做好网络舆情信息工作关乎党的执政能力建设。

从互联网信息管理宏观层面来讲，1999年，中央批准在中央外宣办的基础上建立国务院新闻办。与此同时，中央把有关互联网宣传和管理的具体职能逐渐从中宣部转到国务院新闻办。2002年，国务院新闻办成立网络新闻宣传管理局，专门负责互联网宣传和管理工作。2004年6月，中宣部整合相关部门，成立舆情信息局，依托中央和地方宣传思想工作系统，重点就意识形态领域舆情开展信息汇集、分析和报送工作。2011年5月，国家互联网信息办公室成立，机构设在国务院新闻办，专门负责互联网新闻管理、网络信息协调、网络应急管理、网络信息服务以及网络信息研究等工作。目前，在中央统一领导下，形成了以国家互联网信息办公室、工业和信息化部、公安部为职能机构，分别主管互联网信息内容、互联网行业发展、打击网络违法犯罪的"三位一体"互联网管理工作格局。具体来讲，互联网内容管理部门以国家互联网信息办公室牵头，包括文化部、新闻出版广电总局等内容管理部门。工信部和公安部分别负责行业管理和网络安全，也各自承担汇集分析网络舆情的重要职责，主要根据中央要求和各自职责汇集分析网络舆情。

在"三位一体"的网络信息顶层管理格局下，我国网络舆情信息工作的运行机制大致呈现三种结构：纵向网络机制、横向网络机制与协作网络机制[12]。在整个网络舆情信息工作系统之中，我国各级党委政府的宣传部门是舆情工作的综合和引导部门，也是各类舆情信息的集散地。当然，我国司法、教育、卫生、军事等系统也建成网络舆情信息工作体系，具体如，网络舆情信息汇集、分析、报送、反馈机制均在国家"纵向、横向与协作"的网格状体系之中运行。

纵向网络机制，是指由相隶属的职能部门形成的网状结构。由于纵向网络具有上下层次，各层次之间存在行政领导或业务指导功能，纵向结构的舆情研究，在机制上具有制度化、规范化和稳定性的特征。网络舆情工作力量纵向分布依托现有的党委政府机关行政序列，上级职能机关对下级职能机关具有业务上的指导功能，下级为上级提供网络舆情信息汇集和报送服务。纵向网络工作机制发挥着舆情信息工作主力军的作用，中央国家机关、中央宣传文化单位、国家社科研究机构大多已经自上而下地构建了网络舆情汇集分析纵向网络机制。目前，中央国家机关和中央宣传文化单位普遍把网络舆情工作的触角延伸到省、市两级。以国家互联网信息办公室、工信部和公安部三大网络管理部门为例，国内大多数省（区、市）和地级市都建立了相应网络舆情工作机构。当然，中央的舆情信息管理部门及地方各级相关管理部门具有双重身份，它们既属于服务对象，是舆情汇集和分析网络的管理者和决策者，又是处于信息工作组织管理与上级决策者之间的工作者。根据工作需要，这些部门的人员要常常亲自参与到舆情信息汇集、分析和报送过程中[13]。

横向网络机制，是指舆情研究职能部门与同级职能部门之间形成的网络。网上信息海量庞杂，而且"横看成岭侧成峰"，同类舆情，因收集的数据不同，观察的角度不同，其分析结论可能会不同。横向的网络舆情研究结构，有利于形成各个职能机构之间舆情信息的汇合与共享，使舆情信息更全面客观和真实准确。目前，我国党政机关舆情信息工作职能机构通过联席会议制度、舆情会商制度，建立自发性的横向联络体系。当然，横向体系需要牵头单位主动建立一整套行之有效的办法和制度强化彼此的联系，推动横向研究的制度化、规范化运作。从目前实际运行情况看，横向网络建构旨在网络舆情信息相互交流和共享，是一种合作关系，不具有很强的紧密性和稳定性。当然，网络舆情信息工作是将海量无序的信息，通过筛选、甄别、归纳为有价值信息，甚至特定的舆情信息还兼有情报功能。因此，制约横向间信息共享的因素有两条：一是各职能部门在网络舆情发现与呈报上，还存在竞争关系；二是在网络舆情分析与研判上，还存在个性化问题，"多版本"的舆情信息难以整合兼容。

协作网络机制，是以舆情研究职能机构为主体，以各级团体、大众传媒、社科研究机构、社情民意研究机构为补充的舆情信息研判网络。信息化时代，新的舆情主体不断增多，新的舆情载体不断涌现，新的舆论场也在不断形成，传统的机关内部舆情研究显然不能覆盖社会各个层面。有学者指出，我国网络舆情研究的辅助协作机构包括各级人大、政协、计划部门、统计部门、新闻媒体、科研院所等相关部门。这些部门的主要作用是直接或间接地参与到舆情信息汇集和分析工作中。随着社会结构的变化和新传输手段的不断涌现，在搞好覆盖人群面广、学科门类齐全的操作主体建设的同时，有必要推动信息网络单位向农村、企业、学校、社区等延伸，向新兴群体、新兴组织、新兴媒体延伸，向社科单位、社科院所延伸，向掌握境外舆情的单位延伸，向专业舆情调查机构和部门延伸[13]。

综上所述，我国网络舆情信息工作体系由政府职能机构、高校社科机构、主流新闻媒体、商业门户网站、社交网站等组成，其中，一些网络媒体、智库既是舆情信息的发生地，也担负着网络舆情数据分析与网络舆论引导之责。此外，网络舆情采集监测系统研发机构与第三方数据调查中心也被纳入网络舆情信息工作体系之中。笔者综合CNKI文献搜索、实地调研、样本选取加权等因素，将我国主要的高校社科系统舆情研究机构、新闻媒体舆情研究机构、网络舆情软件研发机构情况进行归纳，如表1所示：

表1 我国网络舆情信息研究机构、平台、软件综合情况

分类编号	高校社科舆情研究机构	媒体舆情信息分析机构	主流新闻网站舆情信息平台	社交媒体舆情信息平台	市场舆情研发软件
1	天津社会科学院舆情研究所	人民网舆情监测室	人民网	天涯社区	谷尼分析
2	中国人民大学舆论研究所	新华网舆情监测分析中心	新华网	强国论坛	惠科搜索
3	中国传媒大学公关舆情研究所	环球时报舆情调查中心	央视国际	凯迪社区	拓尔斯TRS
4	上海外国语大学中国国际舆情研究中心	央视舆情监测中心	中新网	新华发展论坛	方正电子政务
5	中国科技大学知识管理研究所舆情管理研究中心		中国网	央视复兴论坛	邦富软件

3 我国网络舆情信息工作面临的挑战

我国现行的网络舆情信息工作体系在机构、队伍、制度、理论和技术层面都取得了系列成果，但在舆情信息协调、工作水平、技术方法、系统研发和市场运作等方面，仍面临诸多挑战。

3.1 网络舆情信息工作协调不够顺畅

我国舆情信息工作网络已经形成网格状的覆盖面，在搜集一般社会动态信息方面也有相当的基础，但在实际运行中还存在"体制内强体制外弱"的现象，在一定程度上影响了网络整体效益提高和功能发挥[14]。舆情信息工作主要依赖于具有行政约束力的纵向网络结构，而党政信息部门、舆情监测部门、职能部门网络宣传处、传统媒体、网络媒体之间的协调联动机制还不够顺畅。人民网舆情监测室提出突发事件处置"黄金四小时"原则，强调政府要第一时间发声，政府要第一时间处理问题，做突发事件的"第一定义者"[15]。然而，随着新技术的发展，个人移动终端信息与网络信息汇集与流通，微博、微信的信息传播峰值会愈加提前，网络舆情工作必然涉及当事部门与主管部门的协调联动，网络舆情监测单位没有处置权，需要层层上报，在当前行政主导的纵向机制下，网络舆情处置必然滞后。此外，各舆情系统独立运作，为本部门及直接上级机构或领导服务，横向与协作机制运行缺乏统筹和约束，舆情信息共享不够，没有形成合力。从国家宏观层面来讲，这也带来网络舆情信息工作的重复性建设、舆情呈报内容的同质化现象和人力物力资源配置的浪费。

3.2 网络舆情信息研究工作不够平衡

目前，在"自上而下"的发展路线下，中央和省级舆情信息工作机构大多已建立并有效运转，然而，涉及市县的基层舆情机构基本未成立[16]。一些地方政府部门舆情研判工作不平衡，特别是管理色彩浓引导色彩淡，收集网络舆情主要就是为了简单删除本单位的负面信息；有些职能部门分析研判能力不足，偏重舆情上报数量，忽视质量，上级部门往往获得大量原始"数据"信息，而缺乏有价值的"二次提炼"信息；有些职能部门工作视野较为狭窄，对于网络舆情的信息预警和信息评估功能认识不足，导致网络舆情信息工作的职能没有得到充分发挥。

3.3 网络舆情信息分析不够准确

近年来，从一些高等院校、科研院所和新闻媒体公开发布的舆情分析报告看，存在调查研究不全面、不科学，发布舆情分析报告随意、忽视导向等问题。一些网络舆情研究机构的分析研判能力和技术手段不足，却每年都发布全国性舆情分析报告，报告中的统计数据、抽样调查既不全面也不科学，不时出现有失偏颇的分析结论，容易误导舆论，引发社会思想混乱。突出表现在两个方面：①在研究内容上，一人一时一事的应急性、个案化的研究比较多，长远性、战略性的舆情研究规划不够。②在研究方法上，定性的、理论推导式的研究比较多，具有说服力的定量研究和实证研究开展得不够，研究结论的信度和效度具有局限性。

3.4 网络舆情分析系统功能同质

笔者调研了解，全国目前共有 93 家企业 104 款网络舆情系统通过"双软"认证。国内舆情研判系统存在的共性问题是：①舆情产品功能同质化严重。所有的软件系统基本功能包括信息获取、舆情分类展示、热点事件发现、舆情简报、传播路径分析等，后台对应的支撑技术主要是网络爬虫、元数据抽取、文本分类、文本聚类、自动摘要、文本相似度计算、倾向性分析等，对于个性化舆情信息需求与服务还难以做到"因人因事而异"。②注重获取渠道，语义分析能力精度不高。大多数舆情分析系统没有脱离互联网信息采集和加工产品范畴，并未真正跨入网络舆情序列，在向成熟的语义分析迈进上依然道路漫长。当前，舆情系统还是以文本分析为主，缺乏对图像、音视频等类型文件的关联性分析，而大数据时代，音视频信息将占据网络绝对信息流量，舆情研判应当将其纳为重点。③案例建设缺乏，预警与处置能力不足。互联网上热点舆情不断，应对发生过的案例进行建模、分析、仿真、反演，积累类似事件的处置经验，挖掘舆情事件的一般演化规律，进而对可能发生的舆情事件进行预测分析并做出处置预案。当前，我国高校科研机构应加强建设各类型的网络舆情案例库，为网络舆情预警、研判以及处置提供基础性研究。

3.5 网络舆情研判市场不够规范

我国网络舆情监测和研究机构从 2008 年开始大量涌现，不少机构对外提供有偿服务，使得这一市场变得鱼龙混杂。一些商业公司和个人博主、版主为吸引眼球造势，甚至发表敏感问题的网络调查。一些商业公司还自行发起建立网络舆情研究中心、中国舆情联盟等所谓组织，随意开办中国民意调查等舆情网站，专门收集负面舆情，涉嫌网络造谣传谣。对此，2010 年下半年，国家互联网信息办公室会同相关网站开启了微博辟谣工作，针对微博中恶意、有害的不实信息及时进行查证和辟谣，微博平台可以将之标注为"谣言"。2013 年以来，国家互联网信息办公室、公安部等多个部门共同采取措施整治网络谣言，规范网络秩序，净化网络环境，取得了显著效果。一批利用互联网制造和故意传播谣言以谋取个人私利、非法攫取经济利益的人员，如秦志晖（"秦火火"）、杨秀宇（"立二拆四"）等，受到查处。进一步加强制度建设和执法力度，保护公民个人信息安全，依法惩治不法分子，切实规范网络信息传播秩序，有利于保护正当的言论自由，有利于保护人民群众合法权益的满足，有利于维护社会公共秩序。

4 加强网络舆情信息工作的几点对策

舆情信息工作是党中央加强党的执政能力建设、提高党的执政水平的一项重要工作。新时期，加强网络舆情信息工作必须要有新的视野、新的机制和新的技术。

4.1 加强网络舆情工作者的政治素养培育

中宣部关于网络舆情信息工作提出要树立"服务大局、关注大事、反映大势"的观念："大局"是指服务于党和国家建设的大局，服务于中央决策；"大事"是指国内国际反映在网络舆情上的重大事件；"大势"则是时代和社会变化发展的基本特征，是国际形势、国内局势的总趋向[3]，这也集中反映了舆情信息工作者的政治素养要求。当前，网络舆情分析师作为一种新兴职业在社会上迅速兴起。2012年6月，工信部批准成立全国舆情技能水平考试管理中心，设立网络舆情分析师和网络舆情管理师两个考证科目；2013年8月，人力资源和社会保障部与人民网舆情监测室对舆情培训人员联合颁发《网络舆情分析师职业培训合格证》（CETTIC）。笔者认为，网络舆情关系党和国家的安全与稳定，互联网已成为当前治国理政的新平台。作为网络舆情工作者，政治素养应放在首位。只有加强政治敏锐性、政治判别力的能力训练和培育，才能提高网络舆情的发现力和研判力，才能正确树立"大局、大事、大势"观。

4.2 完善网络舆情信息工作机制

目前，各级部门高度重视网络舆情研判工作，已经建立形成网络舆情信息汇集机制、信息研判机制、信息报送机制、信息反馈机制、危机处理机制及工作保障机制。然而，在当前诸多机制的运行中，网络舆情研判还存在"主体跨部门、技术跨平台、内容多重复、资源缺共享、应对显滞后"等现实问题。由此看来，制约舆情信息研究科学发展的不是技术而是机制。要进一步研究网络舆情信息工作的"三种机制"：①专门化的日常舆情通报机制。由专门的部门、专项的刊物进行日常的舆情搜集、整理、分析和报告是最主要的舆情信息工作机制。笔者注意到，人民网舆情监测室不仅与国内相关部门机构形成了规范的舆情研判报送机制，同时，该机构对外发布的"地方应对网络舆情能力推荐榜"、"网络文化热点排行榜"等评估报告本身成为了舆论引导工具。在专业机构建设上，我国政府还要重视扶持民间力量，建设像皮尤、盖洛普那样在国际上具有影响力的数据调查中心。②联席会议机制。联席会议机制体现在国家各职能机构与各方专业力量之间的协作，当前，各种形式和级别的网络舆情联席会议制度应重点解决信息共享与舆情处置问题，在重大舆情会商中，充分借助"外力"形成"头脑风暴"。③舆情信息直报点的激励机制。中央以及省级机构为掌握基层舆情信息而设立了直报点或直报员，由于缺乏机构和经费支持，且多数为兼职人员，没有形成基层信息直报点的长效激励机制。

4.3 拓展网络舆情工作的科学研究领域

随着"大数据"（big date）时代的来临，以数据集合体为代表的网络舆情呈现出体量巨型、类别多元、速度迅捷、价值宏大的基本特征，它改变了传统的数据抽样分析模式，要求尽可能覆盖全维度舆情样本；它超越了固化的数据分析结构，凭借深度智能分析和建模，能够显示各种事物的潜在关联，舆情预警功能得以展现；它借助海量信息云计算，展示给受众的是动态的、简明的、可视化的数据图谱，能够直接为决策服务[17]。2013年5月，市场研究机构eMarker的数据显示，在Facebook、Twitter、Pinterest等全球社交媒体中，QQ空间和新浪微博的全球活跃用户普及率并列第五，中国已经彻底走进了自媒体时代[18]。可以预见，未来网络舆情信息随同"大数据"的发展，频度与烈度依然会骤增，应激式的舆情研判显然不能适应时代要求。大数据分析，其核心变化是"关联提示功能"、"预警研判功能"、"辅助决策功能"得以实现。这为网络舆情教学科研拓展了新领域，必须重新规划设计网络分析师、网络评论员、网站维护管理员的人才培养模型，建设国家层面的网络舆情的云服务基地和舆情大数据管理基地，以保障网络舆情研究之需要。

参考文献：

[1] 鲁炜. 把网上舆论工作作为宣传思想工作的重中之重[N]. 人民日报，2013-09-17（16）.

[2] 王宏伟. 舆情信息工作策略与方法[M]. 北京：中国人事出版社，2012：6.

[3] 中共中央宣传部舆情信息局. 网络舆情信息工作理论与实务[M]. 北京：学习出版社，2009.

[4] 刘毅. 网络舆情研究概论[M]. 天津：天津人民版社，2007：74.

[5] 人民网舆情监测室. 网络舆情——热点面对面［M］. 北京：新华出版社，2012：8.

[6] 喻国明. 呼唤"社会最大公约数"：2012年社会舆情运行态势研究——基于百度热搜词的大数据分析［J］. 编辑之友，2013（5）：12-15.

[7] 张洁. 中国周边安全形势评估（2013）［M］. 北京：社会科学文献出版社，2013：84.

[8] 唐绪军. 中国新媒体发展报告（2013）［M］. 北京：社会科学文献出版社，2013.

[9] 中国网.《中国新媒体发展报告（2013卷）》发布会暨研讨会［EB/OL］.［2013-10-10］. http：//www.china.com.cn/zhibo/2013-06/25/content_29187641.htm? show = t.

[10] 周文林. 新浪微博注册用户突破3亿 每日发博量超过1亿条［EB/OL］.［2013-10-10］. http：//news.xinhuanet.com/tech/2012-02/29/c_122769084.htm.

[11] 中国互联网络信息中心. 中国互联网络发展状况统计报告（2013年7月）［EB/OL］.［2013-10-07］. http：//www.cnnic.cn/hlwfzyj/hlwxzbg/hlwtjbg/201307/P020130717505343100851.pdf.

[12] 中共中央宣传部舆情信息局，天津社会科学院舆情研究所. 舆情信息汇集分析机制研究［M］. 北京：学习出版社，2006：45-46.

[13] 王来华，温淑春. 舆情信息汇集和分析机制刍议［J］. 天津大学学报（社会科学版），2007，9（5）：420-423.

[14] 中共中央宣传部舆情信息局. 舆情信息工作概论［M］. 北京：学习出版社，2006：156.

[15] 人民网舆情监测室. 如何应对网络舆情？——网络舆情分析师手册［M］. 北京：新华出版社，2011：209.

[16] 王国华，方付建. 我国舆情信息工作体系建设：现状、困境、走向［J］. 图书情报工作，2010，54（6）：36-39.

[17] 刘轶. 网络军事舆情研究的思维、技术与机制［J］. 军事记者，2012（9）：58-59.

[18] 牛华网. 2013全球社交网络排名：QQ空间和新浪微博并列第五［EB/OL］.［2013-10-07］. http：//www.newhua.com/2013/0515/214196.shtml.

作者简介

戴维民，南京政治学院副院长，教授，博士生导师，E-mail：wmdai@aliyun.com；刘轶，南京政治学院军事新闻传播系副教授。

新媒体技术发展对网络舆情信息工作的影响研究[*]

近年来互联网新媒体技术的不断发展，不仅使网络传播模式发生了深刻的变化，也使网络舆情的形态发生了重大的改变。新媒体技术的不断发展，使网民具备了越来越多对互联网信息进行自由使用的能力。在自由交互的网络环境中，网络舆情的产生、积聚、爆发以及对现实空间产生影响和引导社会舆论的过程中，网民发挥出来的影响力越来越重要。另一方面，网络新媒体技术的发展，使得网络传播的互动性不断增强，传统的社会舆论形成方式发生了重大的改变，传统媒体难以引导舆情发展并形成舆论，舆论在网络空间中愈加分散，网络传播的空间越来越呈现出一种无序、混乱的状态。由于网络传播空间中还没有形成所有网民都能够接受并遵守的传播规则，信息在网络传播的过程中难以被控制，致使网络负面舆情愈演愈烈、热点频发，涉及面越来越宽。近年来，我国发生的众多热点舆情事件，大多是由新媒体引发的，部分由传统媒体进行报道、新媒体积极转载和讨论后又增强了这些热点舆情事件的覆盖面和影响力。这些新出现的传播现象在实践层面上证明了新媒体在引导网络舆情、影响现实社会生活以及重塑网络传播空间等方面所发挥的重要作用。

1 新媒体技术的发展使网络传播模式发生了深刻变化

BBS 论坛、新闻跟帖、博客、播客、微博以及新型网络社交媒体等新媒体技术的出现，使得网络传播模式发生了深刻的变化，传播主体与受众不断融合，传播渠道与方式日益多元，网络传播传统流程已经完全被改变。

1.1 传播主体与受众融合

1.1.1 网络受众不断"主体化"　在新媒体技术不断得到发展运用的

---

[*] 本文系国家社会科学基金重点课题"基于信息共享的网络舆情信息工作机制建构与服务内容研究"（项目编号：12ATQ005）研究成果之一。

今天，原来一直居于受众地位的网民逐渐成为网络传播的主体。在早期网络空间主要由门户网站占据的时代，新闻从业人员和网站管理者是网络信息出口的控制者，网民在网络传播过程中是完全的"受众"。随着BBS论坛的出现以及网民可以对门户网站的新闻进行跟帖和评论后，一个现实的新闻事件在网络传播过程中也开始出现新的变化。网民可以作为信息来源进行"爆料"或补充关于该事件的不同信息，一些"网络舆论领袖"也可以从不同角度和相异的立场对该事件进行重新解读。网民已经不再是完全的"受众"，而是开始具有自主选择信息、自由传播信息的权力。博客、微博以及新型网络社交媒体的出现，使网络传播进入了一个新的时代，每一个网民都能够成为一个"个人媒体"。接入互联网的每一个个体都不再仅仅是新闻的读者、听众或观众，而更有可能成为从事件现场用手机网络第一时间发出新闻的"公民记者"，或是对新闻事件从个人角度或专业角度进行不同解读的"公民评论员"。

1.1.2 固定网民群体开始出现　　网络传播的一个突出特点是信息随时可以传播到全世界每一个角落，影响的领域范围越来越广，对社会现实生活影响的程度越来越深。一些具有很大影响力的商业门户网站，如新浪、搜狐，每天在网站首页推出的网络新闻往往有几十万甚至几百万的点击量，网民点击阅读这些新闻之后，往往会和身边的人群交流并讨论，之后参与交流讨论的人群又通过微博、微信、QQ群、开心网等网络社交媒体在网络社群中就这些新闻和话题展开进一步的深入交流与热烈讨论。当与现实社会生活密切相关的热点新闻事件发生并被传播到网络空间后，上述"网络新闻——网民阅读——现实交流——网络社群传播"的过程会迅速加快，在很短的时间内就可能形成网络舆情[1]。而且，在这个过程当中，引发网络舆情的爆料、各种相关信息的补充和提供、网络舆情的扩散大多发生在相对比较固定的网络圈子里，如网络论坛、QQ群、社交媒体的"熟人圈"等。此外，在网络舆情的传播过程中，网络舆情的生产者、传播者和受众往往出现在不同的网络群体里，这些群体有的热衷于讨论相同或相似话题，有的是对某项事物兴趣比较接近，有的是一个单位的同事圈子，有的是相邻地域组成的老乡群体。在一次次网络舆情事件从发生到发展的过程中，也渐渐出现了固定的网民群体[2]。

1.2　传播渠道与方式多元

1.2.1　新兴媒介不断出现　　在互联网发展的早期阶段，网络传播媒体以体制内单位网站、商业门户网站等为主，网络传播的形式基本上还是"网站→网民"的大众传播，信息内容大多以转载传统媒体新闻报道为主。随着技术的不断发展和广泛运用，网络传播的新兴媒介开始层出不穷。例如，BBS

论坛使网民可以自由互动，门户网站的新闻可以被跟帖评论，博客、播客可以自由张贴文章和发布音视频，新型网络社交媒体可以瞬时向全球用户传播信息、发表观点，等等。这些新兴媒介的出现，使得网民真正拥有了一个自主生产、传播信息和观点的空间。在互联网各种新媒体中，信息传播受到的控制越来越少，网民可以自由、开放地交流各种信息或讨论各种话题。

1.2.2 网络舆论互动积聚 早期的互联网门户网站，与报纸、广播、电视等传统大众媒体相似，信息传播基本遵循了传统媒体时代单向流动的大众传播模式，网民在网络传播过程中扮演的仍然是接收信息的传统"受众"角色，没有发出声音、表达观点的空间和渠道。然而，双向交互媒体的出现改变了这种状况。现实社会中的热点新闻事件经由双向交互媒体进行传播后，不断被现实生活中各个地区、各个行业的网民接收，每一个网民都可以根据自己的立场和见解，发出自己的声音，展示自己的观点。相同或相似的意见在网络传播过程中不断积聚，逐渐形成网络舆论。网络舆论形成之后，又通过新媒体不断扩散传播，使更多人了解到这些已经形成的网络舆论，并根据这些网络舆论展开新的讨论，不断进行互动交流，再形成新的网络舆论，构成一个循环的网络舆论形成及传播结构。这也是网络舆论互动与积聚特点的一个具体表现[1]。这个阶段的网络舆情，从形成到结束，一直处在运动变化的过程当中。此外，一些网民不再限于网络交流，而是在现实社会生活中进一步影响舆情的持续进展[3]。

1.3 传统传播流程被改变

1.3.1 网络社交媒体使用户成为传播新中心 网络社交媒体的出现，使每一个用户都可以在博客上张贴自己撰写的文章，向Youtube或优酷等视频网站上传自己拍摄的视频短片，使用Twitter、中文微博或微信发出140个字符以内的突发事件现场文字或图片报道，使用Facebook、开心网与全世界其他用户讨论热点新闻事件或热门话题。新传播工具的出现、新传播技术的不断使用，使得传统的信息传播流程和形式也发生了根本性的变化。网络社交媒体所传播的信息随时可以更新，能够在第一时间将信息和观点传播到全世界每一个角落。尤其是各种手机网络社交媒体客户端的出现，使得用户之间信息、观点交流和传播的迅捷性和互动性得到进一步增强。网络社交媒体的用户突破了传统媒体和门户网站对信息的垄断和管控，不再是传播学传统意义上的受众，而是成为了网络信息传播的信息生产者、扩散源[4]。

1.3.2 信息传播从线性传播模式到瞬间爆发模式 以往互联网空间的信息传播，往往遵循这样一种线性传播模式：传统媒体发布新闻——网站转载传统媒体新闻——网民阅读、收听、收看网络新闻——网民发表评论进行反馈——网站汇集网民意见形成网络舆论——传统媒体报道已经形成的网络舆论。但是，新媒体技术的运用，打破了这种线性传播模式。新媒体的开放性和方便性，使得众多的网民在接触网络舆情信息之后、传统媒体报道之前就开始使用其发表自己的观点看法，或是补充更新更全的相关舆情信息。在网络舆情信息的传播过程中，信息的流动不再像以往一样主要发生在网站之内，而是更多地流动于各类网络社交媒体之中。尤其是带有敏感性的群体性事件发生后，网民无法从政府相关部门获取相关信息，也无法看到传统媒体进行的最新报道，就只能使用网络社交媒体获取和传播相关的信息[2]。当突发事件发生时，在场的每一个人都可能会使用手机拍摄照片或视频短片，加以文字说明，在第一时间发送到各种社交媒体中去，再经过社交媒体的大量转发和评论，就很可能迅速引起众多网民的热议，从而使网络舆情事件在互联网上瞬间爆发并迅速扩散和蔓延[5]。

2　新媒体技术发展使网络舆情形态发生深刻变化

新媒体技术的不断发展，使网络空间里传统的"把关人"（职业传播者）逐渐式微，少数网民随意传播虚假信息，发表错误观点，却得不到有效控制，以至网络空间信息混乱、观点失控，突出表现在网络传播非常容易出现大量导向错误的信息和各种极端言论。此外，新媒体技术的发展与运用也对网络舆情产生了很大的影响，使其形态发生了深刻的变化，如个体成为网络舆情形成和扩散中心，政府"把关"功能严重削弱，出现传播权的滥用与"网络串联示威"。

2.1　个体成为网络舆情形成和扩散中心

2.1.1　个体言论汇集形成网络舆情　新媒体的盛行使当前网络传播的格局出现了与以往完全不同的局面，互联网对网络舆情甚至是现实社会生活中的舆论形势产生了越来越重要的影响。在新媒体普遍应用的时代，多元化的传播主体带来更多的负面评论、观点质疑和不受控制的消息发布；新闻报道主题和网络舆论焦点的变化带来新的争论；传播渠道的复杂多元使不同舆论力量的平衡出现新的变化，网络拓展了公众对互联网信息的获取渠道和表达空间。

同时，网络成为信息的主要集散地，成为公众接受信息和传播信息的主要领域；信息海量化，公众面对的是无穷无尽的信息海洋；论坛、博客、播客盛行，传统的信息传播链条被摧毁，人人都可以成为信息的传播者，人人都可以在公共舆论场上表达自己的意见；网络舆论领袖崛起且对民意的影响力不断凸显、增强。新媒体具有强大的聚集力，使相同观点态度和社会关系的人更轻易地互通有无、交流看法；观点取代事实成为社交媒体的主要信息流；新媒体的沉默螺旋效应更加凸显，基于新媒体形成的群体更易产生意见趋同现象，即个体言论不断汇集逐渐形成网络舆情。

2.1.2 新媒体技术发展扩散网络舆情 新媒体技术的发展使得网络舆情形势日益严峻：公众的关注点从政府转移；政府不是唯一甚至不是主要的信息出口；政府难以监控网络舆情，肇始于网络的突发事件层出不穷；新媒体通过门户网站新闻排行榜、门户网站博客排行榜、个人定制电子邮件发送、目标群体电子邮件群发、论坛帖子置顶、搜索引擎操纵等对社会舆论产生显著影响。

新媒体与传统媒体的互相影响越来越多，程度越来越深，网络舆情对报纸、杂志、广播电视等传统媒体的议程设置作用越来越显著。现实社会生活中出现的多次热门新闻事件中，往往呈现这样的传播规律：事件发生——当事人或目击者在互联网上"爆料"——网民进行讨论并广为扩散传播——形成网络舆情——传统媒体关注并进行报道——门户网站进行转载——更多的网民进行讨论并进一步扩散传播——形成更大的网络舆情——引起传统媒体重点关注——形成影响全国甚至全世界的舆论热点。在这个过程之中，新媒体与传统媒体互相影响、互相作用，但新媒体在网络舆情的扩散过程中始终起着主导的作用。

2.2 政府"把关"功能严重削弱

2.2.1 传统网络传播时代的政府把关 西方传播学者最早提出了"把关人"（gate keeper）的概念，大意是指新闻从业人员决定了哪些信息可以成为媒体的报道内容并经由大众传播进入受众的视野，进而通过选择材料、加工处理等方式将事实性信息"制作"为新闻提供给受众，以达成一定的目的。威尔伯·施拉姆和威廉·波特在《传播学概论》一书中指出："传播学把在信息传播途径上工作的新闻记者、编辑、节目制作人员都称为把关人，他们对信息进行选择，决定取舍，决定突出处理及删节哪些信息或其中的某些方面，决定了向传播对象提供哪些信息，并试图通过这些信息造成某种印象"[6]。在互联网出现并逐渐成为人们在日常生活中主要使用的获取新闻信息的工具之后，传统媒体新闻从业人员对于大众传播的控制已经越来越力不从心，而世界各国的政府通过控制传统媒体的方式来对互联网信息进行"把关"的能力也在不断削弱。然而，世界各国的政府相关部门还是能够以各种各样的方式对互联网信息传播实施一定程度的"把关"，比如，颁布各种法律法规，要求国内各互联网站承担起对互联网信息进行监管的职责，屏蔽有害信息；扶持本国主流传统媒体开设的网站以形成网络新闻传播的规模效应，引导舆论；以技术手段全天候监控在各互联网站张贴的网络文章，必要时进行 IP 地址跟踪；对国外互联网站接入本国进行严格的控制[7]。

2.2.2 新媒体运用突破政府网络把关　Yotube、Facebook、Twitter 等新媒体的出现及广泛运用，使以往"网站→网民"的单向传播以及网民被动接收信息的网络传播模式发生了重大变化，政府相关部门对网络所传播的信息进行"把关"的难度也越来越大。网民通过新媒体能够与全世界任何一个互联网节点上的其他网民交换彼此的信息，全球网络信息实现了真正意义上的资源共享；各种新媒体的网络空间是对全球每一个用户自由开放的，不同国籍、不同民族的网民几乎可以不受任何限制地运用各种技术手段搜索、获取和传播各种各样的信息；新媒体在传播技术上的日新月异使得政府相关部门和网站管理者无法设置一个对互联网信息进行过滤、监控的中心网络节点，无法对互联网信息进行绝对意义上的控制和管理；作为个体的网民也能够通过"翻墙"等方式避过网络管理机构的信息封锁与监控，使获取到的和传播出去的信息完全自由流通。正因如此，新媒体的出现及广泛运用，使得互联网信息的传播突破了传统网络传播时代的政府严格控制。与此同时，政府相关部门和网站管理者再也无法实现对互联网信息进行绝对意义上的"过滤"与"把关"。

2.3 出现传播权的滥用与"网络串联示威"

2.3.1 新媒体导致传播权的滥用　新媒体的出现及广泛运用使所有传统意义上的"受众"都有可能转变角色变为传播流程中的传播主体。传播学者指出："过去，传播媒介只被认为是传播者的工具，现在，从某种意义上说，传播媒介主要成为视听者的工具"。"在网络上，每个人都可以是一个没有执照的电视台"[8]。新媒体传播时代的到来使得网民改变了以往只能作为受众的地位，每一个人都可以在网络传播中成为传播者。但是，这种传播地位的变化也使得少数网民开始滥用新媒体技术赋予他们的传播权，出于各种各样的目的，少数网民在网络空间中运用新媒体工具大肆传播各种传言甚至谣言，散布各种不利于社会和谐稳定的言论和观点，甚至扩散一些可能会对国家安全产生危害的相关信息。由于政府相关部门无法对新媒体进行及时的管理和控制，少数网民往往滥用传播权，随心所欲使用新媒体工具传播不良信息和不当观点，这也正是网络新媒体领域更容易形成负面网络舆情的一个重要原因。

2.3.2 "网络串联示威"的出现 新媒体的广泛使用还使得世界各个国家政府的政治敌对派别以及在境外的反政府力量能够发动起支持他们的公众,通过政府无法进行直接管控的新媒体工具散布对该国政府不利的各种谣言和观点。当有涉及政治局势的重大事件发生时,这些反政府势力还可能会利用 Facebook、Twitter 等新媒体工具联络国内活跃分子进行串联,组织支持他们的公众在特定时间走上街头游行示威,甚至实施一系列过激的反政府暴力行动。在已经发生的种种"网络串联示威"案例中,网络社交媒体具有任何一种媒介形态都无法比拟的动员力和可及性。比如在伊朗大选、颜色革命等一系列事件中,Youtube、Twitter 等社交媒体成为煽动群众、联络组织的主要工具。新媒体技术的广泛使用使得网络舆情的形成更加非理性化,群体性事件更容易在网络爆发并蔓延到现实社会生活中去。

3 新媒体技术发展给网络舆情信息工作带来了重大挑战

3.1 信息采集数量巨大

新媒体的迅捷性、开放性和方便性,使得越来越多的网民使用其表达自己的意见和看法。中国互联网络信息中心（CNNIC）第 32 次《中国互联网络发展状况统计报告》显示,截至 2013 年 6 月底,我国网民规模达到 5.91 亿,微博用户多达 3.31 亿,即时通信用户达 4.97 亿,博客、个人空间用户有 4.01 亿,新媒体用户使用量都比往年大幅度增加[9]。数量巨大的网络用户每时每刻都在不停地生产和传播海量的信息和观点,这对于网络舆情信息工作者来说,实时监控和分析网络上出现的所有舆情信息,已经成为了一项不可能完成的任务。从网络舆情信息工作的实践来看,BBS 论坛、网站新闻、一般网页、博客、新闻跟帖、传统媒体网络版等还较容易通过搜索引擎查找和抓取,但即时通讯工具如微博、手机短信、网络视频播客、QQ 群中的信息样本则很难搜索和获取。网络传播信息量的巨幅增加,使得网络舆情信息工作者对于网络舆情的监控难度不断增强。

3.2 信息分析难度增强

新媒体的网络传播呈现一种"蜂窝状"的发散性结构,此外,使用新媒体的用户人数较以往的传统网民而言数量剧增,这些状况进一步增强了网络舆情信息工作者对网络舆情信息进行分析的难度。通常,只有网络舆情信息的具体文本中带有一些特殊的"敏感关键词",网络舆情信息工作者才能够使用各种方法对其进行选择、分析和屏蔽。然而,大多数网络舆情事件进行传播的具体文本中往往会回避这些"敏感关键词",数量众多的新媒体用户也发明了丰富多彩的另类话语来隐晦表达原本想传递出去的意义,以避开网络监控,达到最大的传播效果。针对这些情况,通过电脑的自动分析已经很难发掘出隐藏在表面文本之后的舆情信息,必须要通过人工分析来发现新媒体传播过程中的舆情真实情况,但所需要的人工分析师数量是非常惊人的。而且,面对网络舆情潜在的海量信息,人工信息分析极有可能出现各种差错。此外,新出现的各类网络社交媒体中交流信息、讨论话题的往往都是已经非常熟悉的用户,其他陌生用户很难融入到这些网络社交圈子中去,这也使得网络舆情信息工作者很难获得网络社交媒体用户发布的各种信息。而且,网络社交媒体用户所传播的内容,因为更新速度太快也往往会被舆情信息分析人员所遗漏[10]。网络舆情分析难度大大提高,往往只能进行动态描述,很难对具有规律性的内容展开深入研究。

3.3 舆情预警时间缩短

网络舆情的特点是呈闪射状,爆发点非常不稳定。中国互联网信息中心2012年的相关数据显示,我国28.6%的网民活跃群体是学生,17.2%的网民是无业人员或自由职业者,这两个群体大概占到网民活跃总数的45%。这种情况使得网络舆情爆发点的时间打破了传统意义上舆情爆发的规律。尤其是手机网络用户超过了家庭电脑用户之后,突发事件即时发生、即时上网的性质也使得网络舆情预警时间大大缩短。新媒体技术发展的日新月异,使得网络舆情从爆发到扩散的速度大大加快,在很短的时间里就有可能形成蔓延全国的重大网络舆情。而且,网络舆情形成之后,通常也会在很短时间内引起报纸、广播、电视等传统媒体的报道兴趣,进入大众传播的传播领域,吸引更多公众的关注。这也给网络舆情信息工作者提出了更为严峻的挑战:对网络舆情监控与预测、分析与研判的时间大大缩短,没有足够的时间向相关部门发出预警,网络舆情迅速开始爆发、扩散,并在短时间内影响到现实社会生活的和谐与稳定[10]。目前的网络基本上每天都有舆情热点,而且每天都有舆情热点对于社会稳定、对于党和国家的社会管理形成一定的挑战。舆情热点一个接一个地出现使得很多的政府部门对于网络舆情的预警时间非常短,旧的舆情还没有应对,新的舆情已经出现。

3.4 舆情应对日益复杂

由于新媒体尤其是不存在中央节点的网络社交媒体对于网络用户无法进行绝对意义的约束,部分网民会无所顾忌地通过发表一些虚假信息和不良言论来达到个人目的。新媒体技术的不断发展,给网络舆情的形成方式和网络舆情生态都带来了很多的变化。网络舆情形成之后，进一步演进为现实社会中公众热议的舆论，会给政府相关部门的工作带来一定的压力。此外，部分网民在网络中运用新媒体工具进行讨论之后会采取现实中的实际行动，极有可能引发影响社会和谐稳定的突发性群体性事件。实际上，近年来通过新媒体引爆或者参与传播的社会现实热点事件不断增多，网络舆情的社会政治效果不断得到提升与放大，造成了强烈的社会反响。影响社会稳定和谐的众多网络舆情与现实活动互动事件中，不排除少数别有用心的人故意借这些事件或谣言来煽风点火，抹黑政府形象等，但网络舆情信息工作者在处置过程中，对网络舆情和现实事件的互动程度不够重视、警惕性不高、疏于防范，客观上也影响了网络舆情的应对与处置。

参考文献：

[1] 张晓莉. 网络舆情的发展概况及其引导艺术［D］. 湘潭：湘潭大学，2009.

[2] 郑杰. 基于个人媒体的网络舆情预警分析及对策研究［D］. 济南：山东财经大学，2013.

[3] 何小文. 公共危机事件网络舆情演变研究［D］. 南昌：江西财经大学，2012.

[4] 阚道远，夏玉婷. 微型博客——网络舆论引导的新视点［J］. 思想政治工作研究，2009（8）：38.

[5] 王骚，孙成龙. 网络中个人媒体治理问题研究［J］. 中共天津市委党校学报，2012（1）：35 - 42.

[6] 施拉姆，波特. 传播学概论［M］. 陈亮，等译. 北京：新华出版社，1984：2.

[7] 姚贞，京平. 纸质媒体能否顶住互联网冲击［N］. 新闻出版报，2000 - 03 - 01（3）.

[8] 郭镇之. 传播论稿［M］. 北京：北京广播学院出版社，1998：135.

[9] 中国互联网络信息中心. 第 32 次《中国互联网络发展状况统计报告》［R/OL］.［2013 - 07 - 17］. http：//www. cnnic. cn/hlwfzyj/hlwxzbg/hlwtjbg/201307/t20130717_40664. htm.

[10] 步超. "微博"冲击：新媒体技术条件下网络舆情管理制度的法律建构［J］. 网络法律评论，2012（1）：18 - 19.

作者简介

魏超，南京政治学院军事新闻传播系讲师，博士，E - mail：supereality@163. com。

我国舆情信息工作体系建设：
现状、困境、走向[*]

1　舆情信息工作体系的发展现状

舆情概念有狭义和广义之分。狭义的舆情指在一定社会空间内，围绕中介性社会事项发生、发展和变化，作为主体的民众对作为客体的国家管理者产生和持有的社会政治态度[1]。广义的舆情指由于各种事件刺激而产生的通过某一载体传播的人们对于该事件的所有认知、态度、情感和行为倾向的集合[2]。舆情的核心形态是舆论和民意。舆论是公众对公共事务公开表达的具有影响力的意见[3]。舆论一般借助媒体来呈现。民意是民众的意愿，也就是民心、民愿，包括民众的心理意识、思想取向[4]。民意一般借助民意调查、测验等方式来呈现。严格地讲，舆论与民意有交叉和重合部分。

随着大众媒介尤其是网络媒介的兴起与发展，媒介所提供的互动、反映、表达、聚合等功能使公众有了发表自我想法、意见、观点、诉求、情感的空间和渠道。随着公众权利意识、表达意识、个性意识等张扬，公众也越来越需通过各种媒体表达自我话语，这导致舆情呈现爆发式增长之势。从态势上看，大量舆情指向了执政党、政府及其部门，而执政党和政府为把握公众对公共事件、政策和社会现象的态度、意见、看法和评判，开始注重对舆情工作体系的制度化构建。舆情信息工作体系，指执政党和政府内部系统构建的用来监测、汇集、研判、预警和反馈公众对公共事件、政策、活动、现象的认知、态度、情感和行为倾向的一整套工作机构、管理制度、技术平台、工作方法等。目前初步形成的舆情信息工作体系可从机构、队伍、制度、理论和技术等层面来呈现。

1.1　机构建设

2004年6月中宣部成立了舆情信息局，是依托中央和地方宣传思想工作

---

[*] 本文系教育部哲学社会科学研究重大课题"基于网络舆情研判的高校群体性事件预警与网上应急处理"（项目编号：08WL1111）研究成果之一。

的系统，专门开展全国性舆情信息汇集、分析和报送等工作[5]。舆情局下设网络舆情处、社会舆情处、舆情分析处等机构。随后大部分省（市、区）宣传部门也成立了舆情信息处、科、室或中心等，一些县（市）也设立了舆情机构。除党的宣传系统外，国务院下属教育部、公安部、新闻办等也构建了舆情信息汇集报送体系。另外，政法系统以及一些科研院所等事业单位也形成自己的舆情汇集与报送体系。

1.2 队伍建设

目前，一批专门从事舆情搜集、汇总、分析和预判工作的人才队伍已初步形成，并开始成为舆情信息工作的中坚力量。除了队伍构建外，中宣部及地方党委和政府舆情部门也通过各种形式的舆情信息工作会议、舆情培训班、新媒介应对研讨会等形式来培训各级舆情工作者，以提高舆情工作者的舆情搜集、分析和预判能力。

1.3 制度建设

一方面，舆情部门通过建立考核、评价、奖励等制度建立舆情工作机构和舆情工作者考核奖惩机制，如通过承担任务次数、领导批示次数、好信息加分等指标作为考核舆情机构和舆情工作者的依据；另一方面，通过日常工作规则、规范等构建了舆情专报制度，如宣传系统将舆情信息分舆情摘报、舆情参阅、舆情专报、分析报告、网上舆情和业务通讯等类型。另外，舆情部门还通过预案、预警等方式建立了重要舆情信息快速汇报与反馈体系。

1.4 理论建设

自1999年开始，以舆情理论分析为主的天津社会科学院舆情研究所撰写了《舆情研究概论——理论、方法和现实热点》、《国家决策：机制与舆情》、《网络舆情研究概论》等舆情理论专著。2004年该所还与中宣部合作编写了《舆情信息汇集分析机制研究》一书。中宣部也组织专家和事务工作者编写了《舆情信息工作概论》、《网络舆情信息工作理论与实务》等书籍。这些书籍为舆情机构和舆情工作者做好舆情信息工作提供了理论指导。

1.5 技术建设

近年来舆情分析技术平台或系统建设取得了一定成效，这些舆情分析平台或由软件公司独立开发，或由政府部门与高等院校等合作研发。如以北京大学计算机研究所为依托开发的方正智思舆情监测分析系统，深圳广道高新技术有限公司为公安部开发的高校校园网舆情分析预警智能管理系统平台等。这些系统大多通过对网站、新闻组、BBS、BLOG等信息源的实时监测，帮助各级政府部门及时把握当地社会舆论、市民热点讨论的话题及突发事件的意见等[6]。

2 舆情信息工作体系的发展困境

虽然舆情信息工作体系在机构、队伍、制度、理论和技术等层面取得了系列成果，但现有的工作体系仍然存在系列问题，如图1所示：

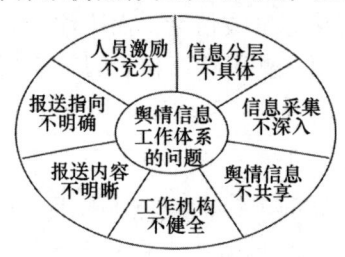

图1 舆情信息工作体系的问题

2.1 基层舆情信息机构未能有效建立

目前，在"自上而下"的发展路线下，中央和省级舆情信息工作机构大多已建立并有效运转，然而，涉及市县的基层舆情机构基本未成立。虽然中央或省级机构为掌握基层舆情信息而设立了一些直报点或舆情直报员，但由于缺乏机构、经费等支持，直报点及直报员并没有长期的工作热情。在基层舆情信息不能有效向上报送的情况下，舆情工作价值及舆情部门反映基层事件或群众态度、情绪的功能受到了约束或限制。

2.2 舆情信息工作具体内容不明确

不少干部和舆情工作者未能明确舆情信息工作具体职责，将舆情与情报或新闻相混淆。其实，舆情汇集与情报搜集有很大不同，情报注重对涉密性内容的发掘，通常是涉及国家安全、领土完整、政治运行的信息，由国家安全部门的专门人员来搜集。而舆情主要反映民众对政党、政府、官员及公共事件、政策或现象的态度、情绪、反应和行为倾向等，具有公开性、普遍性、大众性等特征。另外，舆情汇集与新闻报道也有区别。新闻是记者在深入事件或热点现象第一线基础上发布和报道的事件地点、规模、发展态势等信息，注重客观性、描述性、形象性和生动性。而舆情反映民众对某一事件或现象的态度、情绪或倾向等，注重分析性、反应性和归纳性等。

2.3 舆情信息科学化报送机制未形成

现行舆情报送体系存在几个突出问题：①忽视舆情报送的地方性、独特性。不少舆情机构或工作者忽视对本地事件、现象及民情的关注，尤其忽视对基层民众社会政治态度的关注，而偏重于对普遍化、表面化及大众化舆情的报送；②舆情工作者出于维护地方利益及地方关系考虑，不及时报送本地发生的对本地政府及官员不利或负面的事件或现象；③注重在数量上规定舆情直报点或舆情工作者汇报量，忽视质量，导致上级部门获得了大量一般性信息，而缺乏有价值信息；④忽视舆情报送深度性和持续性。一些舆情机构及其工作者只反映民众直接态度或情绪，而不注重态度或情绪背后的深层因素，不注重前瞻性预判。而一些舆情工作者习惯于不断对新问题或新现象的报送，而忽视对特定事件或现象的持续追踪和深度分析。

2.4 对舆情工作者的激励与培训不完善

舆情工作者是舆情信息的工作主体，其工作态度、面貌和精神直接影响舆情报送的数量和质量。虽然目前初步建立了舆情工作者考核和奖励机制，但考核着眼于舆情工作者所报信息采纳量，而奖励也着眼于信息采用和批复情况。这一激励方式可能使舆情工作者在短期内有工作积极性，但长期的舆情报送工作可能消磨工作激情。因此，未来激励机制需探讨长期状态下如何保持舆情工作者敏感、主动、积极的意识和状态。同时，一些舆情工作者没有主动意识和自我见解，不能对舆情态势做分析和概括，也无法对舆情演化做预判和对舆情引导提建议。另外，舆情工作者对网络舆情迅猛发展和巨大威力缺乏认识和准备，在汹涌的网络舆情面前被动、盲目、惶恐且反应不当。

2.5 舆情信息未分层导致信息过多过杂

舆情信息是多元的，涉及经济、政治、文化、社会和网络等多领域。同时，舆情信息的重要性各不同，有些是国家层面决策和领导人需关注和了解的信息，有些则是地方层面的决策所依据的信息，有些信息不是决策所需或基本无用。目前由于没有有效的信息区分机制，舆情工作者和报送机构不知哪些信息是国家所需，导致大量无用、无效和无序信息汇集到国家部门，地方决策和领导施政所需信息却无人报送，出现了舆情信息工作单位只求为中央负责而不为地方服务的问题。另外，舆情工作者未能很好地区分舆情特征、范围、量级、程度，往往将一般舆情严重化、将个别舆情普遍化、将简单舆情复杂化。

2.6 舆情信息的主动采集机制未有效发展

不少单位和舆情工作者着眼于网络信息、报纸新闻及民众话语的搜集和归纳，着眼于对已显现事件或已表达言论的汇集，而这属于较低层级的信息集合和归纳。实际上，舆情信息工作要大力借鉴西方比较成熟的民意调查体系以及一些具体的做法和方式，要主动调查和了解民众的意愿和潜在情绪。因为就现实情况看，公众有时并不在网络、报纸等媒介上披露或展现自我的认知、判断和情绪，这就需要通过调查或测验等方式来获取相关信息。舆情调查或测验是改变舆情工作被动和应对局面，实现主动出击的有效方式。

2.7 舆情信息的内部共享机制未有效构建

目前，不少单位都构建了舆情信息工作体系。中央既有党委宣传系统，也有教育部、新闻办等政府系统构建的舆情工作体系。从工作机制看，各舆情系统独立运作，为本部门及直接上级机构或领导服务，没有形成合力。虽然多元体系有利于舆情汇集，但增加了舆情汇集成本，各部门或单位独立运作会带来重复采集、重复汇报等弊病，也增加了更高层机构和领导区分、筛选和剔除信息的工作任务。另外，不同部门或人员汇集到的信息，往往会带来取向不同的多版本信息，导致更高机构或领导无所适从。

3 舆情信息工作体系的发展走向

为完善舆情信息工作体系，本文针对当前存在的问题以及适应未来的施政或工作需要，就舆情信息工作的制度、机制和工作方法等提出以下建议。具体工作体系框架如图 2 所示：

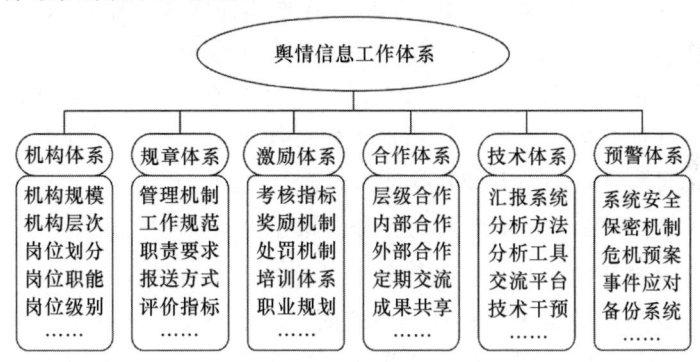

图 2 舆情信息工作体系的框架

3.1 完善舆情信息工作网络和机构

舆情机构不仅要"自上而下"，也要"自下而上"，即未来舆情信息机构和队伍建设要倾向于基层，特别是乡村、厂矿、县镇。为保证基层有人员、有经费、有机构从事舆情汇报和调查，可考虑在整合现有诸如统计局调查队、新闻机构派出记者、基层宣传工作者等力量基础上构建能够全面覆盖乡村、厂矿的县级舆情工作基地，并提供经费和人员保障，招聘或培训一批专职舆情工作者，吸纳一批兼职舆情工作者。同时要完善舆情工作机构和人员体系，使基层舆情能快速有效地反映到省级和国家级部门的决策和视野中，保证基层民情、民愤、民怨及民愿等能直达上层，保证有机构和人员来完成上层或领导想了解的民众对某个可能出台政策的态度和建议等。

3.2 完善舆情工作的合作与交流机制

为扩展舆情工作网络，舆情信息工作部门要与其他部门开展多方面合作、沟通与交流。舆情部门可与报社、网站构建交流机制，报社、网站可将不宜报道但对决策和领导有用的信息反馈到舆情部门，舆情部门也可向媒体提供热点事件的公众态度等。另外，舆情部门应积极与政府部门合作，如与信访部门合作，将信访热点问题及民众反映的舆情进行汇总、分析并将成果及时报送决策机构和领导。总的来说，政府内部部门掌握了大量对决策有用的信息，这些信息如果通过舆情渠道汇报往往能取得快捷、及时和受关注的效果。

3.3 完善舆情工作者的激励和发展机制

要提升舆情工作者工作待遇，保证有编制有岗位。要扩大舆情工作者奖励面和奖励度，改变仅依靠舆情信息采用量来定奖励的局面，可建立基于舆情信息质量和重要性的奖励机制。同时，还要构建舆情工作者职业发展机制，使舆情工作者有上升的空间和机会。另外，要加强舆情工作者培训体系，要在一年一度舆情信息工作会议基础上，开展更大范围和更多层级的舆情信息培训机制。而地方机构也可通过培训工作促使舆情工作者了解本地政府的施政取向或信息需求，为地方性施政活动服务。

3.4 建立和完善舆情信息的区分标准

制定及时更新的各级政府和领导的关注热点及施政需求指南，使舆情工作有方向并重点避免报送盲目性。一般而言，中央比较关注思想动态、社会思潮、意识形态、价值观、社会心理等深层舆情，而地方政府比较关注具体政策和行政活动的舆情。另外，要让舆情工作者了解各类事项归属管理部门并建立特定部门舆情报送通道，使舆情工作者明确所汇总信息该报向哪个部门，而获得信息的单位可对舆情工作者报送的舆情信息的有用性进行反馈。

3.5 保证舆情信息的及时反馈与应对

虽然舆情信息反馈与应对不是舆情信息工作部门任务，但舆情信息工作机构要倡导舆情机构和舆情工作者就舆情做出分析和判断，并提出具体化反馈和应对建议。对于特别有价值的舆情反馈与应对建议，舆情工作部门要对建议提出者进行奖励和表彰。另外，舆情工作部门也可考虑建立舆情反馈机构或制度，如舆情发言人制度，就公众关注而又不充分了解的舆情热点进行发布，而对于其他类型的舆情信息则通过报送渠道上报。

3.6 建立科学有效的舆情调查和监测体系

舆情部门应与新闻、宣传和媒介部门等有所区分，舆情信息工作应减少简单的媒介信息搜集，而要特别注重原生态公众情绪、态度和意见的汇集，包括公众对可能采取的重大活动、政策和方略的态度、判断和认知及公众心理潜在的未公开表达的信息和情绪等。为了更全面掌握未在媒介上公开的公众情绪、态度和看法等，需利用科学有效的调查、测量和分析工具，要大力引进、消化和利用民意调查的工具、方法、技术和理论。

3.7 构建舆情信息的内部共建共享共用机制

为减少重复性工作，推进舆情信息共享，要建立更权威更具整合性的舆情信息工作单位，以改变各部门或机构各自为政、独立作为的工作方式。同时，建立具有信息共享功能的内部技术系统或平台，避免信息重复采集，实现信息互通有无，防止信息偏向或疏漏。另外，还可考虑建立基于共享舆情的共同决策和应急体制，即依据共享的舆情，在多部门或多层级机构和领导支持和参与下，出台和制定更具整合性、协调性、一体化和配套性的政策、规章和规划。

3.8 建立舆情信息工作的保障和安全机制

要完善舆情信息技术支持平台，扩大和完善舆情汇集方法、渠道，发展舆情分析新型工具、方法、指标和标准，建立基于技术的舆情干预。要完善舆情信息工作办公平台，构建便于舆情工作者交流和沟通的工作网络和技术通道。要构建舆情安全预警和应急体系，有效应对舆情信息工作中可能出现的突发性问题，使舆情工作体系在部分瘫痪或失效情况下仍能开展工作。要强化舆情信息平台安全性能，构建多重技术化和人工化、保密性和安全性的保障体系。最后，还要强化舆情工作者安全性和保密性教育和处罚等机制。

参考文献：

[1] 王来华. 舆情研究概论. 天津：天津社会科学院出版社，2003：2.
[2] 曾润喜. 网络舆情信息资源共享研究. 情报杂志，2009，28（8）：187-191.
[3] 邓新民. 网络舆论与网络舆论的引导. 探索，2003（5）：78-80.
[4] 王可慎. 关于民意调查的几个问题. 中国党政干部论坛，1989（8）：61-64.
[5] 王来华. 舆情研究与民意研究的差异性. 天津大学学报（社科版），2009，11（4）：

336-340.

[6] 许鑫,章成志,李雯静. 国内网络舆情研究的回顾与展望. 情报理论与实践,2009,32(3):115-120.

作者简介

王国华,男,1966年生,教授,博士生导师,发表论文40余篇。

方付建,男,1984年生,博士研究生,发表论文20篇。

基于最小二乘法的突发事件网络舆情演化规律研究*

1 引言

我们正生活在一个突发事件（emergencies）频发的网络时代，突发事件是指突然发生，造成或者可能造成严重社会危害，需要采取应急处置措施予以应对的公共事件[1]。在全球信息化的大环境下，突发事件爆发后，必然引起大量的网络舆情涌现。在网络情境下，政府不仅要发挥常规的传播模式的效力，还必须辅之以矫正型的传播模式，加强舆情引导，完善舆情监督机制。

网络舆情是指由于各种事件的刺激而产生的通过互联网传播的人们对于该事件的所有认知、态度、情感和行为倾向的集合[2]。突发事件网络舆情的演化是指"没有对事件源和次生事件进行人工应急干扰的原扩散路径"[3-4]。

研究者们运用不同的模型和方法对网络舆情演化阶段和机理进行分析，如针对突发事件网络舆情的形成过程和影响因素，兰月新等通过建立突发事件网络舆情演进的微分方程模型，将网络舆情的揭示和微分方程建立关联，使演变过程划分更加细化，并分析了网络舆情的信息数据特征，以网络中的案例如"宜黄拆迁事件"为研究对象，通过 MATLAB 拟合数据得出高潮预警时间[5-6]。刘智针对 2009 年的 10 件突发事件，对其回帖数量进行分析，判断其函数模式包含指数型、左偏峰型和波动型[7]。魏玖长等对危机信息传播模式的多样性进行了分析，并将其总结为 4 种时间演变模型：指数型、正态型、泊松型和波动型[8]。以上文献都直接拟定时间（天数等）为序列单位，以回帖数或者新闻数作为相应的纵坐标值，并没有在进行函数分析前对其进行拟合，分析的曲线为散点图构成，非严格意义上的连续函数。周耀明等利用网民发帖过程的时间序列来呈现网络舆情演化过程，构建了包括分布模式、平

---

* 本文系 2012 年度国家自然科学基金重点项目"情景-应对型非常规突发事件演化规律动态评估预测模型与方法"（项目编号：91224001）和 2010 年度中央高校基础科研经费项目"非常规情景下的信息行为研究"（项目编号：ZYGX2010J155）研究成果之一。

稳模式、相关模式等相应的 6 个分析角度和方法，在分布模式中利用了 Sturges 公式、K-S 检验法等[9]，并通过对网络舆情演化过程进行 EMD 分解，得到网络舆情演化过程的各成分分析[10]，但对网络舆情演化过程进行 EMD 分解会相应地增大建模的时间复杂度。梁凯等利用系统动力学分析各影响因素之间的相互关系以及作用力大小并发现其扩散规律[11]。朱恒民等以有向无标度网络为载体提出舆情传播的 SIRS 模型，并对模型进行仿真分析[12]。陈福集等对网络舆情演变的文献进行了综述，从定性和数学建模两个角度梳理了相关研究[13]。以上研究更侧重于网络舆情的构成因素和因素关系，并没有针对时间序列模式方法进行相关的具体分析。

在网络环境下，只有深层次地分析网络舆情的演化过程，分析其函数特征和演化规律，才能有针对性地实时应对。本文采用最小二乘法对实际统计舆情数据进行拟合，通过 GooSeeker 等信息提取软件获得突发事件网络舆情的散点图，利用基于最小二乘法的多项式拟合法，获取各种舆情数据的拟合函数，并在此基础上将统计学常用函数指数函数与高斯函数等引入到舆情数据分析中，提出一种网络舆情发展规律的分析方法。

2 研究设计

2.1 数据来源

本文主要针对互联网上的舆情进行研究，关注的网络媒体主要指基于网络平台的新闻网站，如新浪、搜狐、腾讯等，传统媒体对舆情的影响暂不在本文研究范围内。考虑百度新闻搜索是全球最大的中文新闻平台，本文选择百度新闻搜索作为媒体关注度的数据搜集平台，挖掘该事件的新闻报道量。

2.2 挖掘方法

针对要挖掘的客观数据，利用信息提取工具包 GooSeeker 中的抓取规则编辑器 MetaStudio 和页面信息抓取工具 DataScraper 等分工合作，快速抓取网站的新闻报道。通过 MetaStudio 定义搜索的信息属性为 url、title、time、num：url = 网页链接地址，title = 新闻标题，time = 新闻发布的时间，num = 新闻机构名称以及新闻条数。

2.3 函数拟合方法

挖掘的数据是分布在时间轴上的一个个离散点，在事件影响力较大、发展过程多变时，如"7·23 动车事故"，网络报道量通常会出现上下不停的抖动，这使得事件的分析变得异常困难，难以寻找规律。而任何事件的真实发展都可以被看作是时间连续函数，因此，可以从案例挖掘的数据入手，试着寻求发现一个连续的时间函数来拟合案例的网络舆情函数，发现比较科学、契合的函数分布规律。

本文采用最小二乘法对实际统计舆情数据进行拟合。最小二乘法是一种数学优化技术，通过最小二乘法，可以非常容易地找出散点数据的一个最佳逼近，以此作为数据平均的一个度量，在有限的数据基础上建立一个科学合理的数学模型[14]。本文创新性地把最小二乘法应用到网络舆情的刻画中：与其他方法相比，本方法首先获得了与网络舆情的真实发展最贴近的连续曲线，为后面各类函数的引入和分类奠定了真实的分析基础，进而从一个新的角度研究和探索网络舆情演化。

最小二乘法通过最小化误差的平方和寻找数据的最佳函数匹配，对给定数据点{（Xi，Yi）}（i = 0，1，…，m），在取定的函数类Φ中，求p（x）∈Φ，使误差的平方和E^2最小，$E^2 = \sum [p(Xi) - Yi]^2$。函数p（x）称为拟合函数或最小二乘解，求拟合函数p（x）的方法称为曲线拟合的最小二乘法。

由于本文分析的舆论数据是一些相对离散的数据点，规律难以发现，在这里取函数类Φ为多项式函数，多项式函数可以表示任意的曲线图，采用基于最小二乘法的多项式拟合法，也就可以保证获取最佳的数据拟合曲线。设统计的网络舆情函数每个点坐标为（T1，A1），（T2，A2），…，（Tm，Am），拟合舆情函数为公式1[15]：

$$A(T) = P_n T^n + P_{n-1} T^{n-1} + \cdots + P_1 T + P_0 = \sum_{k=0}^{n} P_k T^k \quad (1)$$

由最小二乘法原理，可知拟合函数应满足公式2：

$$I = \sum_{i=0}^{m} [A(T_i) - A_i]^2 = \sum_{i=0}^{m} \Big(\sum_{k=0}^{n} P_k T^k - A_n\Big)^2 = min \quad (2)$$

利用公式1和公式2，可求得拟合多项式的各项系数，确定拟合舆情函数。

3 研究数据和挖掘结果

根据突发事件的类型和应对等级，收集近两年国内发生的突发事件，筛选出8个典型突发事件案例，分别是"7·23动车事故"、"王家岭矿难"、"上海静安区大火"、"甘肃校车事故"、"曲靖铬污染"、"云南盈江地震"、"安徽蒙城霍乱"和"浙江衢州小学生腹泻"。这些案例涵盖了突发事件的全部应对等级和主要的事件类型（事故灾害类、自然灾害类和公共卫生类），具有多样性和差异性，其对应等级和造成的主要损失程度等具体信息如表1

所示：

表1 所选取突发事件的基本信息

突发事件	发生时间	事件类型	事件对应等级	损失程度
王家岭矿难	2010.03.28	事故灾害	特大，一级应对	38人死亡，153人被困
7.23动车事故	2011.07.23	事故灾害	特大，一级应对	40人死亡，172人受伤
上海静安区大火	2011.11.15	事故灾害	特大，一级应对	58人遇难，70人受伤
曲靖铬污染	2011.06.01	事故灾害	重大，二级应对	环境遭受严重污染
甘肃校车事故	2011.11.16	事故灾害	重大，二级应对	21人死亡，43人受伤
云南盈江地震	2011.03.10	自然灾害	较大，三级应对	25人死亡，315人受伤
安徽蒙城霍乱	2010.08.16	公共卫生	较大，三级应对	30多例感染病例
浙江衢州小学生腹泻	2010.10.24	公共卫生	一般，四级应对	109名学生出现腹泻症状

根据8个案例的原始挖掘数据，以时间（天）为横坐标，新闻数量为纵坐标，绘制案例的时间序列分布图，如图1所示：

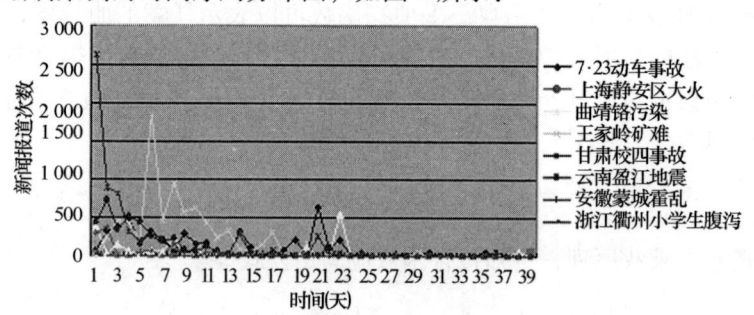

图1 各案例40天新闻报道量分布

危机事件网络舆情的发展与危机事件的发展阶段相对应，也会经历潜伏酝酿期、快速传播扩散期、平稳期、波动期、消退期等阶段，并且每一个发展阶段中的舆情信息量会表现出不同的涨落和波动特点。图1是对各个案例40天内的新闻数量进行比较，通过该时间序列分布的对比可以很直观地观察到各个案例网络舆情随着时间周期的发生、发展、扩散和消亡情况。

4 网络舆情时间序列函数特征分析

在8个案例中，因为"安徽蒙城霍乱"、"浙江衢州小学生腹泻"应对等级低，造成的危害小，影响范围小，由于统计不可能做到很完善，统计过程出现的小偏差都会被大程度地反映在事件的统计函数上，无法真实反映事件的实际发展过程，因此，在进行函数拟合分析时，只对其他6个统计基数较大的案例的函数分布进行分析，以更好地反映事件的真实发展过程。

4.1 网络舆情时间序列的函数拟合

对"7·23动车事故"、"王家岭矿难"等6个典型案例的网络媒体报道量分布进行分析、拟合，其拟合多项式函数如公式3－公式8所示，其代表性拟合图如图2－图5所示。

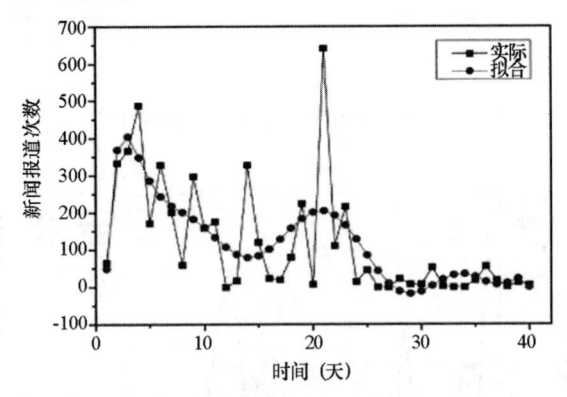

图2 "7·23动车事故"新闻报道量拟合图

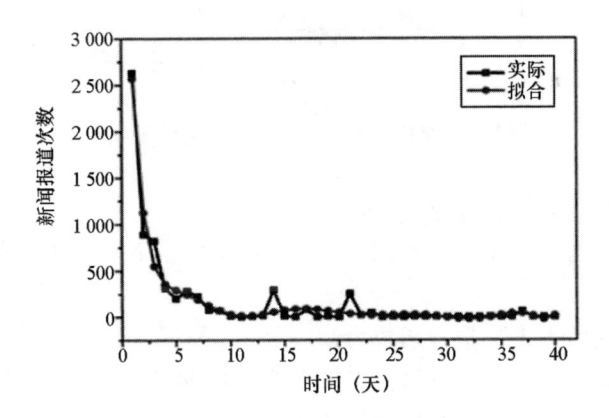

图3 "甘肃校车事故"新闻报道量拟合图

"7·23动车事故"拟合函数为：

$$A(T) = -0.1T^6 + 1.4T^5 - 17.8T^4 + 140.1T^3 - 645.1T^2 + 1502.1T - 932 \tag{3}$$

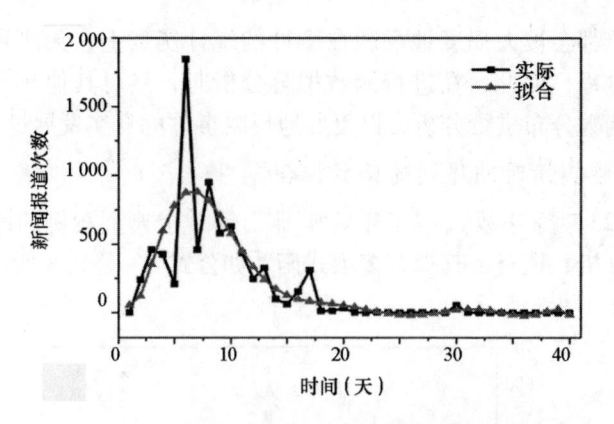

图4 "王家岭矿难"新闻报道量模拟合图

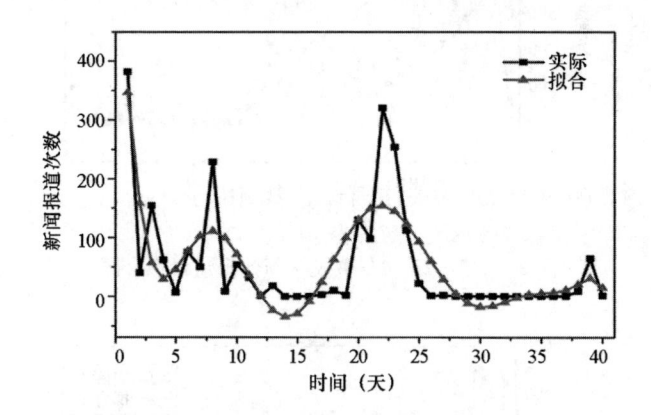

图5 "曲靖铬污染"新闻报道量模拟合图

"甘肃校车事故"拟合函数为：
$$A(T) = 0.1T^6 - 2.5T^5 + 33.9T^4 - 295.3T^3 + 1548.6T^2 - 4460.4T + 5744.2 \quad (4)$$

"上海静安区大火"拟合函数为：
$$A(T) = -0.0015T^6 + 0.0283T^5 - 0.34T^4 + 2.35T^3 - 7.536T^2 + 1.327T + 33.56 \quad (5)$$

"王家岭矿难"拟合函数为：
$$A(T) = -0.0002T^7 + 0.0129T^6 - 0.426T^5 + 7.817T^4 - 79.6T^3 + 398.9T^2 - 678.3T + 409.8 \quad (6)$$

"云南盈江地震"拟合函数为：

$$A(T) = 0.0008T^7 - 0.0261T^6 + 0.5436T^5 - 7.298T^4 + 61.54T^3 \\ - 302.3T^2 + 680.4 \quad (7)$$

"曲靖铬污染"拟合函数为：

$$A(T) = 0.0011T^7 - 0.0308T^6 + 0.5292T^5 - 5.1637T^4 \\ + 23.752T^3 - 8.557T^2 - 266.6T + 602.88 \quad (8)$$

4.2 网络舆情演化的函数特征类型

通过多项式的拟合，找到了契合事件发展的连续时间函数，从6个事件的拟合函数可以看出：事件本身的发展过程各种各样，事件的发展曲线有的呈现从案例发生后急剧下降，有的随着时间发展呈现出波峰和波谷。根据以上图示和数据，把各类案例的函数特征分为突发型、持续型和复合型。

4.2.1 突发型
"上海静安区大火"和"甘肃校车事故"都属于此类函数分布。从统计学常用分布函数特征可以看出，这类函数分布特性属于指数分布形式，其函数公式设为：

$$A(T) = \alpha \times exp\left(-\frac{T}{\beta}\right) \quad (9)$$

其中 α 为影响因子，β 为关注因子。影响因子 α 决定着突发事件网络舆情的开始影响度，α 度值越大，影响度越大。关注因子 β 在影响因子 α 确定的情况下，决定了事件受关注的持续时间，β 度值越大，事件受关注的时间越长，在一定程度上也会加强事件的整体影响力。

"甘肃校车事故"，影响因子 α = 5137.1，关注因子 β = 1407.6，函数公式为：

$$A(T) = 5137.1 \times exp\left(-\frac{T}{1407.6}\right) \quad (10)$$

"上海静安区大火"，影响因子 α = 50.8665，关注因子 β = 19.33，函数公式为：

$$A(T) = 50.8665 \times exp\left(-\frac{T}{19.33}\right) \quad (11)$$

突发事件网络舆情呈指数型分布，则该突发事件突发性特别强，是最有代表性的突发事件舆情信息传播模式，充分显示了突发事件的突发性和破坏性。因为事件发生频率低，具有非常强的轰动效果，事件刚刚发生后即引起数量非常大的报道，但随着网民对该事件的了解和突发事件本身的解决，网络舆情迅速呈现出递减的趋势，直到生命周期结束。

4.2.2 持续型
"7·23动车事故"和"王家岭矿难"属于此类函数分布。从统计学常用分布函数特征可以看出，上述两个事件都呈高斯分布函数发展趋势，其函数公式设为：

$$A(T) = \sum_{i=1}^{n} \alpha_i \times exp\left[-\frac{(T-\gamma_i)^2}{\beta_i^2}\right] \quad (12)$$

其中，n 是由该函数分布的峰的个数决定。如果函数只有一个峰值，则 n 为 1，有两个峰值，n 为 2，以此类推。α_i 为第 i 峰值影响因子，β_i 为第 i 峰值关注因子，γ_i 为第 i 峰值时间因子。若按照时间顺序，将网络舆情函数的峰值分别记为第 1 峰值，第 2 峰值，…，第 n 峰值，对于第 i 峰值而言，α_i 决定了网络舆情该峰值期的影响度，其度值越大，影响力越高；峰值因子 β_i，在影响因子 α_i 确定的情况下，决定了事件在该峰值期内受关注的持续时间，β_i 度值越大，事件受关注的时间越长，在一定程度上也会加强事件在该峰值期的整体影响力；而时间因子 γ_i 决定了该峰值期发生的时间，第 i 峰值期内，时间 T = γ_i 时，事件影响度达到最大。

"王家岭矿难"属于单峰持续型分布函数，其公式为：

$$A(T) = 915.8 \times exp\left[-\frac{(T-7.18)^2}{4.361^2}\right] \quad (13)$$

"云南盈江地震"也属于单峰持续型分布函数，其公式为：

$$A(T) = 530.5 \times exp\left[-\frac{(T-1.528)^2}{6.218^2}\right] \quad (14)$$

"7·23 动车事故"则为多峰持续型分布函数，其公式为：

$$A(T) = 314.7 \times exp\left[-\frac{(T-4.498)^2}{5.979^2}\right] + 204.7 \times exp\left[-\frac{(T-20.26)^2}{4.982^2}\right]$$
$$(15)$$

在自然现象中，大量随机变量都服从或者近似服从高斯分布。具有持续型函数特征的网络舆情，从发生到高涨，一般具有一定时间段的酝酿和发展期，舆情经过一段时间的积累，逐步达到峰值，突发事件在现实中得到处理和应对后，舆情热度也慢慢下降，舆情热度上升和下降都需要占用一定的时间段，在生命周期内逐步达到平缓，并达到平衡阶段。对于多峰连续型分布函数的案例，信息传播具有波动型，在信息传播的生命周期内，可能会出现几个不同的峰值。每次峰值都可能是由该突发事件的次数或者衍生事件导致的，或者该突发事件中含有比较敏感的主题，再一次引发了网民或媒体的舆情扩散，产生一次次的波峰和波谷。这种多峰型突发事件的网络舆情特征，也充分体现了突发事件的衍生性和不确定性，更应该引起应急管理部门的重视。

4.2.3 复合型 本文定义的复合型函数分布，是指既包含突发型函数特征，也包含持续型函数特征，融合指数分布和高斯分布等于一体的函数类型。结合上述两种类型分析，可设其函数公式为：

$$A(T) = \alpha \times exp\left(-\frac{T}{\beta}\right) + \sum_{i=1}^{n} \alpha_i \times exp\left[-\frac{(T-\gamma_i)^2}{\beta_i^2}\right] \quad (16)$$

"曲靖铬污染"属于复合型函数分布，其公式为：

$$A(T) = 975.2 \times exp\left(-\frac{T}{1.012}\right) + 115.8 \times exp\left[-\frac{(T-7.8)^2}{2.813^2}\right] \\ + 163.1 \times exp\left[-\frac{(T-21.96)^2}{3.731^2}\right] \quad (17)$$

由"曲靖铬污染"案例可以看出，复合型函数分布开始时具有指数函数特征，媒体的报道量非常大，但随着时间发展，或者该事件引发的后果还没有明显出现，事件关注度逐步下降；事件后果的逐步呈现，或者事件的次生或衍生事件的发生，则会再次引发公众的关注，引发新的舆情高峰，成为舆论的焦点。

5 结论

经过以上的数据分析可以看出，本文利用最经典的数据拟合方法最小二乘法，进行多项式拟合，获得了各案例拟合误差最小的连续曲线。在此基础上，通过引入指数函数和高斯函数等，得到能揭示各案例的函数公式，通过对影响因子、关注因子和峰值时间因子的描述，比较准确地揭示了各案例的演化周期和演化特点，与各案例的演化规律相吻合。

本文对于网络舆情函数的突发型、持续型和复合型的分类，无疑提供一套网络舆情函数的分类标准和对网络舆情事件的认识方法，对于不断涌现的网络舆情事件，可以根据实时监测到的舆情数据，尝试在这种分类标准下做相应的划分和归类。同时，百度搜索的海量数据，为本文所使用的挖掘方法的可行性和可靠性提供了保障。利用原始资料和科学的函数拟合方法来分析和掌握网络舆情的函数特性，可以更加明确其演化规律，使网络舆情应对更有科学性。

参考文献：

[1] 李岳德，张禹.《突发事件应对法》立法的若干问题[J]. 行政法学研究，2007(4)：69-75.

[2] 曾润喜. 网络舆情管控工作机制研究[J]. 图书情报工作，2009，53(18)：79-82.

[3] 曹学艳,韦永智,赵鹏飞,等.非常规突发事件演化机理研究[C]//第四届国际应急管理论坛暨中国双法应急管理专业委员会第五届年会论文集.北京:中国科学院研究生院,2009:68-71.

[4] 亓菁晶,陈安.突发事件的多层次多阶段机理研究[J].三峡大学学报,2008(S2):38-40.

[5] 兰月新,邓新元.突发事件网络舆情演进规律模型研究[J].情报杂志,2011(8):47-50.

[6] 兰月新,曾润喜.突发事件网络舆情传播规律与预警阶段研究[J].情报杂志,2013(5):16-19.

[7] 刘智.网络社区危机信息传播与干预研究[D].合肥:中国科学技术大学,2010.

[8] 魏玖长,张岩,任轶群.危机事件新闻报道数量的时间演变模式研究[J].图书情报工作,2008,52(11):57-61,74.

[9] 周耀明,张慧成,王波.网络舆情演化模式分析[J].信息工程大学学报,2012(3):334-341.

[10] 周耀明,王波,张慧成.基于EMD的网络舆情演化分析与建模方法[J].计算机工程,2012(21):5-9.

[11] 梁凯,杜晚樱,孙梦娇.网络舆情扩散影响因素及规律的系统动力学仿真[J].价值工程,2013(10):288-289.

[12] 朱恒民,李青.面向话题衍生性的微博网络舆情传播模型研究[J].现代图书情报技术,2012(5):60-64.

[13] 陈福集,黄江玲.我国网络舆情演变文献研究综述[J].情报杂志,2013(7):54-58,92.

[14] 周招.基于最小二乘法在学科建设评价中的应用[D].重庆:重庆师范大学,2013.

[15] 尤钦科.最小二乘法[M].刘荣霖,译.北京:人民交通出版社,1965.

作者简介

曹学艳,电子科技大学图书馆副研究馆员,博士,E-mail:caoxy@uestc.edu.cn;宋彦宁,电子科技大学政治与公共管理学院硕士研究生;刘海涛,电子科技大学微电子与固体电子学院硕士研究生;李仕明,电子科技大学经济与管理学院教授,博士,博士生导师。

基于主题的舆情跟踪方法研究及性能评价[*]

1 引言

网络媒体与传统媒体相比，在时效性上有着明显的优势，已被公认为是继报纸、广播、电视之后的"第四媒体"。由于网络媒体与传统媒体在传播载体和传播方式上有所不同，媒体信息的正确性及传播范围都无法得到有效控制，网络舆论热点、焦点层出不穷，任何人都可以在论坛、博客或自建站点上发布言论和观点。网络舆情对社会的稳定和众多网民产生了重大影响，使得对网络中舆情的有效发现与监控变得非常重要。

舆情信息监控与跟踪这一研究领域涉及自然语言处理、人工智能、互联网等多个领域的核心技术。该项研究对热点问题和重点领域比较集中的网站信息，如对网页、论坛、BBS等进行监控，采集最新的消息和意见，对采集的信息进行逐步预处理；之后，对抓取的内容做分类、聚类和摘要分析，对信息完成初步的再组织；最后，将监控结果呈送给相关职能部门，供决策者使用。

主题检测技术是与舆情监控跟踪技术密切相关的研究领域，所谓主题（topic），就是一个核心事件或活动以及与之直接相关的事件或活动。该技术的主要目的是用来监控各种语言信息源，在新主题出现时发出警告，在信息安全、金融证券、行业调研等领域都有广阔的应用前景。在主题检测相关研究领域中，代表国际最高研究水平的会议有：主题检测和跟踪会议（Topic Detection and Tracking，TDT）[1]，该会议是由美国国防部高级研究发展局（DARPA）主持，在美国国家标准技术局（NIST）召开的年度会议。参加单位包括Carnegie Mellon University等大学以及IBM等公司。主题检测与跟踪是

---

[*] 本文系国家自然科学基金青年基金项目"问答式信息检索中信息抽取技术研究"（项目编号：60803086）和北京市自然科学基金项目"语义蕴涵推理技术及在问答式信息检索中的应用研究"（项目编号：4123091）研究成果之一。

一项旨在依据事件对语言文本信息流进行组织、利用的研究，也是为应对信息过载问题而提出的一项应用研究，各科研机构对此进行了探讨[2-4]。

Text Analysis Conference（TAC）会议提供了对自动内容抽取 Automatic Content Extraction（ACE）子任务的评测，在实现事件抽取的过程中，采用的主要技术是基于短语和句子级别的抽取，近年来的研究转向采用更高层次的信息辅助事件抽取[5-7]，如跨文档信息。

国内各研究机构也开展了相关方向的研究工作，基于反馈学习的方式实现中文话题追踪[8]以及层次化话题识别技术的研究工作[9]。话题检测与跟踪是一项直接面向应用的研究，如自动监控各种信息源，并从中识别出各种突发事件、新事件以及关于已知事件的新信息。

2 舆情跟踪系统

基于主题的舆情跟踪系统工作流程如图 1 所示：

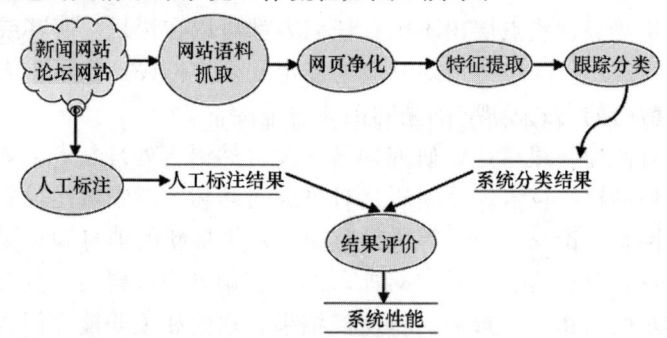

图 1　舆情跟踪系统流程

首先，在论坛及网站抓取语料，并完成网页净化，实现网页中的正文提取；随后，采用基于 TFIDF 建立向量空间模型，并利用信息增益以及互信息的方法实现特征的选择。在此基础上，采用不同的分类方法实现给定主题的舆情跟踪，给出与主题相关或不相关的分类结果；最后，根据系统检测的结果与人工标注结果，进行评价，得到系统性能。

在图 2 所示的舆情跟踪系统流程中，特征选取是实现舆情分类的关键因素，本文在第三、四部分分别介绍特征选择方法和实现舆情跟踪的分类方法。

3 向量空间模型构建

向量空间模型（vector space model，VSM）是常用的文本信息表示方法。

报道信息多用特征词组成的特征向量来表示。文本可以看做是一系列项 t 的集合，对每个项 t，可以加上一个对应的权值，这样文档就由形如〈项 t，权值 w〉的对组成。项（t_1，t_2，t_3，…，t_n）代表文档内容的特征项，可以看做一个 n 维的坐标系。权值 w_1，w_2，w_3，…，w_n 表示对应的坐标值，文档集中的每篇文档 d 都可映射成此空间上的一个特征向量 V（d）=（t_1，w_1（d），t_2，w_2（d），…，t_n，w_n（d））。其中，权值的计算如公式（1）所示：

$$w_i(d) = \frac{\left| tf_i \times log \left| \frac{N}{nt_i} \right| \right|}{\sqrt{\sum_{i=1}^{n}(tf_i)^2 \times log^2 \left| \frac{N}{nt_i} \right|}} \quad (1)$$

其中，tf_i 表示关键词 t_i 在文档 d 中出现的频率；N 表示用于特征提取的全部文本的文档总数；nt_i 表示出现关键词 t_i 的文档频率。因此，（w_1（d），…，w_i（d），…，w_n（d））被看成是 N 维空间中的一个向量。

根据 TFIDF 的定义，TFIDF 值越高，表明其对于类别有更好的区分度，因此在对文本向量进行维度缩减的时候，取 TFIDF 值最高的前 n 项作为对该文本描述的特征项。在本研究的实验中，对维度进行了不同程度的缩减，并在此基础上进行了相关实验。

4　特征选择

舆情跟踪的核心技术是进行文本分类，将待检测文本划分为与给定主题相关或不相关。特征选择是进行文本分类的首要任务和环节，为了提高文本分类的效率和精度，需要对文本进行特征选择。特征选择具有降低向量空间维数、简化计算等作用[4]，尽可能移除原始特征中权值过小的特征词，以达到降低特征空间维度的目的。本文采用信息增益（Information Gain，IG）和互信息（Mutual Information，MI），从不同的角度度量特征所起的作用，实现特征选择。

4.1　基于信息增益的特征选择

信息增益是机器学习领域使用广泛的一种特征抽取方法，是一种基于熵值的评估方法。定义为：某特征项在文本中出现前后的信息熵之差。信息熵是信息的量化度量，衡量一个随机变量取值的不确定性程度。随机变量 X 的变化越多，通过它获取的信息量就越大，设 X 一共有 n 个取值，则 X 的信息熵定义如公式（2）：

$$H(X) = -\sum_{i=1}^{n} P(x_i) \log_2 P(x_i) \quad (2)$$

对于舆情跟踪分类系统，类别 C 是变量，设系统一共有 m 类，则该分类系统的熵定义如公式（3）：

$$H(C) = -\sum_{j=1}^{m} P(c_j) \log_2 P(c_j) \quad (3)$$

特征 T 在该分类系统中的信息熵如公式（4），n 表示特征 T 取值的数目，m 表示该分类系统类别的数目。

$$H(C|T) = \sum_{i=1}^{n} P(t_i) H(C|t_i) \quad (4)$$

$$= \sum_{i=1}^{n} P(t_i)[-\sum_{j=1}^{m} P(C_j|t_i) \log_2 P(C_j|t_i)]$$

特征的信息增益是指样本分类信息熵与特征信息熵的差，特征 T 的信息增益定义为：

$$IG(C,T) = H(C) - H(C|T) \quad (5)$$

信息增益 IG 值越大，则该特征被选择的可能性越大，特征项按 IG 排序。

4.2 基于互信息的特征选择

互信息在统计语言模型中被广泛采用，互信息值越大，共现的几率越大。如果用 A 表示包含特征词 t 且属于类别 c 的文本频数，B 为包含 t 但是不属于类别 c 的文本频数，C 表示属于类别 c 但是不包含 t 的文本频数，N 表示语料中文本总数，特征项 t 和类别 c 的互信息可由下式计算：

$$I(t,c) = \log \frac{P(t,c)}{P(t)P(c)} = \log \frac{P(t|c)}{P(t)} = \log \frac{A*N}{(A+C)(A+B)} \quad (6)$$

如果 t 和 c 无关，即：p(t,c) = p(t)p(c)，则 I(t,c) 值为 0。

5 舆情跟踪分类方法

5.1 基于主题的 Rocchio 方法

该方法之核心思想是根据待分类文档向量与每个舆情类别中心向量的距离来判断文档的类别属性。本文采取基于主题词的方法构建向量空间模型，实现舆情跟踪分类。具体的算法描述见表 1。

Rocchio 分类方法实现简单，分类的复杂度不高，但由于该方法直接使用特征空间的特征分布，因此，受训练文档中的噪声影响比较大。

5.2 基于主题的 KNN 分类方法

KNN 是实现分类常用的方法[10]，在给定新文本后，考察在训练文本集中与该新文本距离最相似的 K 篇文本，根据这 K 篇文本所属的舆情主题类别来进一步判定新文本所属的主题类别，具体的算法描述如表 2 所示：

表1 基于 Rocchio 的跟踪分类方法

①设定舆情跟踪主题，在各自不同主题的训练数据集中，基于 tf*idf 以及人工交互的方式选择典型的具有代表性的主题词，形成舆情类别主题词表。定义第 i 类舆情类别的主题词表 W_i 为：$W_i = \{w_{i1}, w_{i2}, \cdots, w_{in}\}$。

②计算每个舆情类别文本对应的中心向量。通过对每个类别中所有训练文本向量进行算术平均即可以得到该类别的中心向量。

③依次选取信息流集合 D 中的一篇文本 d_i，$D = \{d_1, d_2, \cdots d_n\}$。

④将新文本 d_i 表示为特征向量，直接将新文本映射到文档特征空间上，如果某特征项出现在主题词表中，则该特征项的值以 2 倍的值递增，实现特征向量的更新。

⑤计算新文本 d_i 的特征向量与每个舆情主题类别文本中心向量 c_j 之间的相似度，计算方式如下：

$$sim(d_i, c_j) = \frac{\sum_{k=1}^{n} w_{ki} * w_{kj}}{\sqrt{\left(\sum_{k=1}^{n} w_{ki}^2\right)\left(\sum_{k=1}^{n} w_{kj}^2\right)}} \quad (7)$$

其中，w_{ki}、w_{kj} 分别表示文档 d_i 和 c_j 的第 k 个特征项权值，n 为文档特征项数。

⑥比较相似度值，找出其中的最大值，将新文本 d_i 划分到最大相似度所对应的舆情类别中。

表2 基于 KNN 的跟踪分类方法

①针对不同的舆情主题类别，建立由特征项构成的向量空间，表示训练文本向量。

②依次选取信息流集合 D 中的一篇文档 d_i，$D = \{d_1, d_2, \cdots d_n\}$。

③将新文本 d_i 表示为特征向量，直接将新文本映射到文档特征空间上，如果某特征项出现在主题词表中（同表1中构建的主题词表），则该特征项的值以 2 倍的值递增，实现特征向量的更新。

④在训练文本集中选出与新文本 x 最相似的 K 个文本，计算方法同公式 (4)。

⑤根据与新文本 x 最近的 K 个邻居的属类关系，依次计算 x 属于每个舆情主题类别 c_j 的权重，计算公式如下：

$$p(x, c_j) = \sum_{i=1}^{k} sim(x, d_i) * y(d_i, c_j) \quad (8)$$

其中，x 为新文本的特征向量，$sim(x, d_i)$ 为相似度计算公式，与上一步骤的计算方法相同，表示新文本 x 与第 i 个邻居的相似度。$y(d_i, c_j)$ 为主题类别属性函数，即如果 d_i 属于主题类 c_j，那么函数值为 1，否则为 0。

⑥比较各个舆情主题类的权重，将新文本划分到权重最大的类别，实现类别判断。

笔者同时也采用了贝叶斯分类（Bayes）方法实现舆情的跟踪分类，并在实验分析中进行了对比。

6　实验分析与结果评价

实验测试数据来自 Tencent 论坛网站（www.qq.com），包含了三大版块信息：新闻版块、教育版块以及财经版块。采集时间范围为 2010 年 1 月 – 2010 年 5 月。

对所采集数据进行人工分类，得到 30 个不同的主题类别（新闻版块、教育版块以及财经版块各 10 个类别）。各主题类别中训练样本和测试样本的分布情况见表3。

表3　实验数据分布

实验数据 \ 版块	新闻	教育	财经
训练数据（篇）	400	400	400
测试数据（篇）	319	350	364

选取实验数据集中的 30 个类别的样本，在 Rocchio 方法、KNN 和贝叶斯分类器上对信息增益（IG）以及互信息（MI）两种特征选择算法进行对比实验，得到的实验结果如表4所示：

表4　各分类器的跟踪分类结果

特征选择 \ 分类方法	Rocchio 分类 F 值（%）	最近邻分类（KNN） F 值（%）	贝叶斯分类 F 值（%）
IG	83.5	84.8	86.2
MI	81.8	83.6	85.2

从实验结果看出，贝叶斯分类器的性能最好，它可用于预测类成员关系的可能性，属于概率类分类模型。在特征选择方法中，基于信息增益的特征选择在不同的分类器中均取得了更优的实验结果。笔者对新闻版块包含的 10 个主题类别进行了结果分析，采用贝叶斯分类器的实验结果，如表 5 所示：

表5 新闻版块主题跟踪结果分析

类别编号	类别主题	主题相关样本数量（篇）	分类准确率（%）
01	春运	8	75.0
02	春晚	18	88.9
03	两会	17	82.4
04	韩寒	12	83.3
05	犀利哥	23	91.3
06	小虎队	16	87.5
07	中国足球	11	81.8
08	智利地震	6	83.3
09	短道速滑夺金	7	100.0
10	泸州天然气事件	5	80.0

可以根据当前跟踪主题的信息，获取主题热点的关注时间、时长以及热点的关注程度。针对不同的类别，各版块中舆情信息随时间的分布示意见图2（a）、（b）和（c）分别表示新闻版块、教育版块以及财经版块的数据分布）。

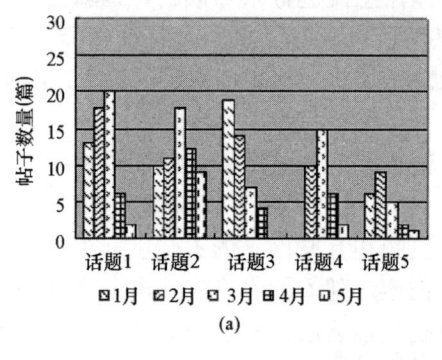

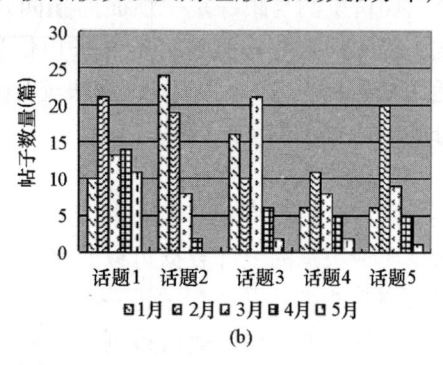

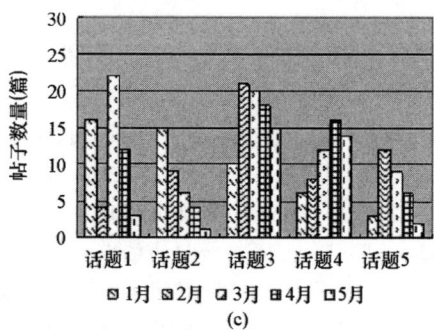

图2 舆情信息时间数据分布

针对不同的舆情类别信息进行跟踪，它们具有不同的关注热度，在数据集中通过浏览量这一因素进行衡量。图3表示三大版块中不同主题内容的帖子浏览量分布。

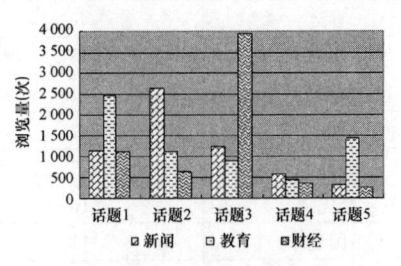

图3　不同主题浏览量统计

由图3所示，不同主题的关注度呈现不同的分布，浏览量比较低的主题说明没有引起网民的持续关注。

7　结论

舆情检测与跟踪是一项面向新闻媒体信息流进行未知话题识别和已知话题跟踪的信息处理技术。本文采用信息增益以及互信息两类特征选择方法，运用Rocchio、KNN和Bayes方法进行文本分类以实现舆情跟踪。其中，Bayes分类器取得了较优的结果。

系统性能评价指标采用F值，在测试集上的实验结果表明所采用的方法是行之有效的。实验统计数据结果表示了不同主题的时间跨度分布，同时，根据舆情跟踪的统计数据可以判断不同主题在互联网上的关注度。主题的情感倾向判断将是笔者今后进一步的研究内容。随着信息安全、电子商务等相关应用领域的发展，舆情检测与跟踪将成为自然语言和信息处理领域中的重要研究方向。

参考文献：

[1]　James A, Jaime C, George D, et al. Topic detection and tracking pilot study：Final report [C] //Proceedings of the DARPA Broadcast News Transcription and Understanding Workshop. San Francisco：Morgan Kaufmann Publishers Inc, 1998：194 - 218.

[2]　Zhang Kuo, Li Juanzi, Wu Gang. New event detection based on indexing tree and named entity [C] //Proceedings of the 30th Annual International ACM SIGIR Conference on Research and Development in Information Retrieval. Amsterdam：ACM Press, 2007：215 - 222.

[3] Juha M, Helena A, Marko S. Simple semantics in topic detection and tracking [J]. Information Retrieval, 2004, 7 (3/4): 347 – 368.

[4] Brants T, Chen F, Farahat A O. A system for new event detection [C] //Proceedings of the 26th Annual International ACM SIGIR Conference on Research and Development in Information Retrieval. New York: ACM Press, 2003: 330 – 337.

[5] Ji H, Grishman R. Refining event extraction through cross-document onference [C] // Moore J D, Teufel S, Allan J, et al. The 46th Annual Meeting of the Association for Computational Linguistics: Human Language Technologies. Columbus: ACM Press, 2008: 254 – 262.

[6] Patwardhan S, Riloff E. Effective information extraction with semantic affinity patterns and relevant regions [C] //Proceedings of Joint Conference on Empirical Methods in Natural Language Processing and Computational Natural Language Learning. Prague: Association for Computational Linguistics Press, 2007: 717 – 727.

[7] Czech R, Patwardhan S, Riloff E. A unified model of phrasal and sentential evidence for information extraction [C] //Proceedings of Conference on Empirical Methods in Natural Language Processing (EMNLP – 09). Stroudsburg: Association for Computational Linguistics Press, 2009: 151 – 160.

[8] 王会珍,朱靖波,季铎,等. 基于反馈学习自适应的中文话题追踪 [J]. 中文信息学报, 2006, 20 (3): 92 – 98.

[9] 于满泉,骆卫华,许洪波,等. 话题识别与跟踪中的层次化话题识别技术研究 [J]. 计算机技术与发展, 2006, 43 (3): 489 – 495.

[10] 王煜,白石,王正欧. 用于 Web 文本分类的快速 KNN 算法 [J]. 情报学报, 2007, 26 (1): 60 – 64.

作者简介

姚长青,男,1974 年生,副研究员,博士,发表论文 10 余篇。

杜永萍,女,1977 年生,副教授,博士,硕士生导师,发表论文 20 余篇。

网络舆情话题的数据立方体模型分析[*]

1 引言

网络舆情是社会舆情在互联网上的延伸,各国政府对于舆情分析工作都相当重视,有很多机构从事舆情的话题分析与研究,比较有代表性的如美国的舆情研究协会[1]、欧盟舆情分析中心[2],国内有北大方正技术研究院的方正智思舆情系统等。

网络舆情话题分析需要建立一套网络舆情指标体系,以方便对网络舆情进行量化计算。网络舆情计算是社会学、统计学、计算科学、群体心理学等学科的交叉学科,国内外尚没有统一的舆情指标体系定义。目前网络舆情话题分析[3-8]基本上都是制定一些模式和相应的评测指标来描述网络舆情的状态,在一定程度上可以比较客观地反映网络舆情的发展、变化过程。但是,这些分析过程缺乏对网络舆情话题系统的建模,从而导致分析结果往往不全面。

本文在详细分析网络舆情组成要素的基础上,利用数据仓库技术,建立网络舆情话题数据立方体模型,并应用该模型对网络舆情话题进行多角度、深层次的挖掘分析,取得了良好的效果。

2 网络舆情话题数据立方体模型

2.1 数据仓库简介

数据仓库是一个面向主题的、集成的、时变的和非易失的数据集合,可以支持管理部门的决策过程。目前数据仓库技术主要运用于商业智能领域,目的是通过将大量与特定主题相关的随时间变化的数据聚集到多维数据模型中,利用在线联机分析处理 OLAP(On-Line Analytical Processing)工具,分析当前和历史的业务数据,自动快速获取其中有用的趋势信息和决策信息,

---

[*] 本文系江西省社会科学规划项目"高校网络舆情分析与监测机制建设研究"(项目编号:10TW20)研究成果之一。

为企业提供及时、准确和方便的决策支持。同样，网络舆情分析也需要大量不同话题的、随时间不断变化的网络舆情信息，分析归纳出其相关度量值，从而为网络舆情预警提供依据。

数据仓库中数据的逻辑组织形式是一种多维数据模型，这种模型将数据看作数据立方体形式。数据立方体允许从多维角度对数据建模和观察，它由维和事实定义。维是关于一个组织想要保存记录的透视图或实体。事实是数值度量的，用以分析维之间的关系。事实表包括事实的名称或度量以及每个相关维表的码。

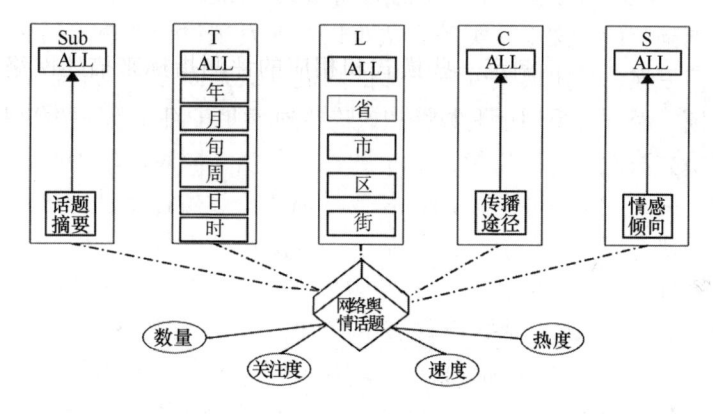

2.2 网络舆情话题数据立方体模型构建

建立网络舆情话题的数据仓库，最为关键的就是确定网络舆情话题数据立方体的维和度量。

本文认为网络舆情话题数据立方体具有 5 个维：时间维（T）、地点维（L）、传播方式维（C）、情感倾向维（S）和话题维（Sub）；4 个度量分别是数量、关注度、热度和速度，如图 1 所示：

图 1　网络舆情话题数据立方体模型

其中，传播方式包括论坛、博客、新闻，其余如音频、视频、电子邮件等暂不考虑；情感倾向维描述舆情的强度和情感倾向，主要有"强烈褒义"、"褒义"、"贬义"和"强烈贬义"4 种不同强度的情感倾向。话题维主要描述话题相关事件，可以利用多文档摘要技术形成一个话题的摘要。其余要素，如时间可由网页中抽取得到，地点可通过统计 IP 地址得到，情感倾向则可通过分析文本内容得到，事件也可由采集到的网页中抽取出来。

在网络舆情话题数据立方体模型中，可以进行多种 OLAP 操作。典型的有如下 4 种：①上卷。通过沿一个维的概念分层向上攀升或者通过维规约，对数据立方体进行聚集。②下钻。下钻是上卷的逆操作,它由不太详细的数据到更加详细的数据。下钻可以通过沿维的概念分层向下或引入附加的维来实现。③切片。切片操作对给定立方体的一个维进行选择,生成一个子立方体。④切块。切块操作通过对两个或多个维执行选择,定义子立方体。

2.3 网络舆情话题数据立方体度量值计算

网络舆情话题数据立方体度量值需要反映网络舆情的一些特征和变化规律,本文采用一些常用的网络舆情监测指标,这些指标均可在数据立方体模型的基础上通过某种运算得到。

2.3.1 热度 热点话题是网络舆情监测中的重要目标,如何对得到的话题进行热度的度量是热点话题发现的一项重要工作。热度并没有明确的定义,其确定有一定的主观因素,参考的因素不同,得到的最终结果也不相同。现在网络舆情热度的研究主要有采用文本词频统计[9]、文本聚类[10]等算法,近来通过建立重点、焦点、敏点、拐点等分析模式[11-12]和判据,采用模糊综合评判、模糊积分等模型进行话题热度等级的判断。

采用词频统计、文本聚类等方法难以快速发现讨论的热点话题,具有较大的时间滞后性,采用模式分析方法的热度等级判断方法具有较高的计算和模型复杂度,而通过采用话题数量和讨论热烈程度(回复数、精华帖子数等)的热点分析方法性能与采用模式分析的性能相当,同时能较为明显地降低计算复杂度,因此文中主要是采用话题数量和讨论热烈程度进行热度分析。这方面已有的研究成果主要有:提出基于多级滤噪而进行切分词拼接的方法提取出热点事件中的热点信息串[13];认为事件热度由报道该事件的所有新闻的热度综合决定,主要是根据新闻发布类型、事件当前热度和事件当前增量[14];从事件的报道频率和事件的平均相似度考虑[15];选取话题的大小(即包含的帖子数)、精华帖子数、回复数、单位时间浏览数 4 个因子对话题进行热度评分[16]。一般来说,热点话题有以下几个特点:①处于一定时间范围内,脱离了时间的限制谈热点没有意义。如一周内的热点在全年范围内可能就不是热点。通常热点会持续一段时间。②热点应该是人们普遍关注的问题,应该在大多数的站点中都有体现,不能仅仅局限在某一网站内部谈热点。

综合以上考虑,本文给出某一时间段内热度的计算表达式:

$$Heat(t_1,t_2) = \frac{\omega_{bbs} \cdot N_{bbs}(t_1,t_2) + \omega_{blog} \cdot N_{blog}(t_1,t_2) + \omega_{news} \cdot N_{news}(t_1,t_2)}{All(t_1,t_2)}$$

(1)

其中,ω_{bbs},ω_{blog},ω_{news} 为论坛、博客、新闻三种类型文档的权重。通过对

大量话题数据进行统计分析可知，话题在论坛、博客、新闻出现数量的比例大约为2∶1∶1，因此将论坛、博客、新闻三种类型文档的权重分别设定为 $\omega_{bbs} = \frac{1}{2}$，$\omega_{blog} = \frac{1}{4}$，$\omega_{news} = \frac{1}{4}$；$N_{news}(t_1,t_2)$，$N_{blog}(t_1,t_2)$、$N_{bbs}(t_1,t_2)$分别为$t_1$到$t_2$内某一话题中新闻、博客、论坛三种类型文档各自的数量，$All(t_1,t_2)$是t_1到t_2内所有话题中包含各种类型文档的总数量。显然，$Heat(t_1,t_2)$取0到1之间的值，实际上反映了t_1到t_2内某一话题所包含的文档数占该段时间范围内所有话题包含文档总数的比例。

根据上述热度的计算表达式，在网络舆情话题数据立方体模型中，热度实际上是以时间、传播途径、话题为维，以话题相关文档数量为度量的三维操作。考虑到时间的概念分层，在时间维上作上卷和下钻操作，还可以得到话题在日、周、月、年不同时间范围的热度。另外，若考虑到地点维，则还能得到话题在不同地点的热度。

2.3.2 传播速度 传播速度分析是分析舆情受众的数量的变化速度。其实现技术是统计点击数或回复数的变化，即

$$s(t) = \frac{dn(t)}{dt} \tag{2}$$

其中，$s(t)$表示传播速度，$n(t)$表示点击数或回复数。实际计算中，采用差分代替求导。舆情的传播速度越快，受影响人群迅速增多，则表明舆情话题具有越大的影响力。

对传播速度还可以进一步地分析，考虑到地点维和情感倾向维，则速度可以更细致地描述为在某一地点、具有某种情感倾向的舆情受众的数量的变化速度。这有助于分析不同地点的网民对舆情话题的情绪变化情况，如果正面的情感倾向大于负面，则网络舆情可能正沿着健康的方向发展；反之，若负面的情感倾向迅速蔓延，则有可能引导舆情走向极端，严重的可能引发暴乱、示威、游行等群体性事件，这就需要社会管理部门及时发现并加以引导，使其逐渐趋于缓和。

2.3.3 传播阶段 对传播速度作进一步的分析，可以得到传播加速度，其含义为网络舆情的传播阶段。计算表达式为：

$$a(t) = \frac{ds(t)}{dt} \tag{3}$$

传播阶段分析就是识别舆情传播所处的不同阶段。一般分成三个阶段：①若传播加速度$a(t) > 0$，标志为新增受众数量不断增加，则判为扩散阶段；②若传播加速度$a(t) = 0$，标志为新增受众数量基本稳定，则判为稳定阶段；

③若传播加速度 $a(t) < 0$，标志为新增受众数量逐步减少，则判为消退阶段。

准确判断话题的传播阶段，可以帮助决策者把握舆论动态，从而采取相应的措施。类似于舆情受众情感倾向的传播速度，同样可以得到舆情受众情感倾向的传播阶段。

2.3.4 关注度 话题关注度是指过去某一时间段内，舆情话题被关注的程度，用与该话题相关的网页数进行衡量。关于某一个话题 T 的相关网页数量随时间的变化可以用函数 $f_s(t)$ 来表示，根据相关信息点的计算公式[11]，得到在过去某一段时间 t_1 到 t_2 内关于话题 S 的关注度的计算表达式：

$$R_s(t_1, t_2) = f_s(t_2) - f_s(t_1) \tag{4}$$

具体的统计时间可以按天、周或月来统计，也可根据实际需要具体设定。关注度同样可以进行多维操作，例如选择地点和传播途径可以得到不同地点在某一种传播方式上话题的关注度，这有助于社会管理部门选择重点。如果在论坛上某一话题备受关注，则需要将注意力集中到论坛，对一些颠倒是非、别有用心的言论加以控制，保证网络舆情的健康发展。

3 实例分析

文中通过采集 2007 - 2009 年互联网上论坛、博客、新闻三种网络文本，作为网络热点话题分析的实际数据来源进行实例分析，在网络舆情话题数据立方体模型的基础上，通过对不同维度、不同度量值的运算操作结果，来说明网络舆情发展、变化的一些特点。

3.1 网络话题数据的采集与抽取

网络数据采集结构如图 2 所示：

图 2 中左侧（a）部分是数据采集的总体结构，只采集处理承载丰富舆情话题信息的论坛、博客、新闻站点，对上述三种站点设计专有的网络爬虫。同时，各网络爬虫对目标站点进行分站采集，相对保持独立，这样使得每个爬虫的任务明确，能提高效率。各网络爬虫由采集监控程序统一管理，一旦某个爬虫出现异常使得采集无法进行，监控程序可以马上检测到，从而进行问题排查或将其任务分配至其他采集器以保证任务的正常执行。网页数据库则用于分别存储采集到的各种类型的网页。图 2 中右侧（b）部分则是每个网络爬虫的基本框架，它是一个高度可扩展的大规模网络爬虫的高层框架。在基本框架之下，针对具体的网络采用相应的网络爬虫实现方法。

由于论坛、博客、新闻的网页结构有较大的区别，因此进一步对采集到的网页进行数据抽取时，需要采用不同的方法。根据论坛网页结构的特点，

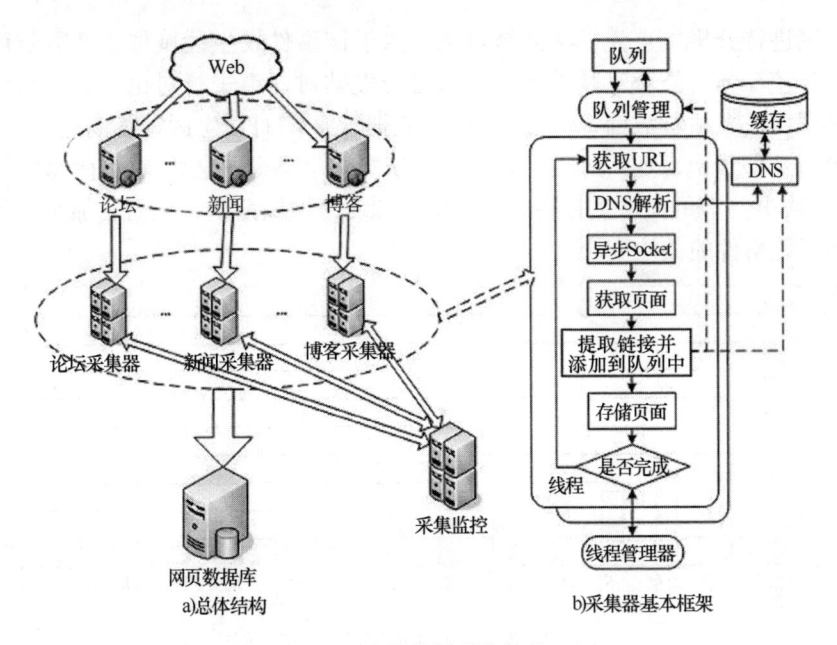

图 2 网络数据采集结构

则采用一种基于网页布局相似度的论坛数据抽取方法[17]实现论坛数据的抽取，针对新闻和博客网页，采用一种基于三层净化的网页主题内容提取算法。

3.2 基于数据立方体模型的网络话题实例分析

将得到的热度、传播速度、传播加速度、关注度等信息构建话题数据立方体，通过采用数据仓库的多种 OLAP 操作可以分析出网络舆情话题在一维和多维上的特征和变化规律，如切片操作可以对给定数据立方体的一个维进行分析，切块操作可以对两维或多维进行分析。

2007－2009 年网络上的一些热点话题如表1所示：

表 1 2007－2009 年网络热点话题

话题	话题一	话题二	话题三	话题四	话题五	话题六
事件	周九耕事件	假华南虎照	逯军	重庆打黑	甲型流感	许霆案

这些话题有些持续时间很长，如陕西周正龙假华南虎照案、许霆案，时间跨度有两到三年，随着事件的不断发展，不时在网络上掀起言论热潮，其他如逯军事件等则只持续数月时间便逐渐被淡忘。

3.2.1 关注度分析
以话题一（周九耕事件）为例，在不同维上对其关注度进行分析。首先，考虑地点维，由于该事件发生区域位于江苏省南京市，致使江苏的公众对其格外重视，纷纷发帖对此事进行讨论。图3为该事件全国网民发帖总数前12位的省市，数据与事件的发生区域相吻合。另外，如果与"假华南虎照"、"逯军"、"重庆打黑"等话题相比较，南京网民对"周九耕事件"的关注度排在广东、山东和北京网民前列，从而更加突出江苏网民对此事件的关注度。

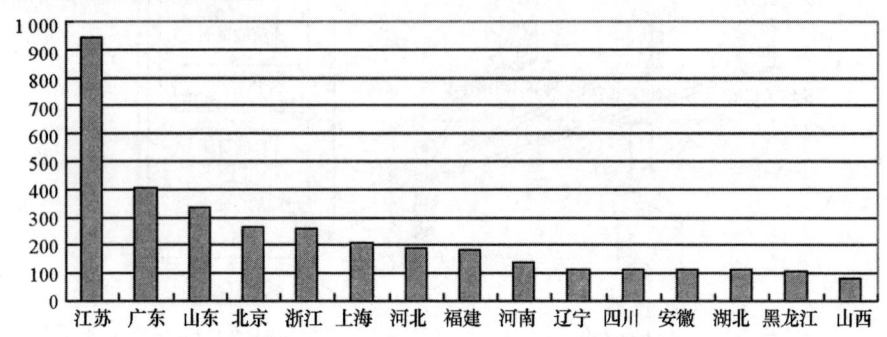

图3　话题一在不同地区的关注度分布

更进一步，增加传播方式维对该话题进行分析，可以得到话题一的传播途径分布图，如图4所示：

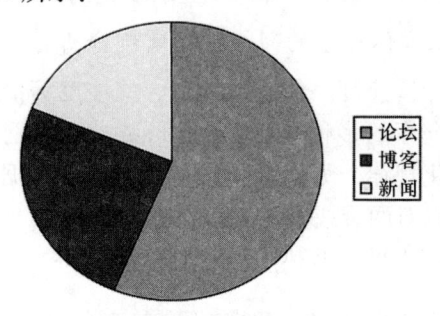

图4　话题一传播途径分布

从图4中可以看出，该话题在网络论坛中的讨论尤为突出，关注度最高。事实证明，周九耕在其发表不恰当言论的第二天，就由当地网友在凯迪社区发帖讨论此事，进而引起广大网民的激烈响应，导致了网友对其进行"人肉搜索"。可以说，周九耕的落马，与广大网民的参与是分不开的，这也从一个侧面反映出当前网络舆论的巨大威力。

对于部分突发事件和恐怖威胁类型的舆情事件，及时准确地了解公众的区域分布和网络舆情传播途径，挖掘出舆论的集散地，将有利于制定危机预警方案，有针对地采取各种疏导措施。

3.2.2 公众数量分析 舆情受众的数量直接反映了网络舆情的影响程度，实验以话题三为例，分析从事件开始到事件截止网民发帖的数量变化情况，图5为网民发帖的数量随时间变化的函数，即可用 $f(n)$ 表示。数据的时间跨度为2009年6月17日至2009年11月26日，仅统计该事件首帖的数量，从图中可以看出，发帖量在前半个月内迅速上升，说明网民这段时间内对该事件给予了很高的关注，到后期逐渐趋于平缓。

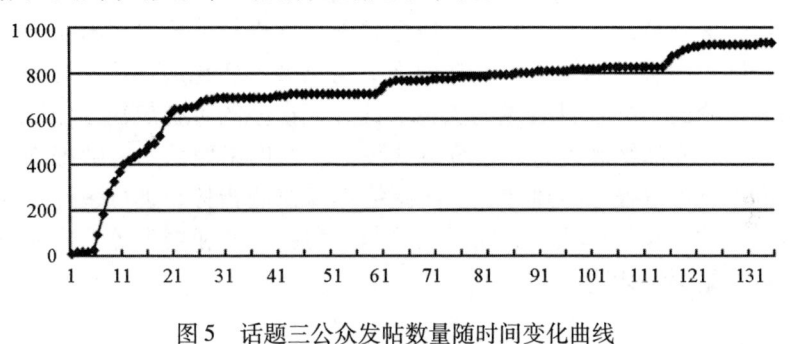

图5 话题三公众发帖数量随时间变化曲线

3.2.3 传播速度和传播阶段分析 图6为话题一的舆情受众的数量信息，这里以一天为单位分析时间范围内舆情受众的变化情况，即事件在公众中的传播速度分析（及周期为2的移动平均值），见图6。

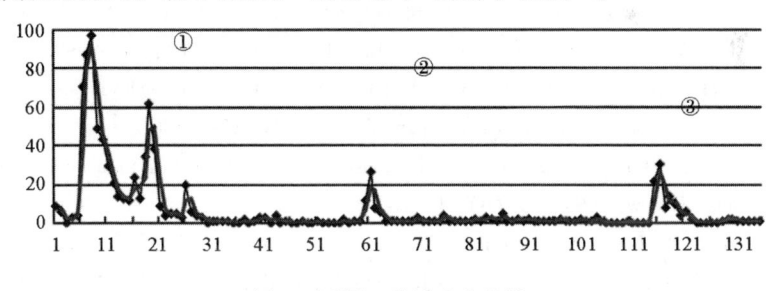

图6 话题一传播速度曲线

当事件刚刚公布在网络中时，网民并不十分关注，紧接着传播速度迅速上升，该事件进入扩散阶段，并且此阶段包含有起伏，如图6中的①位置。至2008年12月29日起事件进入消退时期，并且在一段时间内不再受到特别关注。从图6可以看出，位置②和③分别有凸出部分，它们所对应的时间分别是2009年2月14日和2009年10月11日，在现实生活中，两个时间分别

57

为"江宁区纪委决定对周久耕立案调查"和"江苏省南京市中级人民法院作出一审判决"的第二天。

舆情事件的传播速度能够较好地描述民众对事件的关注程度的变化趋势，并依据此项要素分析所属的传播阶段。

4 结语

本文利用数据仓库技术对网络舆情话题进行存储和建模，模型涵盖了网络舆情的大部分组成要素，能够比较全面地描述网络舆情话题。通过对不同的网络舆情话题从地点、时间、传播途径等维度进行分析可以看出，该模型能够多角度、深层次地挖掘和反映网络舆情发展、变化的规律和趋势，为政府决策和舆论的引导提供有效的支持。此外，模型的可扩展性强，可根据实际情况添加相应的维和度量，计算方式灵活。在网络舆情话题数据立方体模型的基础上，可以很容易地计算一些网络舆情监测指标，进行多种形式的数据挖掘，如挖掘频繁模式、关联、相关、分类、预测和聚类等，这能更加深入地挖掘网络舆情话题。

参考文献：

[1] 美国的舆情研究协会．［2011－04－06］．http：//www. aapor. org/.

[2] 欧盟舆情分析中心．［2011－04－06］．http：//europa. eu. int/comm/public_ opinion/index_ en. htm.

[3] Qi H W, Wang J. A model for mining outliers from complex data sets// Proceedings of ACM Symposium on Applied Computing. Canada：Toronto, 2004：595－599.

[4] Pavel M, Mikhail A, Alexander G. Clustering Abstracts Instead of Full Texts// Proceedings of Text Speech and Dialogue. Japan：Tyko, 2004：129－136.

[5] Yamir M, Maziar N, Amalio F P. Dynamics of rumor spreading in complex networks. Physical Review, 2004, 69（6）：1－7.

[6] Inderjit S D, James F, Guan Y Q. Efficient clustering of very large document collections. In Data Mining for Scientific and Engineering Applications// Norwell：MA，2001：357－381.

[7] Gabriel P, Cheong F, Jeffrey X Y. Parameter Free Bursty Events Detection in Text Streams//Proceedings of the 31st International Conference on Very Large Databases. USA：New York, 2005：181－192.

[8] Cao F, Martin E, Qian W N, et al. Density－based Clustering over an Evolving Data Stream with Noise//Proceedings of the SIAM Conference on Data Ming. China：Beijing, 2006：326－337.

[9] 郑魁,疏学明,袁宏永. 网络舆情热点信息自动发现方法. 计算机工程, 2010, 36 (3): 4-6.

[10] 王伟,许鑫. 基于聚类的网络舆情热点发现及分析. 现代图书情报技术, 2008 (3): 74-79.

[11] 谢海光,陈中润. 互联网内容及舆情深度分析模式. 中国青年政治学院学报, 2006 (3): 95-100.

[12] 钱爱兵. 基于主题的网络舆情分析模型及其实现. 现代图书情报技术, 2008 (4): 49-55.

[13] 曾依灵,许洪波. 网络热点信息发现研究. 通信学报, 2007, 28 (12): 141-146.

[14] 王丫. 网络新闻流中热点事件识别与跟踪算法的改进与验证 [学位论文]. 北京: 燕山大学, 2007.

[15] 刘星星,何婷婷,龚海军,等. 网络热点事件发现系统的设计. 中文信息学报, 2008, 22 (6): 80-85.

[16] 姚晓娜. BBS 热点话题挖掘与观点分析 [学位论文]. 大连: 大连海事大学, 2008.

[17] 王允,李弼程,林琛. 基于网页布局相似度的 Web 论坛数据抽取. 中文信息学报, 2010, 24 (2): 68-75.

作者简介

陈焱,女,1964 年生,研究馆员,硕士,发表论文 30 余篇,主编与参编专著各两部。

面向网络舆情的政府知识模型研究[*]

1 引言

由于互联网自身具有传统媒体所无可比拟的突发性、匿名性、互动性与群体极化性等特征，兼之我国网民数量日益增多，网络越来越成为人们传播信息、发表言论与抒发情感的主要媒介。国内外任何热点事件的发生，都能迅速在网络上曝光、转载和传播，从而引起网民的不断跟进与讨论，逐渐产生具有影响力的公众情感倾向和政治态度倾向，并形成一股强大的社会舆论力量，即所谓的网络舆情。在当前信息技术高速发展、社会成分日趋复杂的背景下，把握网络舆情事件发展趋势的特点，结合政府自身信息资源构建知识模型，实现应对网络舆情的决策支持是我国政府在信息时代执政过程中面临的新课题，也是现有对网络舆情的研究未涉及的领域。本文从知识管理的角度探索我国政府在当前网络信息爆炸环境下应对网络舆情的相关理论、方法和模型，对提高政府执政水平、促进社会和谐，具有重要的理论价值和现实意义。

2 网络舆情热点分析

具有权威认可度的人民网舆情频道在 2010 年度网络舆情分析报告中统计了来自五大网络社区（天涯、凯迪、强国、新浪论坛、中华网）和新浪微博的主贴和跟帖的数据：排名前 20 位的重大热点事件中，关联帖总数超过 5 万条的事件有 13 项，其中发帖数超过 10 万条的事件有 7 项，超过 100 万条的事件有 2 项，如表 1 所示：

---

[*] 本文系国家教育部人文社会科学研究项目"基于知识地图的政府应对网络舆情决策模型研究"（项目编号：10YJAZH006）、福建省科技厅软科学项目"面向构建和谐社会的福建省网络舆情应对机制研究"（项目编号：2010R0056）研究成果之一。

表1 2010年度排名前20位的我国网络热点事件发帖统计结果（截至2010年11月8日24时）[1]

序号	事件/话题	发帖合计（条）	序号	事件/话题	发帖合计（条）
1	腾讯与360互相攻击	3 375 460	11	方舟子遇袭	78 077
2	上海世博会	1 248 793	12	张悟本涉嫌虚假宣传	56 297
3	网络红人"凤姐"	612 458	13	各地校园袭童案	51 476
4	李刚之子校园撞人致死	200 351	14	安阳曹操墓真伪之辨	49 782
5	富士康员工跳楼	140 325	15	山西"问题疫苗"	48 763
6	袁腾飞言论惹争议	135 903	16	商丘赵作海冤案	43 448
7	北京查封"天上人间"	115 895	17	王家岭矿难救援	36 490
8	郭德纲弟子打记者事件	86 529	18	谷歌退出中国	33 728
9	唐骏"学历门"	83 129	19	唐福珍自焚	31 194
10	宜黄强拆自焚事件	78 485	20	部分地区罢工	29 960

这些热点事件主要涉及公民权利保护、公共权力监督、公共秩序维护、公共道德伸张等一系列重大社会问题，体现了中国网民积极的社会参与意识。通过对这20个热点事件发展始末的调查与分析，根据其与政府行为的密切程度，笔者将这些热点事件分为三种类型：

• 直接相关。与政府行为有高相关度的网络事件：首先，相关政府部门作为行为主体在履行其计划、组织、领导或控制的政府管理职能过程中直接导致事件发生；其次，舆论焦点直指政府处理相关事件的态度和做法。

• 间接相关。与政府行为有较高间接相关度的网络事件，主要包括如下两种情况：①事件过程明朗、责权清晰，政府介入行为遵循常规程序且有切实的法律依据，一般不会导致负面的社会影响或网民争议；②此类事件涉及社会道德和风气等问题，虽不需要执政者的直接介入，但仍有待于政府从创建和谐社会的大局出发，在精神文明建设层面上予以正确的疏导，目的是树立科学高尚的道德标准和伦理尺度。

• 基本无关。属于丰富网民精神生活的见闻、趣事、话题等网络舆情事件。这类事件一般不涉及公众利益，不会造成有害的社会影响，对于此类事件政府部门可以采取"冷处理"，无需干预或介入。

结合分类标准对表1的数据做进一步处理可以得知，在2010年度排名前20位的重大网络舆情事件中，与政府直接相关或间接相关的事件占70%，从发帖数量上看，涉及政府行为的帖子数高达85%。然而，高相关度并不意味着政府的高关注度和更有效的决策过程。以"723"特大动车追尾脱轨事故为例，事发当晚，就有网友通过微博迅速曝光转载了这起事件，一时间网络上各种消息报道铺天盖地。铁路运输系统作为公共交通体系的重要组成部分，其发生的重大事故与政府机构之间必然存在着很高的相关度；事故发生以后，作为相关政府机关，铁道部的第一要务是对事故进行及时妥善的处理，并向公众给出关于事故起因的科学合理的解释。然而，"723"事故与铁道部两者间的高相关度显然不能印证铁道部对事故处理过程的决策的合理性：事故发生不久后，铁道部发言人在对事故原因一知半解的情况下于新闻发布会上道出了"信不信由你，反正我是信的"此类不智言语，非但没有缓和事态，反而引起公众更大的不满。事实上，就事故本身而言，铁道部和广大网民的目的应该是一致的，即对事故进行及时有效的处理。然而，由于事故突发，铁道部在短时间内难以收集和掌握足够的信息，出现决策失效的情况。如果存在及时有效的政府知识供应体系、实现决策知识的"按需供应"，那么决策者就能在复杂的网络环境中从容不迫、有理有据地应对各种问题，从根本上提升决策环节的效率和效果。面向网络舆情的政府知识供应的过程，可以类比于现实世界中的物流供需链：供应商的货物通过运载工具传送到客户手中，满足客户的需求；而作为行政主体的政府拥有广泛的知识源，通过政府知识模型的构建，能够实现知识供应，满足决策者应对网络舆情时的知识需求，如图1所示：

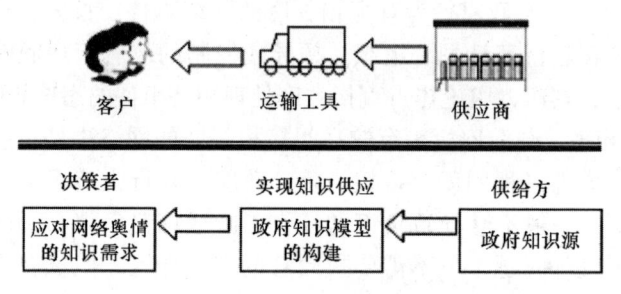

图1 面向网络舆情的政府知识模型类比

经过文献分析，目前研究网络舆情的文献资料中半数以上的研究成果均集中在政府对网络舆情的引导控制策略和网络舆情的预警监控技术上。前者虽然不乏符合我国国情的好观点和好主张，但普遍存在口号多实证少、建议性强实操性弱等问题；后者通常被认为是解决网络舆情的关键问题所在。然而事实证明，单纯的监控往往治标不治本，对于突发性网络舆情事情，监控和屏蔽往往起不到有效作用，各式各样的互联网信息发布渠道，更让监控的功能疲于应付。对出现的问题做出正面解释并展现出积极的解决态度比刻意淡化和隐瞒问题更能发挥好的社会效应。因此，本文从构建政府知识模型的角度出发，开展网络舆情知识供需问题的研究，研究成果有助于提高"政府智商"和决策水平，加强政府的公信力和学习力，从而有效地引导网络舆情并化解网络危机。

3 网络舆情与政府的知识空间模型构造

3.1 网络舆情的知识需求空间模型的构造

知识需求是知识供应的基础，也是政府构建知识服务网络的前提。网络舆情的知识需求主要源自于网民对事件的质疑，这些质疑需要大量专业和可靠的知识予以回应，越及时、越科学的官方回应越能有效地平息网络上的负面评论。由于网络信息资源结构复杂、重复性高，因此有必要对网络舆情的知识需求进行整理、规范并建模。本文把网络舆情事件中每个具有独立知识诉求、不重复、定义清晰完整的问题计量为一个知识需求单位，称之为知识需求本体（knowledge demand ontology）。这些知识需求本体以某一舆情事件为核心产生了知识需求的融聚，这种融聚力随着事态的扩展不断增强，需要大量的知识源的供应，从而产生了负极效应。与之相对应，本文将每个独立、不重复且完整的概念、方法、原理以及专家和实例都单独计量为一个知识供应单位，称为知识本体（knowledge ontology）；含有一个或多个知识本体的知识实体单位（诸如研究所、咨询机构、大学等）称为知识节点（knowledge node）。然而蕴含相关知识的节点受其管理体制、保密协议、信息壁垒、数据异构等原因的影响，无法及时有效地供应知识。但这些散布在知识需求本体周围的知识作为政府可调度的储备资源，只需通过合适的知识共享平台和知识服务网络的构建，即可实现对知识需求本体的有效供应，从而形成与知识需求本体相吸引的正极效应。在提出上述概念的基础上，结合物理学的电磁场理论和李喜岷在1987年提出的知识场理论[2]，构造出网络舆情的知识需求空间模型（见图2）。

模型中网络舆情的知识需求本体和知识本体之间是纯粹的供需关系，知识需求本体代表的是完全的需求状态；知识本体则包含了各种政府的文件、法律、数据库，甚至包含专家、顾问等隐性知识，代表的是完全的供应状态。知识需求本体和知识本体通过它们之间的供需关系相互吸引，这种性质更符合物理学中电磁场的基本原理。

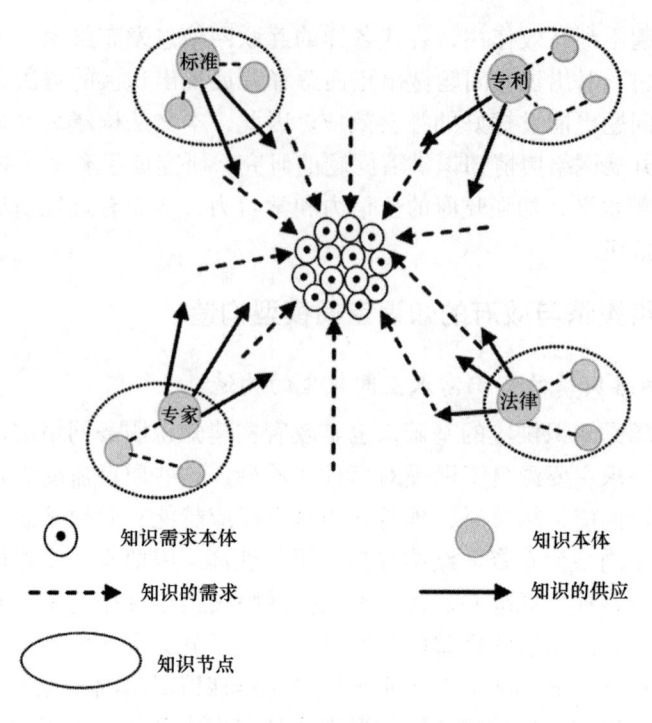

图2 网络舆情的知识需求空间模型[4-5]

3.2 政府知识本体空间模型的构造

知识资源空间模型的概念首先在文献［3］中被提出，它的主要思想是通过一个或者多个 n 维空间来统一地定义、共享、组织和管理各种知识资源。商空间理论将不同的粒度世界与数据上的商集概念统一起来，用一个三元组（X，f，T），即论域、属性、结构来描述一个问题[4]。而知识地图本身并不含有知识，它是知识空间内知识节点的索引，它通过各种信息模式来表示知识的分布和知识之间的关联，最直接作用就是向使用者提供可用知识资源的导航。因此，无论是显性知识或隐性知识，无论知识的复杂程度如何，知识地图都可以通过建立"目录"和"关联"将不同的知识源统一表示出来[5]。本文在构造知识本体空间模型的时候融入了知识地图，通过知识地图的规范化和索引功能，对知识本体进行约简和标准化处理，如图3所示：

知识地图相当于知识资源的数据字典，也有多种类型的知识地图，它可以根据应用领域、应用环境、知识类型等因素定制化。下例中，知识地图定义为一个六元向量，它的 BN（Backus – Naur form）范式如下所示：

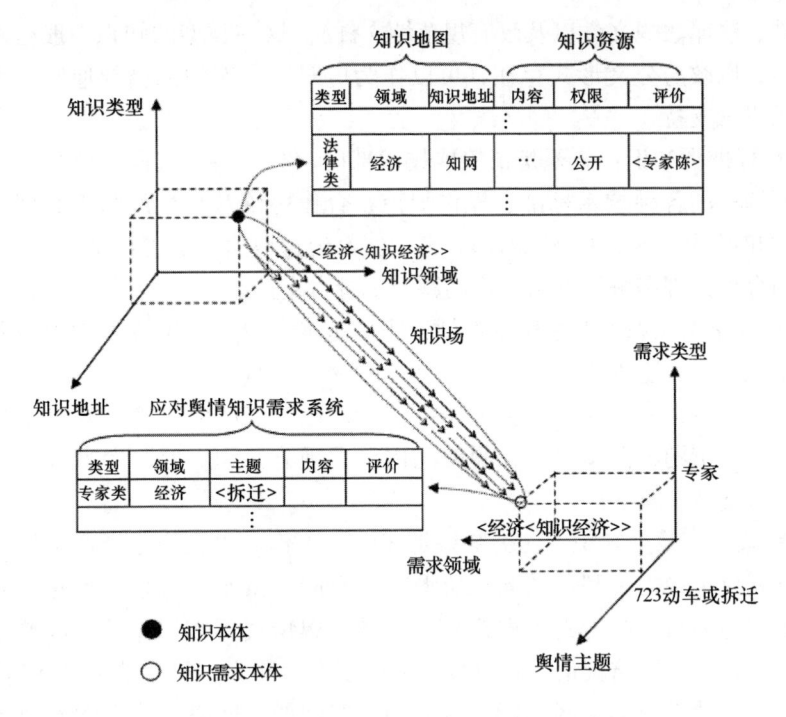

图3 政府应对网络舆情的知识本体空间模型

< knowledge map >∷= < domain keywords > | < knowledge sort > | < UKL > | < context > | < privilege > | < evaluation >[6]。

其中"privilege"反映的是知识资源的共享程度。根据各级政府决策者的权限设定开放级别，可以划分为完全共享 < pubulic >、条件共享 < conditional public >、拒绝共享 < private > 等级别。

政府应对网络舆情的知识本体空间模型是一个三维结构：知识类型（knowledge sort），知识领域（domain keyword），知识地址（knowledge location）[6]。

3.2.1 知识类型 指的是对政府知识资源的类型进行区分。不同的知识类型，其描述信息的元数据模型不同，存储的格式以及资源调用的方式也不同。本文所研究的知识资源主要是为应对网络舆情的决策服务的，通过综合政府部门的组织结构、职能和政务处理流程，可以归纳出以下几种知识类型：

● 文件类知识：主要包括政府的职能机构及相关领导信息、面向公务的办事指南、工作流程、服务项目等服务信息、政府颁布的各类文件（方针政

65

策文件、法律法规文件以及政府规范性文件)。这一类型的知识一般由政府内部制定,以政府公文形式存在,可以作为应对网络舆情的指导原则,为执政者提供决策支持。

● 标准类知识:主要是指权威技术部门、行业协会、国内外公认的合作组织所颁布的各种技术标准、操作规范、合作协议等类型的知识数据。这一类型的知识虽然不是由政府内部制定,但都经过政府有关部门的审批和认可,能够为合理处理和解释网络舆情问题提供智力支持。

● 专家类知识:专家属于隐性知识的范畴,是一类特殊的知识资源。与显性知识不同,隐性知识很难用文字、图表、工具等形式表达,它只存在于专家的思维意识中。在应对突发网络舆情问题时,政府决策者有时需要面对一些专业性难题,但又无法在短时间内消化现有知识,此时专家就成为了重要的决策支持工具。

● 政府决策类知识:这类知识是在政府工作的过程中逐渐产生的,是政府在计划决策中需要利用的知识资源[7]。政府决策知识包括:政府内部人力资源组织与分布、政府财务财产信息、网络舆情实例知识库等。这类知识有助于政府在处理网络舆情问题时合理地调用人力物力、科学地分配政府资源,有效率、有效果地解决网络舆情造成的现实问题。网络舆情实例库则包含了中央及地方应对过往的网络舆情事件的具体案例,当有类似事件发生时,实例知识库可以便捷地为政府决策者提供系统化的处理经验和办法,有助于节约政府决策的时间与行政资源,提高政府应对网络舆情事件的效率。

3.2.2 知识领域 知识领域主要是通过一个或一组关键词(keywords),来确定知识资源所属的领域。领域划分的层级和粒度,可以根据实际需求和具体的应用环境来确定。

3.2.3 知识地址 知识地址指的是知识的存储位置,每个知识资源都必须能精准地定位其存储位置,从而帮助政府决策者在海量知识资源中快递准确地定位所需知识。知识地图由知识地址 UKL(universal knowledge location)加上上述提及的知识领域坐标、知识类型坐标三者组成,地图上可以通过导航精确地定位知识资源[6]。

本文把基于知识地图的政府应对网络舆情的需求本体空间模型也构造成一个三维结构,使之与知识本体模型可以进行交互研究。知识需求本体空间模型是基于舆情信息处理与挖掘系统构建的,是抽取了舆情主题、与知识本体主轴对应的需求知识类型和需求知识领域为主轴的三维结构。舆情主题维度主要用于确定该需求本体的舆情属性,也是需求本体融聚的主要因素。笔者曾经调研过福州市委、下级区委宣传部的网络舆情工作情况，从中得知无论是中央还是各级地方政府，大都已经组建了网络舆情收集团队，并拥有舆情信息收集和处理平台，因此，构建统一的舆情信息处理与挖掘平台，组织条件与技术上是切实可行的。

4 面向网络舆情的政府知识模型的研究

4.1 面向网络舆情的政府知识节点层次模型的构建

在知识资源空间模型中，介绍了知识本体的三维结构，这些知识本体构成了分布环境下的异构系统，不同的知识节点代表着各级政府、研究所、大学、咨询公司、专利局等多种实体单位，各自蕴含着能够解决网络舆情问题的关键知识本体；政府作为与全域内网络舆情最为相关的主体单位，有能力也迫切希望将各个知识节点的数据或信息转化为知识，来解决和解释网络舆情问题。因此，本文在开放网格服务体系 OGSA（open grid service architecture）的五层沙漏结构的基础上，对知识节点统一建模，使政府能够高效率、智能化地获取和利用知识本体。如图4所示：

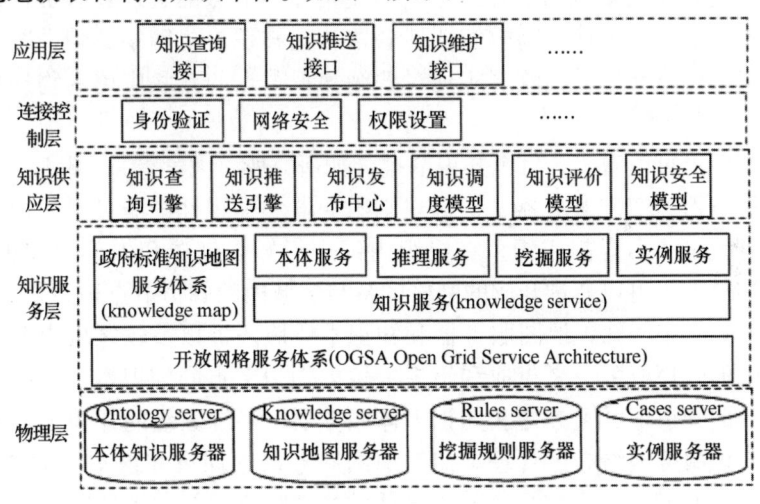

图4 面向网络舆情的政府知识供应的标准层次模型[6,8]

- 物理层。物理层包含了各类知识的服务器：知识本体服务器提供的是各类本体知识，包括概念、原理、方法等知识源信息；挖掘规则服务器和实例服务器提供相关的挖掘规则和实例数据，作为知识本体的补充，它们还提供各种挖掘和推理技术，用于知识挖掘；知识地图服务器负责提供知识索引服务和联系各个知识节点的注册、发布和注销等服务。

● 知识服务层。基于开放网格服务体系结构 OGSA，本文构建了包含本体服务、推理服务、挖掘服务、实例服务以及知识地图服务的服务扩展模型，实现对物理层多类知识服务器的有效管理和应用。

● 知识供应层。知识供应层主要提供的是基于语义的知识服务检索和知识服务能力进行匹配的功能。通过语义互联和匹配功能，使得基于 Web 的知识服务能够为机器所理解，构建起知识需求和知识供应之间的桥梁。

● 连接控制层。设定用户身份认证、权限设定，是不同知识节点之间的围墙，提供知识节点内部知识管理和节点之间进行知识交互的安全机制。

● 用户应用层。提供了一系列端口，供用户使用，提供友好的界面，面向更为高端、专业的应用程序。

4.2 面向网络舆情的政府知识服务网络的物理拓扑结构

对知识节点的标准建模，使得原本在知识场中的离散游动的知识本体在节点内实现了结构化和智能融聚。政府本身是最为特殊的知识节点，它既是知识的创造者又是知识的消费者，更要充当知识节点的管理者，负责统筹安排知识节点的知识本体，高效智能地获取相关知识应对网络舆情。图 5 显示的是在对等网络环境下，政府实现对各级知识节点的互联应用的物理拓扑结构图：

从图 5 中可以看出，每个知识节点（如研究所、大学等），基本上是由知识本体服务器、实例服务器、挖掘规则服务器和知识地图服务器构成。每个知识节点就是一个虚拟组织，在组织内部进行知识创造和内部的知识供应；在组织的外部，可以通过开放的网格体系与区域内的知识节点进行供需交易。区域政府拥有中级知识地图服务器和知识本体服务器以及较区域内普通知识节点更高的管理权限，来集成和管理区域内知识节点的知识本体。中央政府提供高级的知识地图服务器和知识本体服务器，对国家级的知识节点和区域政府的知识服务网络进行管理。知识地图服务器存储有知识本体的"目录"和"关联"信息，从而实现对知识本体的快速检索；知识本体服务器存储的是不同知识节点的匹配信息，它保证了不同知识节点之间的无缝连接。各级政府负责提供统一的舆情信息处理和挖掘平台以及素质过硬的舆情信息处理团队，在全域内收集舆情信息，并统一进行"分类"和"关联"的挖掘处理，之后对挖掘出的知识需求进行结构化建模。基于知识需求模型和政府决策主体的复杂需求，政府知识服务网络能智能地、动态地融聚知识资源，推送给政府决策者，进而满足其需求。

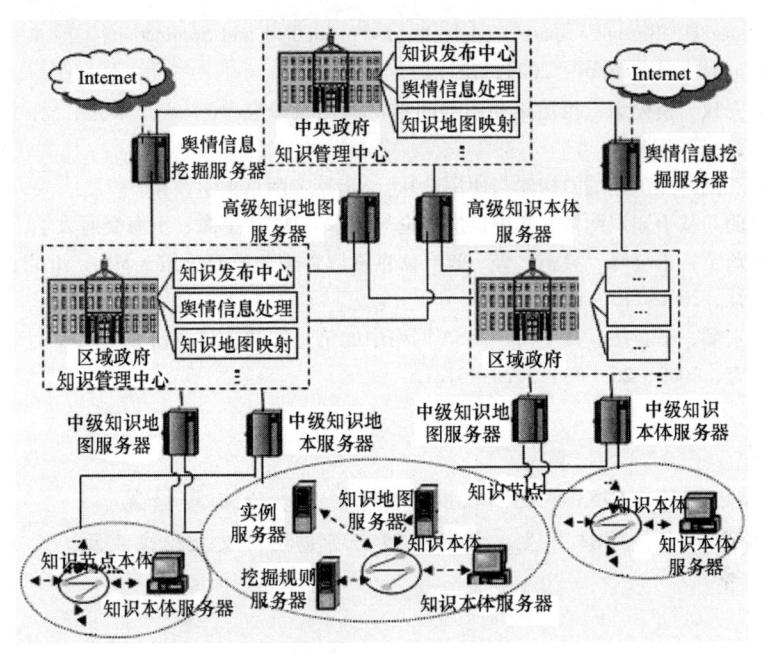

图5 面向网络舆情的政府知识管理的物理拓扑结构

5 结论

本文从统计数据出发对网络舆情与政府的密切相关性做了论证，并提出了知识本体、知识需求本体和知识节点的相关概念，在此基础上构造出网络舆情的需求空间模型和政府知识本体的空间模型。基于知识网格和知识地图的技术，建立了政府应对网络舆情的知识节点层次模型和政府知识模型的物理拓扑图，解决了知识供需之间匹配与互联的结构性问题。政府知识模型的构建，有助于政府决策者合理规划并不断更新政府知识资源，能够有效利用相关部门的资源和系统提供的决策路径解决网络舆情问题，避免由于政府信息资源的重复配置而导致决策成本提高，并为非技术背景的决策者提供友好的决策支持界面，从而将传统模式下政府应对舆情问题的非程序化决策过程逐步转变为程序化决策过程，提高决策的科学性和严谨性。

参考文献：

[1] 人民网舆情监测室. 2010年中国互联网舆情分析报告［EB/OL］.［2011 – 09 – 07］. http：//yq.people.com.cn/htmlArt/Art843.htm.

[2] 李喜岷. 论知识场动力学及其定量研究问题［J］. 科学学与科学技术管理，2002（8）：18 – 20.

［3］ Xhuge H. Resource space model：Its design method and applications ［J］. Journal of Systems and Software，2004，72（1）：71－81.
［4］ 赵立权. 模糊集、粗糙集和商空间理论的比较研究［J］. 计算机工程，2011，37（2）：22－24.
［5］ 邓三鸿. 知识地图的构建与使用［D］. 南京：南京大学，2003.
［6］ 镇璐. 基于知识网格的知识供应理论与技术［D］. 上海：上海交通大学，2008.
［7］ 苏新宁，朱晓峰，吴鹏，等. 政府信息资源管理与政府决策［M］. 北京：科学出版社，2008：13－17.
［8］ 高宏卿，王新法，黄中州. OGSA 网格中的信息和数据建模研究［J］. 计算机应用研究，2009，26（8）：3120－3121.

作者简介

陈福集，男，1953 年生，教授，博士，发表论文 50 余篇。

郑小雪，女，1981 年生，讲师，博士研究生，发表论文 4 篇。

网络舆情在服务型政府建设中的影响与作用*

学界对于服务型政府的理论研究主要集中在两个方面：一是怎样建设好服务型政府，如研究服务型政府的内涵、存在的问题以及绩效评估等；二是基于服务型政府的理论视角研究行政改革、行政文化以及政府治理等，较少关注网络舆情对于服务型政府建设的影响。事实上，随着信息技术的发展，网络媒介已被公认为是继报纸、广播、电视之后的"第四媒体"，成为舆情信息的主要载体之一。在网络逐渐成为人们获取信息和表达诉求的主要渠道之一的社会，研究网络舆情对于服务型政府建设的作用无论是理论上还是实践上都具有重要的意义。

1 网络舆情的概念与特征

网络舆情是由于各种事件的刺激而产生的通过互联网传播的人们对于该事件的所有认知、态度、情感和行为倾向的集合[1]，其实质是反映在互联网媒介中的一种情报信息。

准确理解舆情的含义，必须对舆情与舆论予以区分。经过数年努力，国内学界目前已在以下几个方面形成基本共识：①在主体上，舆情的主体是民众，不存在官方舆情之说；舆论的主体，既可以是民众，也可以是官方。②在内容上，舆情既可以是公众的意见，也可以是公众的情绪，在严格意义上的舆论形成之前，就已经构成或者存在一定的舆情[2]。此外，舆情和民意包括公开和不公开的部分，只要是民众所想的，不管表达与否，都是舆情[3]。③在向量上，舆论是多数人形成的一致意见，是单种意见的集合，而舆情不需要得到多数人认同，是多种不同意见的简单集合，这也是最容易将两者混淆的地方。④在演化上，当舆情产生聚集时就可以向舆论转化；由舆情到舆

---

* 本文系国家社会科学基金项目"网络舆情突发事件预警机制研究"（项目编号：08B22030）和教育部哲学社会科学研究重大课题委托研究项目"基于网络舆情研判的高校群体性事件预警与网上应急处理"（项目编号：08WL1111）研究成果之一。

论的转变，除主体的自身因素之外，在很大程度上还取决于社会所提供的舆论环境是否宽松等相关条件。一般情况下舆论需要舆情的支撑，也总是由舆情发展而来；但舆情不一定会上升到舆论，如可以通过工作疏导，消除在萌芽状态；也可以通过舆论引导，化解矛盾；或通过强权政治，暂时压制等[4]。因而对舆情的管控就是要使舆情不转化为舆论或转化为良性舆论，舆情的危害也就在于可能会形成不良舆论，从而影响人们心理和社会稳定。

网络舆情较其他舆情形态而言具有许多新的特征和传播模式。具体表现在：①内容多元性。网络舆情的特征首先表现为它是一种信息，内容多元性主要体现在话题多元、载体丰富、表现形式多样等方面。②主体主导性。我国的网络舆情主体越来越接近现实社会的行为主体：一方面，网民的规模逐步增大；另一方面，网民的性别、年龄、学历、职业结构等都越来越接近现实人群结构，因而网络舆情可以近似地看做是社会民意。与此相伴的是网络舆情主体的网络参与和公民意识的崛起，现实社会中的"消极公民"开始在网络社会转变为"积极公民"。③群体极化性。网络群体对于某一观点的多次讨论会形成若干自有观点并在群体讨论中得到进一步强化，导致这一群体对该观点深信不疑，从而影响其认知、态度或行为倾向等。④虚实互动性。网络社会与现实社会的互动作用越来越明显，主要表现在网络舆情积极反映现实、反作用于现实、与现实同步互动等方面，因而一方面网民可以随时将现实中正在发生的事件通过博客、播客等微内容传播形式实时上传到网络并进行实时互动，成为网络舆情；另一方面，传统媒体与网络媒体也在进行互动，既丰富了公共领域的内容，又扩大了私人领域的事务范围。

2 服务型政府的内涵再考

服务型政府是指按照公民意志组建起来，以为公民服务为宗旨，实现服务职能，承担着服务责任的政府[5]。从构成要素上说，服务型政府是透明的、有限的、绩效的、责任的和法治的政府[6]。其实质是一种全新的政府管理模式，其核心职能是以社会公众客观需求为尺度，尊重公民意愿，建立和发展广泛的社会回应机制、公共责任机制，努力为公众提供满意的高质量的公共产品和公共服务。

随着中国特色社会主义民主政治建设的逐步深入以及信息化建设的不断推进，服务型政府的建设也面临新的要求：①服务型政府是一个有公民有序政治参与的政府，公民能够参与到政府决策及其与之相关的公共生活中；②服务型政府是一个有良好行政文化的政府，政府的行为是由这种行政文化所指导的；③服务型政府是一个有快速回应机制的政府，能够及时了解民众所需所想并做出反应;④服务型政府是一个有明晰权力责任的政府,公民能够对政府可行使的公权和应承担的责任进行质询;⑤服务型政府是一个有公共信息透明的政府,公众可以随时根据所需获取政府信息;⑥服务型政府是一个有公共价值取向的政府,肩负着维护社会公正和公平的使命。

服务型政府作为与公众有着良性互动的政府,公众在这种互动机制下表达利益诉求,政府则实现公众的利益诉求。从政府的角度而言,政府需要一个有效的渠道了解公众的需求和诉求;从公众的角度而言,公众期望其需求和诉求能够得到及时和满意的回应。公共选择理论认为,政府作为理性人,其行为有自利性和有限性的一面,因此,为了达到上述目的,公众希望寻找一个便捷而有效的工具帮助其实现目的;同时,服务型政府建设也有此需求。网络的出现正好弥补了先前的缺陷,吻合了这一需求,网络舆情在构建服务型政府过程中能够发挥重要作用。

3 网络舆情对服务型政府建设的促进

3.1 网络舆情能够提高公民参与积极性

网络舆情至少从两方面提高公民参与的积极性:①提高公民参与效用。在传统的公共参与中,公民对决策的影响力难以得到分享,其有限性限制了公民政治参与的影响力,而网络的匿名性、隐蔽性、进入门槛低、信息传播速度快等特点使得公民能够摆脱时空的限制,对某个公共事件或某项公共政策予以评论,形成网络舆情,从而对政府施加压力,迫使政府予以关注。②降低公民参与成本。根据成本——效益分析法,公民的参与成本越低,其参与的积极性也就越高。在整个参与过程中,公民参与成本包括搜集成本、分析成本、评价成本等。网络舆情的海量性和易获取性等降低了公民获取政治参与所需信息的成本。

3.2 网络舆情有利于服务型行政文化形成

理念是行动的先导。我国政府目前仍受传统行政文化影响较大,如"官本位"思想严重,重管制轻服务,某些政府部门及公务员公共意识淡薄等,阻碍了服务型行政文化的形成,损害了服务型政府构建的思想基础。不良的行政文化所指导的行动容易触发网友神经,不少网络舆情将矛头直指政府行为。如网络上时常出现的"干部出国考察实为观光"、"工作时间玩网络游戏"等帖子,实际上是网民作为现实中的公民所行使的监督职能。与服务型行政文化相悖的行为都有可能在网络上被曝光、讨伐,甚至当事人遭到人肉搜索,而与服务型行政文化相符的行为都有可能在网络上被吹捧和赞扬。因而，网络舆情通过这种负强化的惩戒功能和正强化的赞许功能，可以对服务型政府的行为进行监督，对服务型行政文化的形成予以推动。

3.3 网络舆情能够提高政府的行政回应性

行政回应性的核心是通过减少中间环节和扩大社会参与，在保证公共产品和服务的正常供应的同时，努力满足人们多样性的个性需求和价值期望。目前政府注重的主要是政策的制定和执行效果，而对于公众的需求和反馈关注较少，致使弱势群体利益表达和权利维护较难，既阻碍了服务型政府的建设进程，又增加了服务型政府的建设成本。尽管"民众——网络——传统媒体——上级机关——地方政府——事情得到处理"的灵宝模式受到争议，但这种消极性的回应也是不小的进步：一方面弥补传统信访制度下公众反映石沉大海的缺陷；另一方面使政府能够敏锐地觉察公民偏好和社会问题，以对社会要求做出迅速的回应，积极地解决问题而不是掩饰问题，从而提高服务质量和效率，提高服务的针对性，真正实现民本位的服务型政府。

3.4 网络舆情能够促进政府信息公开

政府信息公开是公民进行政治参与、表达利益诉求的基础，也是政府接受公民监督，更好地履行职责的前提。传统的信息公开途径如报纸等极大地削弱了公开信息的时效性，限制了信息的流量和速度，而且极易造成过度过滤和失真，影响了公众对政府行为的价值进行更好的评判。政府官员谋求自身权力的手段之一就是封锁、阻滞政府信息，以便进行暗箱操作，利益的驱使以及思想的抵触使得他们自觉不自觉地成为推动政府信息公开的阻力[7]。然而网络舆情代表着大多数人的心声，其强大的影响力对政府信息公开具有良好的外部促进作用，如黑龙江省环保局在网络舆情的压力下，一改"保密"态度最终表态排污企业名单可以公开等事例，正是广大网民共同努力的结果。

3.5 网络舆情能够推动行政问责制的完善

目前我国行政问责制的实行遭遇了重大的挫折，被问责官员的接连悄无声息地复出使得公众对于问责制的效用提出了质疑，甚至指责其流于形式。行政问责信息不全，问责主体难以全面获取干部失责行为的信息，是当前行政问责过程中存在的主要困难与障碍[8]，制约着问责制的真正实施。然而互联网的兴盛极大改变了传统的信息纵向交流方式，发展了信息横向交流和综合交流方式，信息传递从理论上可以摆脱实物载体的束缚。例如近年来广东省率先实施"网络问政"工程，一方面是政府向公众"问"政；另一方面是公众向政府"问"政。互联网扩展了信息交流渠道，使作为问责主体之一的公民在同一时间内获取更多的信息量，促进问责制功能的发挥。

3.6 网络舆情能够强化政府公共性

政府公共性所体现的不仅仅是对公民利益的追求，而且包括对公平与正义、理性与法、公共精神的诉求。网络技术的发展使得公众能够更加方便快捷地搜寻到所需的信息，网络进入的低门槛为公众表达利益和需求提供广泛的空间，使公众表达意愿和政治参与的愿望更加强烈，多种价值观和利益观以各种形式表现出来。为了保障合理利益的实现，使政策得到更多的认同，必须以公正的视角对各种利益进行整合，而这种力量是不能够由任何私人提供的，唯有政府扮演这个公共性的角色。网络舆情的广泛影响力也让政府不断检视自己的行为，在注重行政效率的同时，强调政策的公平性，而这正是政府公共性所提倡的。

4 网络舆情在服务型政府建设中的路径

4.1 科学制定网络舆情管理的顶层设计

网络舆情管理的顶层设计包括网络舆情管理预案和网络舆情管理机制。网络舆情管理预案是针对可能出现的网络舆情或网络舆情可能演变的态势预先制定的有关计划或方案。通过该预案，并基于对网络舆情的研判，一旦发生网络舆情，可及时按照预定方案行动，以防止网络舆情的出现或使网络舆情在可控范围内。在制定预案时，要区分网络舆情的不同来源，如对于政府的正面或负面评价舆情，对由于信息不畅或沟通不足而产生的误解性舆情，应着重制定引导性预案；对于蓄意攻击、谣言或煽动性舆情，应着重制定管制性预案。网络舆情管理机制包括建立集中统一的指挥机构，落实领导责任制，建立网络舆情管理专家咨询队伍以及建立网络舆情监测、分析、预警、报告、响应、应急机制等。

4.2 增强政府合理利用网络舆情的能力

4.2.1 政治动员能力　网络社会是现实社会的一种映射，网络舆情的产生与发展必然也以某一现实事件为背景和基础。网络政治动员是某一政治个人或集团通过网络平台进行的影响网络社会和现实社会的一种政治行为。这一行为由于可以实现较大规模的政治传播，产生较大程度的影响，因而可能对政府的执政能力产生冲击。由于网络政治动员是通过政治信息传播的方式进行，所以对网络舆情的管理有利于增强政治动员能力。在服务型政府建设过程中，政府依然是网络政治动员的主体，能够调动传统媒体和网络媒体为维护政府的存在和发展服务；同时，积极回应网民合理的政治诉求，引领积极的网络政治动员，瓦解破坏性网络政治动员，创造和谐稳定的环境。

4.2.2 舆情驾驭能力 网络舆情的扩散具有"蝴蝶效应"，即某一事件或政策形成网络舆情后，经过交互式扩散，可能引发轩然大波。诚然，从结果看，其既有破坏性的一面，也有促进性的一面。但无论好坏，政府必须要有掌控全局的能力。提高舆情驾驭能力，首先要树立对网络舆情的正确认识，克服偏见、害怕和大意等三种心理；其次要善于疏导舆情，确定公众正常言论和非正常言论的边界；三是提高引导和说服技巧，了解网民的需求、心理和行为倾向；四是加强网络舆情管理的系统性，要做到全程和实时管理；五是要做好舆情管理队伍的组织建设，抓学习，抓作风。

4.2.3 形象再造能力 形象塑造能力包括政府形象塑造能力和官员形象塑造能力。随着网络政治参与的拓展和深入，政府形象和官员形象也体现在网络舆情中。如国家领导人胡锦涛、温家宝积极"触网"，得到网民的高度赞誉，被称为"中国第一网民"，树立了用网懂网的良好形象；同时，官员的一言一行也在网络中得到监督，政府形象也是如此。提高形象再造能力，一要养成积极面对媒体和网络的态度，多与民众互动；二要提高官员职业素养和信息素养；三是实现政务公开，优化组织和权力结构，努力构建电子政务；四是积极在政府中引进CIS视觉系统，并在网络上推广应用。

4.2.4 议程设置能力 现在，网络已成为舆情的引导者和监督者，议程设置能力直接影响公众对事件的认知。议程设置包含政策议程、媒体议程和公共议程等，有效的议程设置应该是将三者有机统一起来。目前，政府对网络舆情进行议程设置时往往处于被动和滞后的状态，没有发挥应有的宣传引领和带动表率作用，尤其是在应对突发事件和涉外网络舆情时。提高议程设置能力，一要积极地将政府的意见和态度予以全方位、立体化地发布，争取主动权；二要向商业媒体（如近年有许多关于网络推手的案例都是商业媒体所策划）学习，选择恰当的时机和恰当的表现形式；三是进一步促进传统媒体与网络媒体的互动，让更多权威、理性的声音成为网络舆情；四是重视网络"把关人"角色，加强网络评论员队伍的建设。

4.3 建立面向公众的网络舆情管理体系

4.3.1 优化网络舆情管理的政务流程 一是网络舆情汇集的广度和深度。作为服务型政府，敏锐发现网络舆情是做好网络舆情管理的开端，有利于更好地发现公民需求。网络舆情汇集的广度和深度的延伸有赖于网络舆情技术的不断进步，其广度的延伸能够拓宽决策信息源，改善决策者的有限理性；其深度的延伸能够促使舆情更全面地反映局势，促进决策的科学性。二是网络舆情研判的准度与精度。对网络舆情的准确研判,对于网络舆情管理至关重要。目前的技术手段存在两个极端,或是完全凭借专家人工研判,或是依靠计算机技术研判,没有将人机很好融合在一块;同时,对研判的结果也缺乏精度评估。必须从提高预警结果准确性和可靠性出发,研究预警结果准确性的度量方法及评估体系。三是网络舆情回应的速度与力度。网络舆情回应是改善国家与社会关系的途径。一般而言,政府回应的最优时间是某一事件发生后的12小时内。有学者甚至提出在新媒体时代处置突发事件的"黄金4小时"的概念[9]。但政府往往等到形势发展到对政府极为不利时才开始回应,延误了引导良机。提高速度和力度,是服务型政府建设过程中的必修课,不仅要理念到位,更要行动到位;不仅要有行动意识,更要具备行动能力。此外,还要健全现实回应机制,定期开展各种民众思想动态的调查,发掘人们的利益聚合点,并提前做出正式的官方回应。

4.3.2 加强网络舆情内容的责任附系 一是网络反腐。与传统媒体方式相比,网络舆情能拓宽群众参与反腐倡廉工作的渠道,成为民主化不断推进过程中的一个新兴媒体监督的重要平台。如四川省加强收集网络舆情以拓宽反腐渠道,广东省将网络舆情纳入反腐视野,网络舆情成为重要办案线索来源。目前通过网络舆情反腐所面临的较大困难在于建立健全网络反腐倡廉的工作机制和规章制度,逐步将纪检监察各项工作移植到网络平台之上。二是网络问政。网络问政,第一类是政府或领导为了解民意而与网民进行沟通的执政活动;第二类是网民为表达诉求而与政府发生的参政议政活动。网络问政降低了普通民众问政的"门槛",也节约了政府调研的成本,为政府提供了一条可供选择的便捷低成本地了解民意、征求民众意见的方式,也为民众提供了一种可供选择的便捷低成本地反映问题、提出意见和建议的方式。此外,要适时建立网络听证制度。在政策工具选择中,引进网络听证程序,直接听取网民的意见,使政府的政策工具选择更加符合实际并能真正代表广大人民的意愿和利益。三是网络参与。随着中国特色社会主义民主政治建设的逐步深入,对公民有序政治参与也提出了扩大参与群体、优化参与过程、创新参与方法等新的要求。网络舆情影响公民有序政治参与维度,从而为改善公民有序政治参与成为可能,并对公民有序政治参与方面能产生正向影响。其影响主要体现在网络舆情能拓展政府决策的信息源,提高公民意识和政治素质,增加公民参与的效用,降低公民参与的成本,弥补代议制民主的失范以及培育参与型政治文化等。

5 结语

服务型政府建设是一个漫长而艰难的系统工程，不仅需要政府部门的努力，更需要政府服务对象公众的参与，实现政府与公众的良性互动。互联网不仅扩展了公众参与的渠道，而且降低了公众参与的成本。公众通过网络发表意见并形成具影响力的意见和观点即网络舆情，对服务型政府建设更有巨大的促进作用。网络舆情能够提高公民参与的积极性，促进政府信息公开和行政问责制的完善，强化政府的公共性，提高政府的行政回应性，也有利于服务型行政文化的形成等。这些正是服务型政府所追求的境界。值得注意的是任何事物都具有两面性，网络舆情也可能具有煽动性和虚假性，对于服务型政府建设有一定的消极影响。如何引导网络舆情，避免其在服务型政府建设过程中的消极作用，也是值得探讨和研究的课题。

参考文献：

[1] 曾润喜. 网络舆情管控工作机制研究. 图书情报工作, 2009, 53 (18): 79-82.
[2] 丁柏铨. 略论舆情——兼及它与舆论、新闻的关系. 新闻记者, 2007 (6): 8-11.
[3] 王来华, 林竹, 毕宏音. 对舆情、民意和舆论三概念异同的初步辨析. 新视野, 2004 (5): 64-66.
[4] 张元龙. 关于"舆情"及相关概念的界定与辨析. 浙江学刊, 2009 (3): 182-184.
[5] 中国行政管理学会课题组. 服务型政府是我国行政改革的目标选择. 中国行政管理, 2005 (4): 5-8.
[6] 庞小宁, 李建欣. 服务型政府视域下政府信息公开的损益分析. 社会主义研究, 2009 (1): 87-90.
[7] 段尧清, 汪银霞. 政府信息公开的障碍机制. 情报资料工作, 2006 (1): 13-16.
[8] 张劲松, 贺小林. 论行政问责制面临的困境及重构的路径. 理论探讨, 2008 (5): 37-40.
[9] 人民网舆情监测室. 新媒体时代, 处置突发事件中的黄金4小时. [2010-03-15]. http://www.people.com.cn/GB/181466/10943863.html.

作者简介

曾润喜，男，1984年生，博士，发表论文14篇；陈强，男，1987年生，硕士，发表论文3篇；赵峰，男，1976年生，副教授，博士，发表论文16篇。

网络舆情管控工作机制研究[*]

网络舆情作为社会舆情的主要载体，反映了人们的思想和情绪。但网络作为虚拟社会和开放平台，潜伏着各种人群和各类思潮，因而网络舆情较其他舆情形态更为复杂，为管控工作带来了新的课题。我国正处于社会转型期和矛盾凸显期，必须高度重视网络舆情，建立网络舆情管控工作机制，最终形成健康的网络舆情，推动社会文明的发展。

1 网络舆情的概念与特点

本文将网络舆情定义为由于各种事件的刺激而产生的、通过互联网传播的、人们对于该事件的所有认知、态度、情感和行为倾向的集合。舆情和舆论存在一定区别。国内普遍认为舆论是多数人的共同意见，即需要持有某种认知、态度、情感和行为倾向的人数达到一定的量。而舆情是人们的认知、态度、情感和行为倾向的原初表露，不需要得到多数人认同，是多种不同意见的简单集合。当舆情产生聚集时就可以向舆论转化，因而舆情是一个比舆论包含内容更为宽泛的概念，对舆情的管控就是要使舆情不转化为舆论或转化为良性舆论。

与其他舆情形态相比，网络舆情具有许多自身特点：①内容庞杂性：一是话题多元化。网络舆情话题涉及到境内外经济、政治、社会、文化等各方面，有些还是上述方面的综合反映；二是内容载体丰富。新闻跟帖、论坛帖子、即时通讯、博客和维基以及逐渐兴起的3G传媒等都是网络舆情信息的载体；三是表现形式多样。网络舆情不仅表现为图文信息，还可以是影像视听资料或其他网络传播方式。②现实互动性：一是舆情反映现实，网络舆情所表达的观点和立场倾向，其根源和指向仍然是现实生活中存在的现象和问

---

[*] 本文系国家社科基金项目"网络舆情突发事件预警机制研究"（项目编号：08B22030）、教育部哲学社会科学研究重大课题委托研究项目"基于网络舆情研判的高校群体性事件预警与网上应急处理"（项目编号：08WL1111）和华中科技大学科技创新基金项目"基于网络舆情研判的高校群体性事件预警机制研究"（项目编号：HF0601208407）研究成果之一。

题[1]；二是舆情反作用于现实，网络舆情可以加速现实事件的爆发或恶化，也可以通过对网络舆情的研判有效预防和治理现实事件；三是与现实同步互动，一方面网民可以随时将现实事件上传到网络，成为网络舆情，另一方面，传统媒体与网络媒体也在进行互动。③情绪感染性：一是主观性较强，出现诱发事件时，网民的第一言论反应首先是出于直觉的言论，即不深入思考事件的原因，只从自己的价值观出发表达观点；二是容易引起从众心理，网络共同体的存在以及网络传播的迅捷性，使得某种情绪极易得到快速传染。④总体可控性：一是网络具有内在稳定机制，网络中的"意见领袖"、"网络共同体"、"网络意见环境"以及潜伏着的"网络评论员"等都具有对网络舆情起到控制和引导的可能；二是技术可控性，网络技术的发展为网络舆情的监控和分析提供了可能，通过这些技术，可以有效减少不良网络舆情，达到管控目的。

2 建立网络舆情管控工作机制的意义

舆情会在自然或外界干预的条件下产生集聚，进而形成舆论，主导或控制整个社会的话语权。尤其是互联网具有开放性特点，使得这种集聚更为迅速，能够产生的影响也更快更大，因而及时有效的管控尤为重要。

2.1 是及时了解民众思想动态的需要

了解民众思想动态，是实现、维护和发展人民群众根本利益的需要。2008年6月20日胡锦涛在人民网强国论坛与网友在线交流时指出"通过互联网来了解民情、汇聚民智，也是一个重要的渠道"。一方面，民众是网络舆情的主体，舆情中所包含的认知、态度、情感和行为倾向等都是由民众产生的；另一方面，网络的开放性和低门槛特征为民众发表观点提供了平台，产生网络舆情的网民是一种统计性群体而不是协商性群体，由于统计性群体比协商群体表现出了更多的观点多样性[2]，因而能更真实地反映民众的思想动态。

2.2 是加强网络文化建设的需要

网络是社会主义文化建设的新阵地。但西方国家通过互联网有意识地传播其价值观及意识形态，国内对西方思维方式无意识的认同以及各种有害或虚假信息肆意传播等因素[3]也给中国网络文化安全带来了挑战。胡锦涛在2007年中共中央政治局第三十八次集体学习时讲话指出："能否积极利用和有效管理互联网……关系到社会主义文化事业和文化产业的健康发展，关系到国家文化信息安全和国家长治久安"。因此，及时清除网络舆情中所出现的不良信息，使社会主义先进文化成为主流，必须提高对网络文化的宏观控制力，防患于未然。

2.3 是公共决策科学化和民主化的需要

信息是决策的基础。网络舆情中蕴含了大量信息,这些信息来自社会各个阶层。由于网民的热情参与,一方面为决策的民主化创造了良好条件,使更多的人有机会影响公共决策;另一方面,网络舆情能够及时快速地反映人们的诉求,拓宽了决策信息源,改善了决策者的有限理性。不过,网络舆情中常常含有虚假信息、不良信息以及情绪化信息等,需要一定的机制和手段对其进行过滤,减少对决策的信息干扰。

2.4 是促进社会主义政治文明的需要

一方面,社会主义民主政治建设需要有合格的公民,需要对公民的知情、参与、表达、监督进行正确的引导,既不打压公民的积极性,又要使其在正确轨道上运行;另一方面,社会主义民主政治建设需要主流意识形态的指导。网络舆情是公民参与政治的重要表现,需要一定的机制和手段有针对性地开展思想教育和舆论引导,使网络舆情不被不良意识形态所侵害。

2.5 是保持国家政权长治久安的需要

学术界和政策实践界普遍认同中国已进入社会群体性事件"高发期",社会群体性事件近年频频发生。在信息化和网络化时代,社会群体性事件的酝酿、发生发展和消弭,都有重要的舆情信息表现。因此建立网络舆情管控机制,通过舆情手段预防、干预、应对和处置社会群体性事件,有效化解社会矛盾,对构建和谐社会具有十分重要的现实意义。

3 建立网络舆情管控工作机制的对策

3.1 提高对网络舆情重要性的认识

正确认识网络舆情是管控机制发挥作用的前提。当前对网络舆情的重视度还不够,部分领导干部对网络舆情还存在种种偏颇心理:①偏见心理,认为网络舆情不是民意,不愿重视网络舆情;②害怕心理,认为网络舆情是"洪水猛兽",不敢直面网络舆情;③大意心理,认为网络舆情既无价值,也不会产生很大的影响,不需重视网络舆情。

以上三种心理都低估了网络舆情的价值和影响,必须加以纠正,做到:①正确认识网络舆情是"民意库",是民情、民声、民意的重要来源;②正确认识网络舆情是"晴雨表",是现实问题在网络上的集中反映;③正确认识网络舆情是"减压阀",民众需要有表达和发泄的形式;④正确认识网络舆情也可能是

"导火索",如果管控不得当,网络舆情可能会朝着不良舆论的趋势发展。

我国古代即重视舆情,创造了"采诗观风"、"吏民上书"、"朝议"、"官员巡察"等收集舆情的手段[4]。新形势下,网络舆情管控也成为收集舆情的手段之一,党和国家领导人胡锦涛、温家宝等身体力行,为广大领导干部树立了榜样,各级领导干部也应当重视网络舆情,成为懂网和用网的带头人。

3.2 完善预警及应急处理方案和网络立法

网络舆情预警的目的在于及早发现网络舆情中所蕴含的危机苗头,并准确判断其可能概率和爆发时间。建立网络舆情预警方案必须从技术和管理三方面入手:①做好网络舆情预警的规划和建模;②基于先进技术对网络舆情进行分析和预警;③建立预警结果准确性度量和评估体系,检验预警结果的可靠性和准确性。还可以借鉴《国家突发公共事件总体应急预案》,将网络舆情危机按照危机程度划分为四个等级进行预警[5]。

应急处理方案包括"一案三制"[6],为构建网络舆情应急处理方案提供了良好的借鉴:①构建网络舆情应急预案体系,包括总体应急预案、分项应急预案、活动应急预案等;②构建网络舆情应急管理体制和机制,建立领导机构和专家咨询队伍;③构建网络舆情应急管理法制框架体系,努力使网络舆情突发事件的应急处置逐步制度化和法制化。

目前我国法律体系中鲜见针对网络舆情立法的条款,已有的主要是针对网络载体本身予以立法。由于法律不健全,既难以从法律层面对人们的网络行为加以引导,也给实践操作带来缺乏法律依据的不便。建议出台网络舆情安全安全保护法,以减少负面舆情,净化网络空间。

3.3 注重利用网络舆情自身规律

3.3.1 理解网络论坛的运行机制 网络论坛是网络社会中具有代表性的存在方式之一,也是网络舆情的主要根据地。网络论坛具有平等和非一一映射的人群体征以及普遍性、真实性、冲突性、纠错性等政治特征,在论坛中,意见领袖、公众人物、传统媒体等均扮演了重要角色。这一内在运行机制可以一定程度上有效遏制不良行为[7]。

3.3.2 关注网络共同体的影响 网络共同体是网民在网络上基于主观或客观上的共同特征所结成的一种"团体"或"组织"[8]。这种网络共同体也有"实体化"的趋势,由网络空间走向现实社会,其作用不可低估。因此,一方面要密切关注网络共同体的动向,防止其产生不良影响;另一方面要高度重视"实体化"趋势,防止其在现实中串联,对社会安定造成影响。

3.3.3 发挥网络评论员的引导作用 网络评论可以划分为显性评论和

隐性评论。显性评论是指具有官方背景的署名文章，而隐性评论则是指混夹在舆情之中的具有官方背景但未公开署名或署名不具官方背景的评论。隐性评论既可消除公众的抵抗心理，又能较好地引导舆情，是一种有效的管控方法。隐性评论应尽量淡化官方色彩，语言要尽量接近网民风格等。

3.4 完善网络舆情监测网络体系和制度

3.4.1 建立从上至下的顺畅工作机制 任何大型组织中，都有一些旨在获取组织内外部信息的职能单位[9]。我国已经初步形成了从中央到基层的多级舆情监测网络。如党委系统的舆情信息机构和政府系统的互联网新闻办等，此外还有其他一些维稳部门也建立了类似体系。这些体系成为做好舆情信息工作的重要支撑力量，但同时也存在部分舆情信息直报点工作积极性不高、舆情信息质量不高、上传下达渠道不通畅、有些地方还没有专人或专门机构负责等问题。

3.4.2 建立部门间的协同工作机制 我国对媒体的管理采用"双轨统一分级管理制"，即党委部门和政府部门同时参与，出现了对网络实行多头管理的现象。但鉴于基本国情，由某一系统单独承担管控工作并不现实，因而需要建立协同工作机制。一方面要进行协作分工，各系统的职责最好互补；另一方面要确定一个协调机构，负责各级各部门之间工作的协调工作。

3.4.3 建立网络舆情信息资源共享机制 信息资源共享是指"在一定的政策体制、激励措施和安全保障的基础上，在政府内部、政府与政府外部之间，共同使用政府信息资源的一种机制"[10]。通过该机制，既可以集合各级各部门分工采集的网络舆情信息，有效地改善决策者的有限理性，又能避免信息过量，使最需要处理的网络舆情得到最有效的关注。

3.5 改善现实中的国家社会关系

在某些国家社会关系中，强烈的不满可以被化解，反体制性的意识形态也能够被边缘化；而在另一些国家社会关系下，有时即使是微小的不满也会被强化，起初是改良性的东西也会被推向极端[11]。网络中的不良舆情一定程度上取决于国家社会关系，研究表明，群体性突发事件产生的直接原因80%以上来自基层，80%以上是应该能够在基层解决的[12]，改善国家社会关系有助于矛盾在基层得到解决，从而减低网络舆情突发事件发生的概率。

3.5.1 建立公众回应机制，进一步促进信息公开透明化 网络舆情的快速形成并扩散，很大程度上与网民所掌握的信息不对称有关。如果有关部门能够在第一时间及时发布并不断更新信息，让网民及时了解事情真相和有关部门的态度和措施，将起到防止舆情向舆论的转化或防止流言、谣言及妄言等形成舆论。

3.5.2 注重对传统媒体的管控　网络舆情的话语权成为冲击传统话语媒介造就的"中心—边缘"二元对立结构的先锋，使这种结构造就的话语垄断与独裁被彻底打破[13]。传统媒体与网络载体两种媒介形式将引发越来越紧密的合作，将事件置入舆论中心位置。如 Kevin 通过研究指出是主流媒体对博客议程施加了主要的影响，而不是日益流行的博客议程对主流媒体施加了重要的影响[14]。

3.6　加强网络舆情的理论和应用研究

3.6.1 加强网络舆情的理论研究　好的理论指导实践可以事半功倍。当前国内对网络舆情的研究并不多见，刘毅的专著《网络舆情研究概论》对网络舆情的概念、传播途径以及引导方式等做了开创性研究，期刊文章中有一些对网络舆情的概念、特征、演化机理和预警机制与方法等进行了探讨，其他研究较多地集中在网络舆论层面上展开讨论，有待深入系统的研究，尤其是要加强基于国情的实证研究。

3.6.2 加强应用和管理技术的研发　网络技术日新月异，网络舆情管控工作也要以更新的技术和更快的反应速度来应对变化。如发展智能搜索技术、语音识别技术、数据挖掘技术、信息关防和过滤等网络技术，加大对网络舆情监测软件开发和更新的支持力度。

3.6.3 加强网络舆情监控工作的经验总结　网络舆情管控工作是项全新的工作，要注重对经验和教训的总结与交流。平时应注意不断探寻网络舆情的演化规律和介入方式，比较不同类型事件所引发的网络舆情及其干预效果，在管控工作实践中学习提高。

3.7　实施严密的网络舆情技术监控措施

网络舆情信息量巨大，对网络舆情监控分析依靠人工方法已难以应对。为此，很有必要依靠信息通讯技术，建立网络舆情监控分析系统，及时应对网络舆情，由被动防堵化为主动梳理、引导[15]。要构建包括舆情计划、采集、加工、发布等主要模块的互联网舆情研判平台[16]。目前主要采用的监控和分析技术是内容分析法和 Web 数据挖掘法。

内容分析法是形成于二战时期的一种新兴的社会科学研究方法，具有客观、系统和定量的主要特征[17]。它在网络舆情信息分析中的作用主要体现在描述舆情信息、推论传播主体的意图以及倾向性、推论网络舆情的变化趋势等三个方面。

Web 数据挖掘是指从大量文本集合中发现隐含的模式。主要的技术包括特征提取、文本分类、文本聚类、关联分析、文本总结、趋势预测等[18]。其在网络舆情信息分析中的应用体现在描述网络舆情、分析信息关联性、推论信息的真实性和传播主体的意图及态度倾向、分析网络舆情的产生原因、预测网络舆情变化趋势等五个方面。

参考文献：

[1] 张勇锋．对《旅游新报》事件的网络舆情解析．今传媒，2008（9）：44－46.

[2] 桑斯坦．信息乌托邦．毕竞悦，译．北京：法律出版社，2008：58.

[3] 张丽红．从网络舆情传播的角度谈文化安全．社科纵横，2007（2）：129－131.

[4] 刘毅．网络舆情研究概论．天津：天津人民出版社，2007，53.

[5] 陶建杰．完善网络舆情联动应急机制．党政论坛，2007（9）：28－30.

[6] 佘廉，雷丽萍．我国巨灾事件应急管理的若干理论问题思考．武汉理工大学学报（社会科学版），2008（4）：471－475.

[7] 曾润喜．网络论坛的运行机制．电子政务，2009（2）：77－83.

[8] 李斌．网络共同体：网络时代新型的政治参与主体．中共福建省委党校学报，2006（4）：6－9.

[9] 西蒙．管理行为．詹正茂，译．北京：机械工业出版社，2004，190.

[10] 李卫东．政府信息资源共享的原理和方法．中国行政管理，2008（1）：65－67.

[11] 赵鼎新．社会与政治运动讲义．北京：社会科学文献出版社，2006，6.

[12] 中国行政管理学会．中国转型期群体性突发事件对策研究．北京：学苑出版社，2003，28.

[13] 毛旻铮，李海涛．政治文明视野中的网络话语权．南京社会科学，2007（5）：98－102.

[14] Kevin W. Agenda setting and blogosphere: An analysis of the relationship between mainstream media and political blogs. Review of Policy Research. 2007, 24 (6): 567－667.

[15] 王娟．网络舆情监控分析系统构建．长春理工大学学报（高教版），2007（4）：201－203.

[16] 许鑫，章成志．互联网舆情分析及应用研究．情报科学，2008（8）：1194－1200.

[17] 刘毅．网络舆情与政府治理范式的转变．前沿，2006（10）：140－143.

[18] 黄晓斌，赵超．文本挖掘在网络舆情信息分析中的应用．情报科学，2009（1）：94－99.

作者简介

曾润喜，男，1984年生，工程师，博士研究生，发表论文7篇。

应用篇

公共危机事件中政务微博的舆情信息工作理念与策略探析[*]

——以雅安地震为例

1 引言

公共危机事件一般是指"突然发生的危及群众生存与生活以及社会安全域稳定的重大紧急事件"[1]，具有突发性、破坏性、涉及面广、冲击力强等特点。在新媒体环境下，人人都能相对自由地对外发布消息、发表意见，群体情绪容易发酵形成极化效应[2]，围绕公共危机事件形成的舆情呈现爆发式增长之势。

在众多新兴媒体中，微博已经成为社会舆情事件的第一信息源和舆论策源地[3]，在舆情信息工作中扮演着不可忽视的角色。利用政务微博，政府部门可以从"后台"走向"前台"直接汇集信息、发布信息，成为网络意见领袖[4]。截止到2013年6月，新浪认证的政务微博已超7.9万，发博总数超过6 000万条，被网友转评总数约3.6亿次[5]。2013年10月，国务院办公厅发布通知，要求各级政府部门在涉及公众重大关切的公共事件时充分利用微博、微信等新媒体的互动功能，以及时、便捷的方式与公众进行互动交流。然而，由于政务微博产生时间不长，不少政府部门尚未形成成熟的运作机制、掌握恰当的发布技巧，存在着时效性不足、内容官僚化、缺乏有效互动等问题[6]。特别是公共危机事件中一触即发的舆情热度与新媒体传播特性的叠加，对政务微博的舆情信息工作策略与技巧提出了严峻挑战。

在雅安地震中，庞大的用户群、活跃的意见领袖、成熟的应用平台促使政务微博成为强有力的舆情传播平台，扮演着信息生命线的作用。本文选取雅安地震中的两家政务微博为研究样本，对比分析它们在舆情信息发布和传播中的利弊得失，进而对公共危机事件中政务微博的舆情信息工作理念和策

---

[*] 本文系国家社会科学基金重点项目"基于信息共享的网络舆情信息工作机制建构与服务内容研究"（项目编号：12ATQ005）研究成果之一。

略提出若干建议。

2 样本政务微博基本情况

本文的研究样本为中国国际救援队 V 和雅安芦山抗震救灾 V，前者是中国国家地震灾害紧急救援队的官方微博，后者是成都军区雅安芦山抗震救灾的官方微博，它们是震后官方微博舆情信息工作的典型代表。样本微博的时间段为 2013 年 4 月 20 日 8 时 20 分至 4 月 26 日 24 时 0 分，这一周包含地震爆发、灾情发布、开展救援、总结反思等进程，样本微博在这一时期内发布信息数量最多、频率最密集。统计发现，中国国际救援队 V 共发布微博 223 条，雅安芦山抗震救灾 V 共发布微博 390 条。

从发布频次上看，两家政务微博的信息发布数量与救灾工作的发展进程配合紧密，可以分为 3 个阶段：①信息高潮期为震后 1 至 3 天，这一阶段处于震后救援的"黄金 72 小时"，政务微博的信息发布数量处在较高水平；②信息缓解期为震后 4－7 天，这一阶段震后救援进展较为平稳，民众关注度有所下降，政务微博的信息发布数量逐渐减少；③信息长尾期为震后一周以后，这一阶段救援工作基本结束，灾后重建成为主要任务，民众关注焦点转到其他议题，政务微博的信息发布数量接近零点。如图 1 所示：

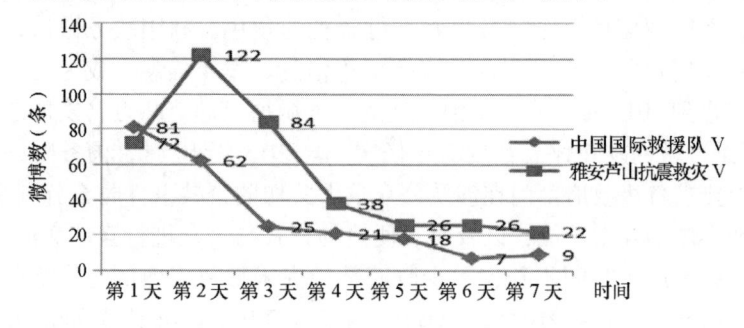

图 1 震后一周两家政务微博的日均微博数变化

3 样本政务微博内容分析

本研究采用内容分析法，以每条微博文本为分析单元，构建了由信息类别、议题内容、传播语境、文本形式四部分组成的编码表，进而采用卡方分析（Chi- square test）和皮尔森相关性（Pearson's correlation）的统计学方法考察两家政务微博在舆情信息传播上的差异。

3.1 传播内容分析

3.1.1 信息类别 在传统媒体时代，由于版面或频道有限，政府部门在灾害事件中的信息发布主要包括两大类别：与灾难的发生发展进程相关的"灾情新闻"以及与救援行动和救援进展相关的"救灾新闻"。微博时代大大拓展了信息传播的资源和渠道，借助社交媒体的实时性、互动性和广泛性，政务微博在灾难事件中可以提供点对点或点对面的"救灾服务"类信息和"民意互动"类信息。在雅安地震中，"救灾服务"类信息主要包括地震自救知识科普、实时的救灾建议和灾民救助渠道，"民意互动"类信息则是指在灾难事件中政务微博传递信心、公开辟谣的行为。

基于上述4种类别，通过SPSS统计软件对中国国际救援队V和雅安芦山抗震救灾V在震后的信息发布类别进行卡方分析，结果显示两者存在非常显著的差异（P<0.001），如表1所示：

表1 发布主体与信息类别的卡方检验（单位：条）

发布主体	灾情新闻	救灾服务	救灾新闻	民意互动	其他	合计
中国国际救援队V	49	75	69	26	4	223
雅安芦山抗震救灾V	40	29	283	35	3	390
合计	89	104	352	61	7	613
卡方值	115.938（P<0.001）					

中国国际救援队V的信息发布形成了"救灾新闻"、"救灾服务"和"灾情新闻"三足鼎立的格局，借助社交媒体优势发展而来的"救灾服务"类信息所占比例达到30%以上，这与传统媒体时代的信息发布具有明显差别。雅安芦山抗震救灾V的信息发布则仍旧保持着"救灾新闻"一家独大的局面，"救灾服务"的比例屈居末位，在"灾情新闻"上的比例也远小于中国国际救援队V。

3.1.2 议题内容 不同信息类别的微博具有不同的议题内容，不同议题内容背后代表不同的舆情应对理念。在"救灾新闻"类信息中，雅安芦山抗震救灾V更加关注政府部门和军队参与的"救援行动"（42.8%）类议题和"救援特写"类议题（21.6%）；中国国际救援队V则更加关注涉及全体灾区民众的"救灾部署"类议题（43.5%），两者议题内容的比例在卡方检验中表现出非常显著的差异（P<0.001）。如表2所示：

**表2 "救灾新闻"类信息的发布主体
与议题内容的卡方检验（单位：条）**

发布主体	救灾部署	救灾进展	救援行动	救援特写	合计
中国国际救援队V	30	9	14	16	69
雅安芦山抗震救灾V	43	58	121	61	283
合计	73	67	135	77	352
卡方值	\multicolumn{5}{c}{30.385（P<0.001）}	

在"救灾服务"类信息中，中国国际救援队V不仅在数量上超过雅安芦山抗震救灾V，而且其结构比例在卡方检验中也展现出比较显著的差异（P<0.1）。中国国际救援队V在发布"自救知识科普"类议题和"实时救灾建议"类议题上比雅安芦山抗震救灾V更加积极，这既受到不同角色定位的影响，又体现出中国国际救援队的信息发布理念：通过自救知识和实时建议给作为个体的灾民和救援者在具体场景中提供了应对措施。

在"民意互动"类信息中，中国国际救援队V的议题内容有19%为"辟谣信息"，比雅安芦山抗震救灾V多出5%，而雅安芦山抗震救灾V的议题内容以"传递信心"为主，约占总数的68%。微博辟谣具有时效性强、直接迅速、渗透性强、个性化交流等优势[7]，中国国际救援队V的表现优于雅安芦山抗震救灾V。

3.2 传播语境和文本形式分析

3.2.1 传播语境 在微博媒介环境中，传播语境主要包括两方面因素：①帖子类型，主帖、评论、转帖构成了不同的上下文和情景；②话语对象，微博用户通过@功能设定了传播内容面向的话语对象。

中国国际救援队V与雅安芦山抗震救灾V在帖子类型上存在着非常显著的差异（P<0.001）。中国国际救援队V形成了以"主帖"（60.99%）和"评论+转帖"（32.74%）为主的对话场景，纯"转帖"的数量很少。在雅安芦山抗震救灾V发布的微博中，"主帖"占据了绝对多数（89.74%），"评论+转帖"的数量很少。这说明中国国际救援队V关注的好友数和互动次数大大超过雅安芦山抗震救灾V，这种频繁的互动交流是社交媒体维持影响力的重要方式。如表3所示：

表3　发布主体与帖子类型的卡方检验（单位：条）

发布主体	主贴	评论+转帖	转帖	合计
中国国际救援队 V	136	73	14	223
雅安芦山抗震救灾 V	350	17	23	390
合计	486	90	37	613
卡方值	\multicolumn{4}{c}{92.644（P<0.001）}	

在震后一周发布的微博中，中国国际救援队 V 共使用@功能 19 次，而雅安芦山抗震救灾 V 共使用@功能 6 次。通过频繁使用@功能，中国国际救援队 V 既可以为对话设定情景对象，又可以借助话语对象进行二次传播。

3.2.2　文本形式　文本形式是指传播内容的形式部分，文本形式的恰当与否影响着受众对传播内容的接受程度。在微博媒介中，传播内容的文本形式主要包括两个方面：其一是传播内容的表达语气，包括陈述语气、祈使语气和感叹语气；其二是传播内容是否包含图片。

中国国际救援队 V 的微博信息表达语气与雅安芦山抗震救灾 V 存在着非常显著的差异（P<0.001）。中国国际救援队 V 善用陈述语气（51.57%）和祈使语气（30.94%），其微博中经常出现"请速转发"、"求转"等词句，祈使语气的大量应用表明中国国际救援队 V 试图从第一人称的视角建构出与网友面对面交流的对话场景。雅安芦山抗震救灾 V 则以陈述语气为主（94.87%），大部分采取了第三人称的视角来叙述现场，对受众的冲击力明显弱化。在图片使用上，两者差别不大，都占样本总数的一半左右。如表 4 所示：

表4　发布主体与信息表达语气的卡方检验（单位：条）

发布主体	陈述语气	祈使语气	感叹语气	合计
中国国际救援队 V	115	69	39	223
雅安芦山抗震救灾 V	370	8	12	390
合计	485	77	51	613
卡方值		163.316（P<0.001）		

3.3　传播效果分析

通过对样本进行皮尔森相关性检验发现，当显著水平为 0.05 时，中国国际救援队 V 与雅安芦山抗震救灾 V 的微博信息传播效果存在着显著差异（P

=0.047）。如表5所示，中国国际救援队V的传播效果明显优于雅安芦山抗震救灾V。无论是从转发量和评论量的总和、平均数或中位数来看，中国国际救援队V的影响力都远远超过雅安芦山抗震救灾V。

表5 样本微博震后一周转发量和评论量（单位：次）

微博来源	转发量	评论量	平均转发量	平均评论量	转发量中位数	评论量中位数
中国国际救援队V	869 896	92 210	3 901	413	399	83
雅安芦山抗震救灾V	143 805	24 148	369	62	57	21

中国国际救援队V的传播效果优势主要建立在"救灾服务"类信息的影响力的基础上。在中国国际救援队V所发微博中，"救灾服务"类信息的评价转发量达到了10 005次，平均评论量达到944条，远远超过其他类别的信息。"服务"和"互动"成为了中国国际救援队V的传播力来源。中国国际救援队V在震后27分钟后呼吁网友提供位置、震感和破坏情况，为灾民和大众提供灾情速报平台，这成为一周里转发量和评论量最多的微博。

4 结论与启示

在雅安地震中，中国国际救援队V和雅安芦山抗震救灾V发布的信息类别、议题内容、传播语境和文本形式都存在着非常显著（P<0.001）或显著（P<0.1）的差异，导致两者在传播效果上也存在着显著差异（P<0.001）。这充分证明，虽然在公共危机事件中运用政务微博开展舆情信息工作具有得天独厚的优势，但实现信息的有效传播还有赖于科学的舆情信息工作理念。

研究发现，雅安芦山抗震救灾V的舆情信息工作的主要特点在于：从官方视角出发发布救灾新闻（该类信息占样本总数的72.6%），聚焦"救援行动"类议题，依赖单向信息传播渠道（主帖占样本总数的89.74%），与受众沟通交流不足（陈述语气占样本总数的51.57%）。总之，雅安芦山抗震救灾V采取了以"塑造仪式"为中心的舆情信息工作理念：作为报道者记录着可歌可泣的救灾事业，烘托出万众一心的民族情感，受众在仪式中处于仰望者的角色。

中国国际救援队V的舆情信息工作的特点则大相径庭：从民众视角出发提供"自救知识科普"、"实时救灾建议"等救灾服务类信息（该类信息占样本总数的30.9%），通过及时辟谣稳定人心，善于通过转帖、跟帖和@功能与受众形成良好互动。中国国际救援队V的舆情信息工作理念可以归纳为以

"服务受众"为中心：通过对信息的准确、全面和广泛应用，直接为灾民提供救灾服务，通过呼吁和对话最大程度地动员民众微力量，减少灾情损失。在公共危机事件的舆情信息工作中，"服务受众"能最大限度地减轻危机对组织正常功能和秩序的破坏力[8]，中国国际救援队V因而在信息发布中获得了更好地传播效果。

以"服务受众"为中心的舆情信息工作理念既是对微博救灾功能的充分挖掘，又是新媒体语境下政府形象维护的现实要求。微博打开了网络民意的阀门，身处新媒体环境的政务微博只有面向受众，积极互动才能达到良好的舆情应对效果。中国国际救援队V采取以"服务受众"为中心的舆情信息工作理念源于在长期实践中对微博特性的成熟把握，正如其所述："我们在三年前创建微博之初便开始尝试用人性化内容摆脱'官博'围城"[9]。

通过个案分析，笔者认为政务微博在公共危机事件中应当围绕受众需求改进舆情信息工作策略：

第一，从受众信息需求出发，率先发布舆情信息焦点。唯有从受众信息需求出发，政务微博发布速度快、信息内容多等优势才能够转化为实际的传播效果。在雅安地震中，雅安芦山抗震救灾V只从新闻宣传的角度再现政府的救援过程，而中国国际救援队V则从灾民需求出发，用灾情新闻缓解民众恐慌，用救灾服务减少灾害损失，后者显然更加契合公共危机事件中受众的信息需求，因而获得了更多的转发量和评论量。

第二，从受众个性需求出发，注重解决民众实际问题。政务微博具有点对点传播的特性，这为在公共危机事件中开展救援工作带来了新机遇。在舆情信息工作中，政务微博不应被视为作秀平台，而应当用于积极汇集和满足广大受众的个体援助需求。在解决民众实际问题的同时，政务微博的舆情信息工作自然能达到更好地传播效果。在雅安地震中，中国国际救援队V的成功经验之一就是积极介入救灾工作，大量发布地震自救知识科普、实时救灾建议和灾民救助渠道等信息，通过与灾民、救援人员和普通民众的互动，直接推动了救灾工作向纵深发展。

第三，从受众媒介需求出发，灵活运用多种传播技巧。新媒体技术创造了新的媒介需求和传播特性，在开展舆情信息工作时必须通过"微话语"、"微表达"与受众开展互动，灵活运用微博媒介的传播技巧。在雅安地震中，雅安芦山抗震救灾V发帖多、评论少，独白多、互动少，这延续了传统媒体"点对面"的传播观念，受众的声音被忽视和淹没。中国国际救援队V则频繁使用评论功能和@功能，把更多的微博意见领袖拉入对话情境，围绕不同话题形成一个个讨论圈子。这些讨论圈类似群体传播的形式，又具有人际传播的某些特性，个体与个体、群体与群体之间形成了双向互动的紧密网络，微博信息通过频繁的二次传播获得了更加广泛的影响力。

参考文献：

[1] 郑保卫，邹晶．论公共危机事件中的新闻传播及其策略［J］．新闻爱好者（理论版），2008（1）：8-10．

[2] 丁柏铨，夏雨禾．新媒体语境中重大公共危机事件与舆论关系研究［J］．当代传播，2012（2）：10-14．

[3] 喻国明．中国社会舆情年度报告（2012） ［M］．北京：人民日报出版社，2012：36．

[4] 林俊．政务微博的媒介特征及功能运用［J］．新闻战线，2012（3）：90-92．

[5] 新浪微博，人民网舆情监测室．2013年上半年新浪政务微博报告［EB/OL］．［2013-10-16］．http：//news.sina.com.cn/c/2013-07-31/090527818107.shtml? wbf = relate．

[6] 谢耘耕，刘锐，徐颖，等．2011年中国政务微博报告［J］．新闻界，2012（5）：47-54．

[7] 周诗妮．微博辟谣：公共突发事件中网络谣言治理的新模式——以日本"3·11"地震事件为例［J］．东南传播，2011（4）：9-11．

[8] 王晶红，胡小锋．试析玉树地震72小时灾害报道与危机传播特点［J］．新闻记者，2010（7）：30-34．

[9] 中国国际救援队．中国国际救援队V［EB/OL］．［2013-10-16］．http：//e.weibo.com/1701600025/zvBoh6Kgi? ref = http%3A%2F%2Fe.weibo.com%2Fzggjj．

作者简介

肖飞，南京政治学院军事新闻传播系硕士研究生，E-mail：xiaofei0731@gmail.com。

基于情感分析的灾害网络舆情研究
——以雅安地震为例

中国互联网络信息中心 2013 年 7 月发布的《中国互联网络发展状况统计报告》显示，截至 2013 年 6 月底，我国网民规模达 5.91 亿，互联网普及率为 44.1%，网络新闻的用户规模达到 4.61 亿，网民对网络新闻的使用率为 78.0%[1]。随着互联网建设的日益成熟，越来越多的人选择通过网络来表达自己对某一事件的观点和看法，由此而产生的网络舆情对突发事件的应急管理可以起到协助推动的作用，网络舆情也成为当前研究的新兴领域和研究热点。网络舆情是由个人和各种社会群体构成的公众，由于各种事件的刺激而产生，通过互联网传播的对于该事件的所有认知、态度、情感和行为倾向的集合[2-4]。

随着微博、微信等应用的兴起，网民接触新闻的渠道增多，其中微博对主要新闻事件的快速传播，极大地提高了网民对网络新闻的接触度。目前微博已经成为网民获取信息的重要途径之一，逐渐演变为大众化的舆论平台，越来越多的机构及公众人物通过微博来发布或传播信息[1]。网民通过微博针对某一事件发表自己的观点和见解，产生了大量的具有情感的文本信息，通过对观点性信息进行情感分析，可以了解网民的情感走势以及对社会某一突发事件的整体看法。目前针对微薄的情感分析根据数据源的不同，可以分为针对英文微博的情感分析和针对中文微博的情感分析。

英文微博的情感分析大多针对于 Twitter 数据。A. Go 等[5]针对微博网站的情感分析，描述了一个远距离的基于监督的情感分类方法，利用博文中的标签来创建训练数据，并利用主题相关的集群来实现多级分类。G. Li 等[6]探讨了情感句识别问题。R. Parikh 等[7]尝试使用不同的机器学习方法对 Twitter 博文信息进行情感分类，针对 Twitter 独特的修辞和语言进行了算法的优化。D. Davidov 等[8]提出了一个针对 Twitter 数据的基于监督的情感分类框架，实现了不同情感类别的短文本的自动识别和分类。A. Joshi 等[9]设计了一个基于 Twitter 的情感分析系统 C-Feel-IT。J. Weng 等[10]提出了一种 TwitterRank 算法用来衡量 Twitter 用户的影响力。C. Lee 等[11]综合考虑了 Twitter 中链接结构以及博文发布时间，提出了一种新的确定用户影响力的方法。在利用微博中的标签及表情符号信息进行情感分析的研究中，L. Barbosa 等[12]设计了一种使用 POS 标记、n-gram 特征以及一些微博特有的特征（如标签）等来对微博进行情感分析的方法。

由于中文微博和英文微博在产品设计上存在不同，中文和英文在语言表达习惯上也有很大差异，与英文微博的情感分析相比，中文微博的情感分析研究工作还不很深入。冯时等[13]以挖掘微博中话题意见领袖为目的，提出了一种基于 LDA 模型的短文本子话题分类算法。侯敏等[14]提出了基于短语情感和语义规则的观点句识别的方法。曾佳妮等[15]结合微博中的表情字符，提出了一种基于条件随机场算法（CRFs）的对微博文本进行主客观分类和情感倾向性判断的方法。沈阳等[16]将情感词分类，构建了词语权重字典用来计算博文情感值。张珊等[17]利用微博中的表情图片，构建了中文微博情感语料库，利用熵的概念对语料库进行优化，提高了分类的准确性。谢丽星等[18]对三种情感分析方法进行了深入研究，通过实验证明基于 SVM 的层次结构多策略方法效果最好。

针对中文微博的情感分析研究还有许多值得探讨和改进的地方。例如，微博上存在如广告等的大量垃圾信息，未来应该设计合理的信息过滤技术，抽取有价值的微博信息用于情感分析的研究。由于微博具有多模态性——除了文字以外，微博中还包括图片、视频、音频、链接、标签以及表情符号等其他模态的信息，未来可以进一步研究基于多模态数据的观点挖掘技术。

本文利用情感分析的方法，以"雅安地震"为例，以新浪微博上的博文内容为数据来源，利用时间序列建模的方法，对突发性自然灾害事件的网络舆情进行分析，包括对各类情感舆情走势的建模分析，并对博文进行内容分析，为灾后情报服务和应急管理提供建议。

1 基本理论和工具

1.1 情感分析

所谓情感分析，王洪伟等[19]认为是对用户发表在 Web 上的评论进行分析，从而识别出隐含在其中的情感信息，并发现用户情感演变的规律。赵妍妍等[20]认为情感分析是对带有情感色彩的主观性文本进行分析、处理、归纳和推理的过程。情感分析在舆情分析、信息预测以及辅助决策等领域有较多应用。按照所使用的数据资源的不同，可以分为基于机器学习的情感分析和基于语义词典的情感分析。

本文使用 Rost CM 文本挖掘软件[21]获取数据并进行分析。Rost CM 软件是由武汉大学信息管理学院沈阳教授的 Rost 团队开发的一款开源的文本挖掘工具。利用 Rost CM 软件可以对相应文本或其他形式的内容进行字频统计、分词、词频统计、情感分析、聚类分类、情感分析以及语义网络和社会网络分析等操作。首先利用 Rost CM 微博数据获取工具[22]获取相关主题下的博文数据，在数据预处理的基础上，将其导入 Rost 情感分析工具对博文情感倾向性进行判断。该工具[16]利用语义词典的情感分析方法。为了计算微博情感值，将情感词分类，构建了词语权重字典和自定义的否定词词典、程度词词典以及感叹词词典。首先对微博的每一个子句计算权重，对博文第一句和最后一句的权重进行特殊处理，最后将所有权重相加得到整条博文的情感指数，交叉检验的结果表明其微博情感值计算准确率达到 80.6%。

Rost 情感分析工具可以将博文情感分成三类，即积极、中立和消极。该工具定义的各类情感值区间分别为：积极情绪（5，+∞）、中性情绪［-5，5］和消极情绪（-∞，-5）。其中积极情绪和消极情绪还可以进一步分为一般、中度和高度三个程度，其定义的情感值区间分别为一般积极（5，15］、中度积极（15，25］、高度积极（25，+∞），一般消极［-15，-5）、中度消极［-25，-15）和高度消极（-∞，-25）。在情感倾向性判断的基础上，可以对不同类别的情感走势进行模拟和预测。

1.2 时间序列分析

目前，国内针对网络舆情的分析和预测还缺乏有效的技术和方法，而引入时间序列建模方法，可以模拟事件发生后的舆情走势并在此基础上进行预测。时间序列分析是根据系统观测得到的时间序列数据，通过曲线拟合和参数估计来建立数学模型的理论和方法。时间序列是一种特殊的随机过程，当一个随机过程可以被看作时间序列时，就可以利用现有的时间序列模型建模分析该随机过程的特性，这个模型一旦被识别后就可以根据时间序列的过去值及现在值来预测未来值。其中，ARIMA 模型是一种具有代表性的时间序列模型。ARIMA（p，d，q）模型中，AR 是自回归，p 为自回归项，MA 为移动平均，q 为移动平均项数，d 为时间序列平稳时所做的差分次数。

本文利用 Eviews 软件[23]对网络舆情的时间序列进行建模分析。Eviews 拥有数据处理、作图、统计分析、建模分析（其中包括线性、非线性单一方程模型，联立方程模型，时间序列模型，动态回归模型，分布滞后模型，向量自回归模型，误差修正模型，离散选择模型以及多种估计方法）、预测和模拟六大功能。在利用 Rost 情感分析工具得到不同类别的情感值序列后，将其导入 Eviews 软件，通过自相关图和偏自相关图判断序列平稳性后，采用差分方法来得到平稳的时间序列，进而建立 ARIMA 模型，并对未来的情感值进行预测。

本文采用情感分析方法，利用 Rost CM 文本挖掘工具以及 Eviews 时间序列分析工具来对灾害网络舆情进行分析，对博文情感倾向性进行判断和分类，对不同类别的情感值走势进行模拟和预测，舆情分析框架见图 1。

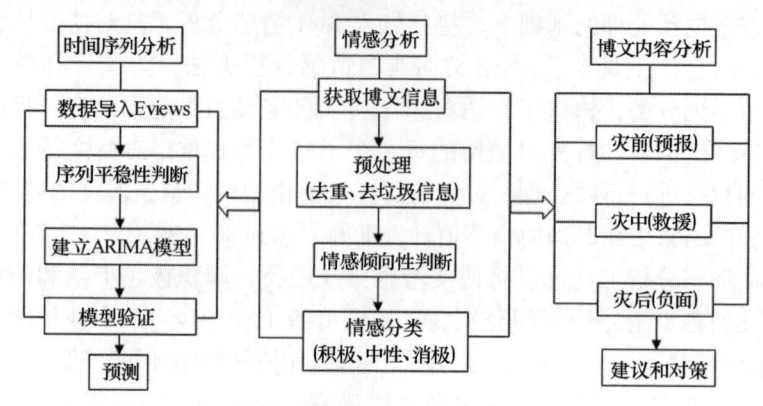

图 1 灾害网络舆情分析框架

2 雅安地震舆情走势建模分析

2.1 网络观点信息的获取

北京时间 2013 年 4 月 20 日 8 时 02 分四川省雅安市芦山县发生 7.0 级地震。盘古舆情监测数据显示，雅安地震一事最先经微博曝光，此后信息量呈现爆炸性增长，微博的相关信息量远高于新闻、博客和论坛[24]。

本文选取新浪微博上发表的博文为数据资源，以"雅安地震"为关键词，利用 Rost 新浪微博抓取工具抓取了 2013 年 4 月 25 日至 2013 年 6 月 3 日共 40 天的博文信息。目前，应用于数据分析的信息包括"发博内容"和"发博时间"。在对数据进行情感倾向性判断之前，对数据进行了预处理：首先假设同一个人发表的相同的博文信息属于重复数据，会对情感分析结果的有效性造成影响，利用 Excel 进行了去重处理；接下来，对博文信息按照博文内容进行排序，对其中大量的广告等垃圾信息进行必要的删除处理；最后，将博文信息按时间排序，最终得到雅安地震相关博文信息一共 15 488 条。

2.2 博文的情感倾向性分析

将数据导入 Rost 情感分析工具并计算博文情感值，计算得到的情感值结果分为积极、中性以及消极三种情感等级。由图 2 可知，在抓取到的 40 天博文数据中，消极情绪占了最大比例（49%），说明网民的整体情绪趋向于消极。

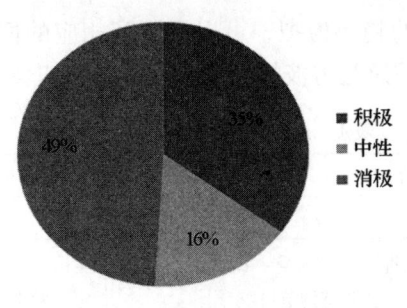

图 2 各类情感值极性分布

接下来，为了能更好地看出人们的情感走势，这里简单地对每天的情感值求平均，得到了从 2013 年 4 月 25 日至 2013 年 6 月 3 日每天不同类别情感值以及整体情感值的平均值。

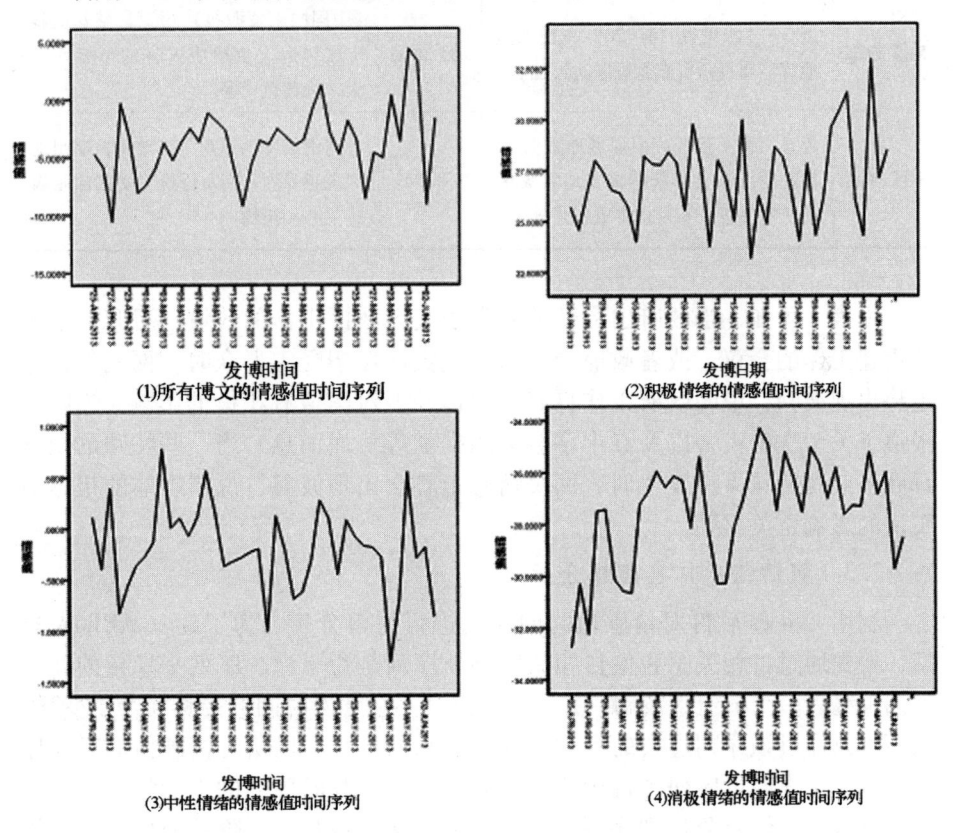

利用 SPSS 软件制作情感值时间序列走势图，如图 3 所示：

(1) 所有博文的情感值时间序列

(2) 积极情绪的情感值时间序列

(3) 中性情绪的情感值时间序列

(4) 消极情绪的情感值时间序列

图 3 情感值时间序列走势

101

通过对不同情感的趋势模拟，可以回溯到相应的博文内容，从而发现引起情感波动的因素。情感趋势波峰波谷的分析总结如表1所示：

表1 雅安地震网民情感波动分析

情感波峰		情感波谷	
时间	原因	时间	原因
4月28日	四川卫视将现场直播"中国爱·420芦山强烈地震大型公益特别节目"。	4月30日	美国专家预测由于云南断裂带不稳定，发生8级地震可能性相当高。
5月8日	国际红十字日，网友对慈善组织在抗震救灾工作中的表现给予了好评。	5月1日	有报道称，中国红十字会承认将汶川赈灾8 470万巨款挪用于别处。
5月21日	中共中央总书记、国家主席、中央军委主席习近平来到四川庐山慰问受灾群众。	5月12日	汶川地震5周年，很多人表达了自己的哀悼之情。
5月29日	近日，《四川省"4·20"芦山强烈地震港澳捐赠资金管理办法》出台。	5月26日	《中国国土资源报》报道，雅安地震灾区局部发生地质灾害的可能性较大，为黄色预警。
5月31日	近日，雅安召开芦山强烈地震第12次新闻发布会，获悉雅安地震灾区碧峰峡等景区6月初将重新开放。	6月2日	台湾南投发生了6.7级地震，福州地区震感强烈，网友纷纷对受灾同胞表达关心和担忧。

由表1可知，当政府出台新的有利于灾区救援工作的政策，召开关于灾后重建工作的会议，或者政府领导亲自到灾区探望受灾群众时，网民的情感走势出现波峰，说明政府工作良好有序地开展对舆情有积极的影响。当媒体报道了关于次生灾害以及红十字会挪用捐款等负面消息、当一些特殊的纪念日到来或者特殊事件发生时，网民情感走势会出现波谷，说明媒体的报道对舆情的影响至关重要。

2.3 舆情情感信息建模分析

利用Eviews软件对情感值时间序列进行建模分析。为了建立ARIMA模型，要先通过自相关图和偏自相关图判断序列是否平稳。序列平稳指的就是序列围绕着一个值上下波动，并且这种波动不会随着时间的推移而产生变化，从而可以通过该序列过去的行为来预测未来的变化。以所有情感值的时间序列为例，首先通过序列的自相关图和偏自相关图判断序列的平稳性，若不平稳，可以通过做差分达到序列平稳的目的。通过观察，二阶差分后的所有情感值时间序列是平稳的，并初步认定其是一个二阶自回归过程。接下来，采用最小二乘估计方法创建 ARIMA 模型。其中，R^2 值约为 0.74，DW 统计量约为 1.91，接近 2。这两个检验量，说明本次建模的拟合效果良好。应用同样的方法，对积极情感、中性情感以及消极情感值时间序列建模。建立的时间序列模型总结如表 2 所示：

表 2　情感值时间序列建模

项目 序列名称	估计方程	取代系数	检验量
所有情感值时间序列	D(ALL,2) = C(1) + [AR(1) = C(2), AR(2) = C(3), MA(1) = C(4), BACKCAST = 4/29/2013]	D(ALL,2) = 0.0068 + [AR(1) = -0.497, AR(2) = -0.494, MA(1) = -0.997, BACKCAST = 4/29/2013]	R^2 = 0.74 DW = 1.91
积极情感值时间序列	D(POSITIVE,2) = C(1) + [AR(1) = C(2), MA(1) = C(3), INITMA = 4/28/2013]	D(POS,2) = -0.189 + [AR(1) = -0.65, MA(1) = -1.33, INITMA = 4/28/2013]	R^2 = 0.82 DW = 2.02
中性情感值时间序列	D(NEU,3) = C(1) + [AR(1) = C(2), AR(2) = C(3), MA(1) = C(4), BACKCAST = 4/30/2013]	D(NEU,3) = -0.0031 + [AR(1) = -0.758, AR(2) = -0.46, MA(1) = -0.95, BACKCAST = 4/30/2013]	R^2 = 0.81 DW = 2.24
消极情感值时间序列	D(NEG,3) = C(1) + [AR(1) = C(2), AR(2) = C(3), MA(1) = C(4), BACKCAST = 4/30/2013]	D(NEG,3) = 0.0043 + [AR(1) = -0.764, AR(2) = -0.394, MA(1) = -0.954, BACKCAST = 4/30/2013]	R^2 = 0.79 DW = 2.11

利用所建立的时间序列模型，对 2013 年 6 月 4 日网民关于雅安地震事件发表博文的情感值进行了预测，预测值和实际值结果如表 3 所示：

表 3　2013 年 6 月 4 日网民情感值预测情况

类别 情感值	综合情感值	积极情感值	中性情感值	消极情感值
预测值	1.48	26.13	-1.55	-29.2
实际值	-0.81	25.85	-0.003	-28.04

由测试结果可知，积极情感和消极情感的预测值和真实值较为接近，因此，可以利用时间序列的建模方法来预测网民针对某一突发性灾害事件的情感走势。

3 雅安地震博文的内容分析

由于中性情绪的博文中网民情感反应不是很明显，因此只对积极和消极的博文内容进行分析。

3.1 积极博文的内容分析

由于积极文本中包含网民针对灾后救援以及灾后重建等工作中表达肯定的意见，可以通过网民的切实感受来及时了解救援工作的效果，对救灾工作具有指导意义。通过对雅安地震发生后抓取到的 40 天微博文本内容的分析，将积极情感的博文内容分成 4 个部分，分别是灾后救援、灾后重建、表达祝福以及公益相关 4 类，如图 4 和图 5 所示：

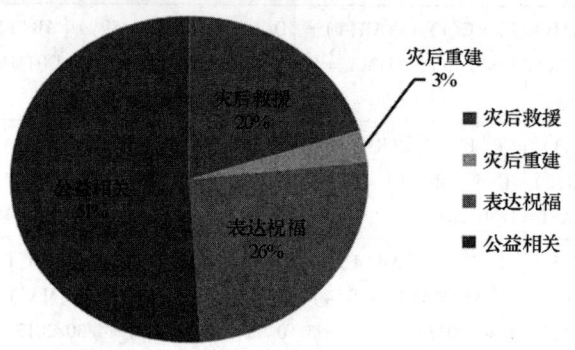

图 4 积极博文内容整体分布情况

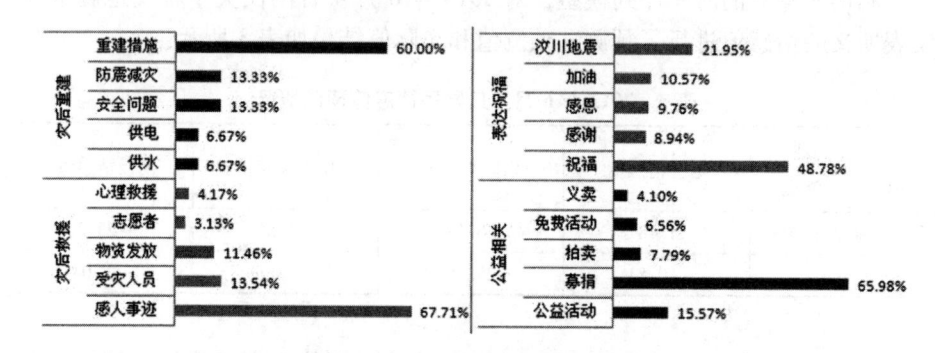

图 5 积极情感博文内容分类

通过对雅安地震相关的积极情感的文本的内容进行分析，发现网民主要针对灾后救援、灾后重建、公益相关等信息发表了自己的观点；当然，还有相当一部分网民在雅安地震发生后表达了自己对受灾群众的祝福和希望。整体来看，在积极博文中，公益相关这一类积极文本占最大比例，为51%，其次是表达祝福和针对灾后救援工作发表的观点，分别是26%和20%，而针对灾后重建工作发表的内容比例最低，为3%。

其中，网民对救灾物资发放及时、救灾能力提高、救灾应急系统效率增强以及抗震救灾中的英勇事迹等表达了肯定和赞扬的情绪。主要包括对感人事迹的关注，即在救援或者捐款过程中表现突出的人物和事迹等；对受灾人员的关注，即主要是针对灾区受灾儿童、贫困家庭以及贫困学生的资助和援助等；对物资发放、志愿者服务以及心理救援工作表示的肯定等。灾后重建信息是指人们针对政府以及相关企业进行的各种重建工作发表的看法和评论，主要包括供水供电、安全保障、防震减灾宣传工作以及其他灾后重建具体措施等。

公益相关信息包括新闻媒体以及地方政府组织的大型公益活动，通过募捐、拍卖以及义卖等形式为灾区人民提供的物资和捐款，还有一些企业或者机构提供了针对受灾群众的免费活动等。灾害发生后，慈善机构以及各种公益组织举行了募捐活动，筹集了大量善款。同时，国际社会以及企业等各界人士也在募捐过程中做出了巨大贡献，有关公益的信息得到了网民的热烈讨论和关注。表达祝福主要是指网民在灾害发生后，通过微博对受灾群众以及对抗震救灾的官兵和志愿者们表达祝福之情，希望灾民坚强、克服困难、重建家园，希望奋斗在前线的救灾人员能够顺利完成任务、平安归来。同时还有许多网友借汶川地震五周年之际，表达了对灾区人民的祝福。

3.2 消极博文的内容分析

通过对雅安地震发生后抓取到的40天的微博文本内容的分析，将消极情感博文内容分成了6类，分别是灾害的负面影响、灾后救援问题、政府公信力低、对社会各界的质疑、缅怀悼念以及其他（见图6）。

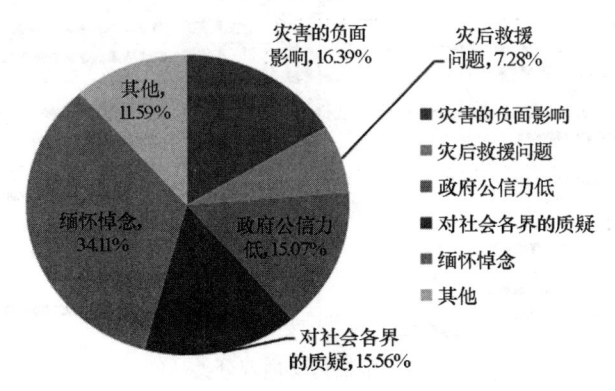

图6 消极博文内容整体分布情况

每类消极博文都包含其具体的内容,灾害负面影响主要是指灾害给人们的日常生活带来的严重影响,包括人们的恐慌心理、次生灾害、经济损失和交通运输因灾受阻等问题,还有很多网民激烈讨论地震过后房屋损毁是否还需要继续交房贷的问题。灾后救援问题主要是指灾害发生后,政府以及民间组织在赶赴现场救援过程中出现的问题和困难,通过对这一类博文内容的总结,发现灾后救援问题主要表现在应急效率、物资、医疗、志愿者、救援道路拥堵、防疫以及灾后重建等方面。

对社会各界的质疑是指网民对与灾害救援工作相关的各个职能部门的工作不满意,对其针对灾害事件所作的决策和目的存在质疑。主要包括对中国各地地震局、非营利机构的作用和意义的质疑,对趁着灾难发生以捐款为由骗取民众钱财的行为的不满,对媒体不真实、不妥善报道的质疑,对各大企业以灾难为契机的商业竞争表示不满,另外还包括了大量网民对中国红十字会挪用民众捐款事件的热烈讨论。

政府公信力低主要是指网民认为政府针对灾害发生之后的应急管理不够及时和有效,政府针对灾害救援发起的号召也没有得到民众积极的支持和响应,这些问题反映了政府公信力的不足。这一类的消极博文内容主要包括网民认为面对灾害应急管理政府存在不作为的现象,对政府的相关决策不信任,反对强制捐款,认为相关政府部门上报的灾害损失数额过大,存在贪腐倾向。同时,香港民众针对雅安地震的抗捐事件也引起了许多网民的关注。缅怀悼念主要是指网民通过微博的形式表达对雅安地震造成的人员伤亡、财产损失等不堪后果的默哀以及对逝者的缅怀和悼念,这一部分的内容占了最大比例,为34.11%。

消极情感博文内容的具体分布情况见图7。

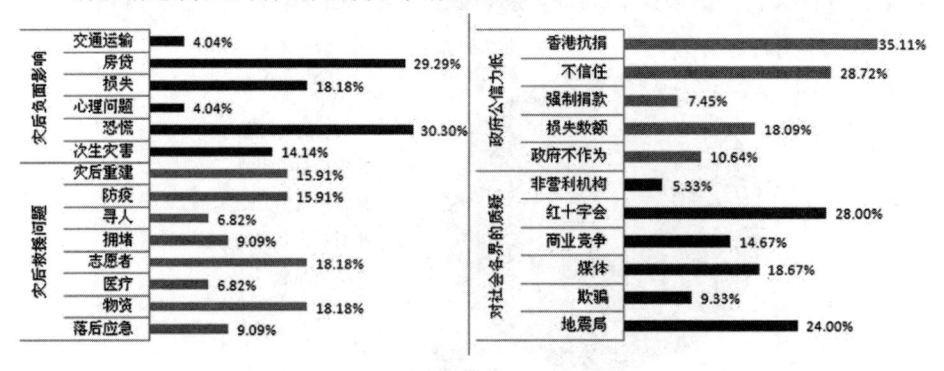

图7 消极博文内容分类

4 网民情感波动的影响因素分析

通过对博文情感趋势的分析以及博文内容的分析，发现灾害网络舆情中对网民情感波动产生较大影响的因素分析主要包括灾后救援进展情况、公益组织募捐活动、新闻媒体报道情况、舆论衍生话题以及政府公信力的强度等。

4.1 灾后救援进展情况受到网民的普遍关注

通过对博文内容的分析发现，灾害发生后，人们对灾后救援情况的关注度高于对灾害造成的伤亡人数的关注度。灾害发生后，人们的关注重点并不在灾害造成的损失上，而是在于人们如何面对地震、如何抗震救灾以及其他援助活动。通过对网民针对雅安地震的消极博文内容的分析，发现灾后救援过程中存在着应急救灾系统落后降低救援效率、民间救援组织缺乏管理以及灾区通讯中断导致的救援道路拥堵等问题，网民针对这些问题展开了热烈的讨论，表达了自己的观点和意见。

4.2 公益组织募捐活动是灾害网络舆情中的热点话题

雅安地震发生后，积极博文中与公益活动相关的内容占整体的51%，而在消极博文中，中国红十字会事件、香港抗捐事件以及强制捐款事件也受到了网民广泛的关注。人们不仅关注慈善机构、公益组织以及企业或者个人围绕灾害救援开展的募捐活动，还对募捐物资以及款项的去向以及实际应用情况十分关注。微博为广大网民提供了一个相对自由的表达观点和看法的平台，有人揭发红十字会以及地方政府善款使用不当的问题，也有很多人追究募捐物资的去向问题。以微博为平台，相关机构的领导和管理者可以更好地了解群众真实的需求，从而辅助做好灾后救援工作，有效开展慈善募捐活动。

4.3 新闻媒体的相关报道可以使网民情感产生波动

网民大多是通过央视新闻以及官方媒体来关注灾情以及救援进展情况，通过对网民各类情感趋势的分析以及对引起情感波峰波谷的事件的分析发现，新闻媒体的相关报道对网民情感的波动有较大影响。当媒体对政府出台关于抗震救灾和灾害重建的重要指示以及相关决策时，网民情感多转向积极；当媒体报道了关于红十字会挪用善款等负面新闻时，网民情感转入波谷；也有网友质疑新闻媒体报道的真实性，从而引发了网民情感的波动。因此，灾害网络舆情中，新闻媒体对灾情以及救援相关信息的报道对舆情发展有重要的影响，新闻媒体工作者应该尽可能地提供实事求是并且专业化的报道，从而稳定网民情绪，也有利于政府工作的开展。

4.4 舆论衍生话题对灾害网络舆情发展有持续性影响

雅安地震发生后,人们围绕灾情以及灾后救援、灾后重建等内容展开讨论,但随着事件的发展,人们讨论的话题越来越广泛,逐渐出现了舆论衍生话题。通过对雅安地震的跟踪分析,发现在舆情发展过程的衍生话题包括,人们对 2008 年汶川地震的悼念和其相关救援情况以及如今发展现状的讨论;雅安地震中关于中国红十字会挪用善款事件的讨论非常热烈,"红十字会事件"在网民对社会各界质疑的微博文本中占据最大比例,为 28%;在灾后负面影响事件中,网民针对地震爆发后损毁房屋是否还需要还房贷的问题展开了讨论,该事件也引起了多数网民的不满情绪;最后,香港抗捐事件也引起了网民的广泛关注,很多人认为该事件是由于政府公信力较低而引起的。

4.5 政府公信力的强度对网民情感有重要影响

雅安地震和汶川地震相比,政府的社会动员力和民意支持差别很大,政府公信力急剧减退,网上各种质疑声音不断。雅安地震发生后,网络上出现了大量拒绝捐款的声音,也包括对中国红十字会等慈善机构的质疑,很多网友表示拒绝向中国红十字会捐款。震区的援建建筑在雅安地震中均有不同程度的损毁,并没有达到当初设定的质量标准,网民对用于援建的资金去向表示怀疑。地震发生后政府却要强制捐款,而且官办慈善机构的财政支出并不透明,极有可能造成腐败问题,大量救援物资和资金都会被浪费;同时,网上也出现了很多虚假的捐款信息[25]。面对负面的舆论批评,官办慈善机构只有配合法律监督,公开透明地处理所募集的款物,尽量减少行政部门的开支,才能提高公信力,改善自身的公益形象。与此同时,还应该重视民营慈善机构的建设和发展,进行必要的协调与沟通,提高救援力量的专业性。

参考文献:

[1] 中国互联网络信息中心. 中国互联网络发展状况统计报告 [EB/OL]. [2013 – 07 – 20]. http://www.cnnic.cn/hlwfzyj/hlwxzbg/hlwtjbg/201307/P020130717505343100851.pdf.

[2] 刘毅. 略论网络舆情的概念、特点、表达与传播 [J]. 理论界, 2007 (1): 11 – 12.

[3] 曾润喜. 网络舆情管控工作机制研究 [J]. 图书情报工作, 2009, 53 (18): 79 – 82.

[4] 曾润喜. 网络舆情信息资源共享研究 [J]. 情报杂志, 2009 (8): 187 – 191.

[5] Go A, Bhayani R, Huang L. Twitter sentiment classification using distant supervision [R]. Stanford: Stanford University, 2009: 1 – 12.

[6] Li G, Hoi S C H, Chang K, et al. Micro- blogging sentiment detection by collaborative online learning［C］//Data Mining（ICDM），2010 IEEE 10th International Conference on. Sydney：IEEE, 2010：893－898.

[7] Parikh R, Movassate M. Sentiment analysis of user- generated Twitter updates using various classification techniques［R］. Stanford：Stanford University, 2009.

[8] Davidov D, Tsur O, Rappoport A. Enhanced sentiment learning using Twitter hashtags and smileys［C］//Proceedings of the 23rd International Conference on Computational Linguistics：Posters. Beijing：Association for Computational Linguistics, 2010：241－249.

[9] Joshi A, Balamurali A R, Bhattacharyya P, et al. C- Feel- It：A sentiment analyzer for micro- blogs［C］//Proceedings of the ACL- HLT 2011 System Demonstrations. Portland：Association for Computational Linguistics, 2011：127－132.

[10] Weng J, Lim E P, Jiang J, et al. Twitterrank：Finding topic－sensitive influential twitterers［C］//Proceedings of the Third ACM International Conference on Web Search and Data Mining. New York：ACM, 2010：261－270.

[11] Lee C, Kwak H, Park H, et al. Finding influentials based on the temporal order of information adoption in Twitter［C］//Proceedings of the 19th International Conference on World Wide Web. Raleigh：ACM, 2010：1137－1138.

[12] Barbosa L, Feng J. Robust sentiment detection on Twitter from biased and noisy data［C］//Proceedings of the 23rd International Conference on Computational Linguistics：Posters. Beijing：Association for Computational Linguistics, 2010：36－44.

[13] 冯时，景珊，杨卓等. 基于 LDA 模型的中文微博话题意见领袖挖掘［J］. 东北大学学报（自然科学版），2013，34（4）：490－494.

[14] 侯敏，滕永林，李雪燕，等. 话题型微博语言特点及其情感分析策略研究［J］. 语言文字应用，2013（2）：135－143.

[15] 曾佳妮，刘功申，苏波. 微博话题评论的情感分析研究［J］. 信息安全与通信保密，2013（3）：56－58.

[16] Shen Y, Li S, Zheng L, et al. Emotion mining research on micro－blog［C］//Web Society, 2009. SWS'09. 1st IEEE Symposium on. Lanzhou：IEEE, 2009：71－75.

[17] 张珊，于留宝，胡长军. 基于表情图片与情感词的中文微博情感分析［J］. 计算机科学，2012，39（11A）：146－148，176.

[18] 谢丽星，周明，孙茂松. 基于层次结构的多策略中文微博情感分析和特征抽取［J］. 中文信息学报，2012，26（1）：73－83.

[19] 王洪伟，刘勰，尹裴，等. Web 文本情感分类研究综述［J］. 情报学报，2010, 29（5）：931－938.

[20] 赵妍妍，秦兵，刘挺. 文本情感分析［J］. 软件学报，2010，21（8）：1834－1848.

[21] Rost 虚拟学习团队［EB/OL］.［2013－07－20］. http：//www.fanpq.com/.

［22］ Rost 工具列表 ［EB/OL］. ［2013 - 07 - 24］. http//hi. baidu. com/whusoft/blog/item/6259de2f927a2c3c1f3089f9. html.

［23］ 张晓峒. 计量经济学软件 Eviews 使用指南 ［M］. 天津：南开大学出版社，2004：119 - 132.

［24］ 盘古舆情. 雅安地震舆情分析报告 ［EB/OL］. ［2013 - 07 - 03］. http：//yuqing. panguso. com/dizhenbaogao. html.

［25］ 2008 - 2013：中国政府公信力之殇 ［EB/OL］. ［2013 - 08 - 03］. http：//blog. ifeng. com/article/26497635. html.

作者简介

刘雯，中国科学院国家科学图书馆兰州分馆、中国科学院大学硕士研究生，E- mail：liuwen@mail. las. ac. cn；高峰，中国科学院国家科学图书馆兰州分馆研究员，博士，硕士生导师；洪凌子，北京师范大学政府管理学院硕士研究生。

我国图书馆舆情信息工作的现状与服务方式创新[*]

——区域性图书馆舆情信息工作联盟构建设想

舆情信息工作是指信息服务部门按照上级领导的部署,建立起统一高效的搜集、整理、分析、报送社情民意的机制,全面反映社会舆情、网络舆论的总体态势,并提出一系列切实有效的对策建议,从而对领导部门的决策行为产生影响效应的过程或活动。这是一项政策性和应用性很强的服务性工作,对于政府机关的决策有着至关重要的作用。毛泽东同志曾经提出"一切为了群众,一切依靠群众,从群众中来,到群众中去"的群众路线,强调将群众分散、无系统的意见集中起来,经过研究,转化为集中的系统意见,又到群众中去做宣传解释。近几年,舆情信息工作日益受到各级党委政府的高度重视,其服务大局、服务决策的作用得以充分发挥。

1 我国图书馆舆情信息工作的主要形式

图书馆作为信息生产与服务部门,一直以来为政府机构之决策提供舆情信息服务。笔者在"中国期刊全文数据库"中,以1996-2013年作为检索时间段,使用"舆情"主题词为检索项,通过模糊匹配,共检索到3 804篇文章。通过检索发现,在研究内容方面,主要基于行政部门研究舆情概念界定与辨析、舆情信息工作、舆情机制、网络舆情等。20世纪90年代,舆情的相关研究进入我国图书情报界,拉开了图书馆舆情信息服务研究的序幕。2004年龚焕燊在《图书馆论坛》中刊文《高校图书馆为领导决策服务探讨》,以新闻舆情信息工作为例,探索高校图书馆为领导决策服务的独特优势、服务方式和服务效果等,受到业界普遍关注。通过精确匹配,共检索到近几年研究图书馆舆情信息工作的文章40余篇,信息管理部门开展舆情工作的相关文

---

* 本文系国家社会科学基金重点项目"基于信息共享的网络舆情信息工作机制建构与服务内容研究"(项目编号:12ATQ005)研究成果之一。

章百余篇。从中可以看出，我国图书馆舆情信息工作从无到有，从少到多，呈现良性发展的趋势。其服务方式主要有三种：

1.1 专题情报跟踪

图书馆组织专业情报人员根据特定主题内容要求，为政府管理部门或教科研人员提供某个专题的文献信息追踪。专题情报服务分为情报汇编、剪报或专刊、科技查新、情报比较评估等几种形式。1991年广东省立中山图书馆创办《决策内参》系列内部刊物，开创了我国图书馆界开发利用海外华文文献为党政军高层决策机关提供智囊性高端服务的先河[1]。上海图书馆上海科学技术情报研究所的情报服务部从2004年启动了媒体测评系统与方法的研究和实践，测评数据分析结果成为舆情研判的重要依据。正是得益于测评研究积累的一系列技术方法，上海图书馆以2009年世博会舆情监测为契机，转型开展面向决策部门的舆情监测和研判服务，并迅速成为社会舆情信息服务链上的有机一环[2]。另外，国家图书馆《汶川地震灾后重建信息专报》直接上报给中央领导用于指导重建，四川省社会科学图书馆为省委省政府领导真实地了解国情省情编辑《参阅资料（领导专报）》、《高层内参》等，这样的案例还有很多[3]。

1.2 基于网络的实时舆情服务

主要是指针对重点问题，利用现代信息技术，定向跟踪相关的舆情评论，形成最新的资料专辑或网络新闻与评论集成，为决策研究者了解与课题相关的动向提供良好的平台支撑。例如，中国医学科学院、中国协和医科大学医学信息研究所图书馆长期以来围绕卫生政策与管理领域中党和政府关心的重大理论实践问题，进行前瞻性、战略性和政策性问题的研究，利用现代信息技术和工具，通过对各种数据库信息和传媒网络新闻与评论的搜集与整合、重建或导航，在2010年10月推出"医改舆情监测"系统，得到卫生部高层领导的充分肯定和好评，成为我国图书情报机构开展舆情分析决策服务的优秀范例[4]。

1.3 组建舆情数据库

图书馆利用已有的数字资源整合平台，研究分析重点特色主题的文献需求，建立专题舆情数据库或网络舆情资源集成数据库，并注重及时更新补充。例如，"媒体眼中的广州"全文数据库系统，是以广州大学图书馆丰富的馆藏文献数字资源做支撑，在全面系统搜集境内外中英文媒体关注广州政治、社会、经济及科教文卫等各方面发展情况有关报道的基础上科学分类，分别建立索引形成相应类目的知识导航体系，并最终形成一个服务广州社会经济文化发展又有广州地方特色的信息拳头产品[5]。

2 图书馆舆情信息工作面临的困境

虽然图书情报领域开展舆情信息工作取得了一些研究成果，但受到图书馆人、财、物的限制，服务产品大多为"原始信息汇编"，缺少深层次、有影响的舆情分析精品，多数图书馆缺少与政府管理部门的沟通合作，主动作为的意识不足，产品生产周期往往偏长，满足不了服务对象对舆情信息的及时性需求。图书馆的软硬件资源重复建设，耗费人财物力，优势资源反而没有得到充分发挥。造成上述问题的主要原因在于目前图书馆"各自为政、未形成合力"的舆情信息工作模式，具体表现有：

2.1 舆情信息工作缺乏整体性

我国的舆情信息工作受政府权力运行机制的影响，出现各自为政、多头掌控的现象[6]，工作体系缺乏整体性，显得比较零散，全局性严重不足，对重要舆情的研判、处理、引导方式不一致等，也使得舆情信息工作的作用难以发挥。尤其是在网络舆情快速传播的情况下，信息重复采集、分散管理等问题极大地影响舆情管控的效果，建立高效合理的舆情信息工作共享模式显得尤为必要。

2.2 舆情信息服务缺少交互

高质量的舆情信息服务不仅需要资金、文献等基础资源做支撑，更需要图书馆之间、图书馆与服务对象之间的协作沟通。目前，图书馆之间已经开展全国性和区域性图书馆联盟建设，在整合资源基础上走联合开发的道路，如建立了中国高等教育文献保障系统（CALIS），但还未发现舆情信息服务工作联合协作方面的研究与实践。此外，图书馆与舆情服务对象之间互动不够，目前单边主动的舆情信息服务方式不利于图书馆掌握服务对象需求，很难保证舆情服务产品的质量，不利于图书馆在该服务领域的健康发展。

2.3 软硬件设施浪费

目前，一些图书馆独立购置舆情监测软件以及相配套的硬件设施。由于舆情监测软件设计较为复杂，门槛高且后期维护管理需要投入大量资金和人力保障，多数图书馆现有条件严重缺失。通过对目前几款流行的网络舆情监测软件进行比较就能发现，这些系统在实现策略上大致相同，只在个别功能模块设计方面存在技术差异[7]。图书馆之间重复性购置，不仅浪费了财力、物力，也不利于专业馆员情报分析能力的提升，造成舆情信息深层次服务难觅踪影。

2.4 舆情信息资源分散重复

丰富多样的社会情报信息是图书馆开展舆情信息服务的基础和优势。目前，图书馆舆情资源主要来自直接订阅、购买和自建舆情数据库（如国家图书馆自建的"热点问题资料库"等）[8]。直接购买专业舆情数据库方便快捷，但价格不菲，个别图书馆难以承受。图书馆之间也存在分散购买、重复建设现象，造成了资金与资源的浪费。自建舆情数据库是单个图书馆依据实际需求和领域优势建立起来的，一般具有较强的独立性，但数据库的容量有限，更新周期偏慢。高质量的舆情信息工作要求图书馆之间通过联合采购、资源共享的方式来加以实施，任何单个图书馆很难拥有全部资源。

3 我国图书馆舆情信息工作的服务方式创新

目前，省市县各级普遍建立了公共图书馆，高等院校、科研院所及党校等单位也都建有各自的图书馆、资料室；全国文化信息资源共享工程建设顺利推进，各类图书馆的协作机制也逐步建立。鉴于图书馆舆情信息工作面临的困境以及国内舆情信息工作迅速发展的格局，为了使舆情信息服务更加科学、合理、高效，可以设想将某一区域内的公共图书馆、高校图书馆、专业图书馆等联合起来，共同组建跨系统的"区域性图书馆舆情信息工作联盟"，即突破行政体制束缚，以区域为单位，构建联合体，将区域内图书馆各种舆情信息资源加以整合建构，围绕政府决策和经济发展需要，实现馆际合作、资源互补、联合服务，有效发挥政府决策的耳目和参谋作用[9]，进而实现舆情信息工作服务方式的转变和创新。

3.1 建立区域性图书馆舆情信息工作联盟的意义

图书馆联盟是现代信息社会图书馆的主要生存模式，也代表了图书馆的发展方向。"联盟"一词准确地捕捉到了未来图书馆发展的主要特征[10]，即通过资源共建共享联合互助的形式满足读者日益增长的信息需求。在舆情信息服务中，同一地区各级各类图书馆加强合作，取长补短，充分发挥利用彼此之间的优势，十分必要。

3.1.1 舆情信息服务工作具有很强的区域性特点　各级、各地图书馆主要针对所在区域政府、企事业机关等部门进行舆情信息服务，因此处于同一地区的图书馆对舆情信息资源的需求比较相近，而且舆情信息工作需要综合、系统、完整的信息，往往要从经济、社会、人文、科技等多方面的宏观视角来全面地认识问题，才能得出正确的结论，要对成千上万篇散乱无序的原始资料进行分类整理、归纳概括，使分散无序的信息整体化，这些工作不是哪一家图书馆能够完成的，必须要由特定区域内的多个图书馆或跨系统的多家信息情报部门协作完成。另外，一定地域范围内的图书馆可以共享一个共同的领导机构，共享一个共同的资金来源，同时共享相同的社会组织结构和文化背景，在舆情信息工作中面对共同的需求[11]。

3.1.2 区域联盟能够最大限度地发挥本地区图书馆的集团优势 图书馆作为各地区的信息中心，是舆情信息汇集地，能够为联合式舆情信息服务提供有力保障：①特色资源：不论是现实馆藏还是虚拟馆藏，对于探寻本地区社情民意的历史背景及理论支撑，都具有重要的借鉴意义。②人才结构：大多数图书馆已经形成了一支覆盖各专业学科的人才队伍，不同类型图书馆的联合能够促进人才互补，为开展舆情信息服务提供智力保障；一些专业图书馆不乏具有扎实专业技术和较强情报意识、对信息高度敏感且具有较高政治鉴别力的真正复合型人才；③技术环境：计算机网络系统及信息资源管理系统的普及、数字化加工中心或数字技术研究中心的联网，能够为联合舆情信息服务提供强有力的技术支持；数字图书馆的建设，不仅提高了馆藏资源的开发利用率，更推进了馆际资源合作共享。④标准规范：图书馆所固有的信息采编、流通、管理、跟踪的服务流程，可以直接移植于舆情信息服务的各个环节，而且各类型图书馆的工作标准基本是一致的、规范的，便于联合。

3.1.3 应用中立的信息服务机构开展联合舆情信息服务是现实选择

目前我国只有部分省委宣传部设立了专门的舆情信息工作部门，相当一部分省市将舆情信息工作的职能并入处级调研室或办公室，还有很多省份没有足够固定的专职人员来从事舆情信息工作。而市以下的舆情信息工作部门的设置基本空白，如果单独设置行政体制下的舆情信息服务部门，有悖于国家精简行政机关的政策，自设机构在搜集、筛选和加工信息过程中受自身利益的影响，不具备客观公正性，存在"报喜不报忧"的可能，在联合建设中也会因各自所属上级单位不同而出现合作不顺畅的现象[12]。现阶段，一些省市在没有成立专门机构管理舆情信息工作的情况下，采取委托方式，将工作委托给有一定专业能力的部门，如图书馆等单位，由其完成工作任务。作为主要的信息服务机构，图书馆的核心业务能力是对海量的信息进行科学组织和整合，为领导决策提供舆情信息服务正是它基本功能的一种体现，也是服务价值的一种延伸，以图书馆联盟的方式开展舆情信息工作既能提高政府工作的效率，还能体现本地区图书馆的整体社会效益，一举两得。作为独立于政府或企业的图书情报服务联盟，其所处位置客观，且多家图书馆舆情资料、分析结果的汇集也保证了舆情研判和预警的科学性。

3.2 公共图书馆是区域性图书馆舆情信息工作联盟的主体

考虑到工作的便捷性和资源共享以及图书馆间协作互利等因素，区域性图书馆舆情信息工作联盟应以省级或市级公共图书馆为核心，搭建基础设施，联合当地的高校图书馆、党校、科研院所等专业图书馆，在网络环境下，共同开展舆情信息服务，建立有利于舆情信息全面采集、及时报送的舆情工作网络，使之成为国家舆情信息工作的经络。上海市文献资源共建共享协作网是比较典型的区域联盟模式，最初由上海地区公共、科研、高校、情报四大系统19个图书情报机构组成。目前协作网的成员包括上海图书馆上海科学技术情报研究所等56个大学图书馆、情报所文献馆以及24个区县图书馆，在上海市的经济政治文化建设中发挥了巨大的作用[13]。

公共图书馆在深入开展公共文化服务体系建设同时，应主动将面向政府的决策信息服务纳入体系之内，全面促进现有服务体系建设的创新化进程。同时，利用馆际合作，打破传统壁垒，在区域范围内组织其他类型的图书馆建立馆际合作联盟的工作方式，使舆情信息服务的范围不断拓宽，服务深度不断加大。作为舆情信息工作网络中的主体机构，公共图书馆在舆情信息方面的主要职能是：①紧密围绕党的中心工作和宣传思想工作的大局，为党委政府和上级宣传部门提供舆情信息服务；②组织、指导、规划本地区其他图书馆的舆情信息工作，确定舆情信息工作要点，进行业务指导、培训、表彰，奖励先进舆情单位和个人；③组织舆情工作网络建设，开展社会舆情动态、网络舆情动态和社会思想反映等方面的舆情信息收集报送工作；④根据党委政府和宣传部门的工作需要，组织进行社会舆情和思想理论领域总体态势的分析研究，针对带有普遍性、倾向性的问题，提出有关工作意见和建议，服务政府决策。

3.3 区域性图书馆舆情信息工作联盟中高校与专业图书馆的工作重心

区域性图书馆舆情信息工作联盟的信息资源和信息服务主要依托于网络和虚拟化等新技术存在。各种新技术的诞生给联盟建设带来了新的方法和挑战，可以确定的是，图书馆与新技术的结合会越来越紧密。如何将新技术应用在联盟建设上，是学界不断研究和探析的问题。高等院校图书馆应依托强大的科技实力和人才优势，对舆情信息工作中出现的新技术，如移动数字技术、无线射频技术、数据发现技术等给予及时关注，并率先试用、推广，发挥引领作用，从而促进整个区域内图书馆网络环境下舆情信息工作的技术创新。

党校等系统的专业图书馆地位特殊，主要面向专业化情报服务需求，开展专题舆情研究与决策咨询服务，进而朝专业化文献情报服务体系迈进。由于网络信息量大，传播速度快，内容复杂，一些国内外热点新闻事件一旦出现，很快就会在网络中被转载，引起社会的关注和讨论，形成强大的舆论场。一些不良信息和言论也会乘虚而入，误导并影响社会上的思想和行为。针对这一现象，专业图书馆还可以重点开展网络舆情的预警工作，并给予适当引导，这也是促进区域安全稳定、社会和谐的良好举措。

3.4 区域性图书馆舆情信息工作联盟的运行机制

3.4.1 健全领导机制 领导机制的主要作用是协调不同类型图书馆之间的合作，良好的领导机制具有全局性和战略性，有利于建立舆情信息服务的"统一规划、统一采集、统一分析、共同使用"的联盟共享机制。

3.4.2 制定网络条件下的"一体化"战略规划 "区域性图书馆舆情信息工作联盟"的目的就是实现各类图书馆舆情工作的协同，为党和政府提供"一站式"服务，这必然要求各馆的舆情基础设施和信息系统能够互联互通。当前资源异构性的差异比较明显，这就需要制定网络条件下"一体化"的舆情信息资源共享体制和标准，对资源进行整合，这也是开展舆情信息服务的基础。

3.4.3 建立经济激励机制 如果没有很好的成本补偿和奖励措施，任何单位都无法长久支持舆情信息服务。公共图书馆要起到"承上启下"的作用，不仅要对积极寻求上级政府部门的支持，对有重大意义的舆情信息工作给予奖励，更要通过资源共建推动成果共享，并以此调动所有职能部门推进舆情信息服务的积极性。

3.4.4 各类图书馆分工协作，发挥整体效益 要让联盟体中的不同单位各展优势、发挥整体效应，就要针对不同性质、不同类别的图书馆加强分类指导与协调，努力形成大舆情信息工作格局。在舆情信息工作研究与实践过程中，通过富有成效的组织协调工作，连点成线，结线成面，形成全领域、多角度的舆情信息服务体系。

3.4.5 须建立"专家智囊团"，保证选题的针对性和科学性 可以在各党政机关、宣传部门、高等院校、社科研究机构、资深新闻从业人员中聘请一批学者和专家，定期对社会舆情进行广泛、深入地研讨，保持科学选题的长效机制[14]。

3.5 区域性图书馆舆情信息工作联盟的服务方式创新

全方位、多角度、宽领域的舆情信息服务，能够使政府机关及时掌握重大舆情态势，贴近民心，把握社会脉搏。区域性图书馆舆情信息工作联盟提供的服务形式主要有：

3.5.1 政务分析决策 成果一般是在舆情分析与预测人员日常积累和全面调查的基础上产生的，其密度高、系统性强，完整性和准确性都比较好，可以方便、清晰地帮助政府掌握情况、动向，了解相关政务问题及发展趋势。应充分利用联盟的各种优势，在信息收集整理的基础上，组织相关专家、学者对政府的专项课题进行调研，使政府部门对本地区社会、经济、文化等问题有更加全面、理性的了解，从而在决策上更加科学合理。同时，开展舆情知识讲座与培训，可以增强本地区决策者的情报意识，提高他们搜集、分析、利用政务信息的技能，培养其独立开展舆情工作的能力。

3.5.2 网络舆情预警 通过组织各专业馆的学科馆员，全面收集来自现实生活和网络等方面的舆情信息。首先，通过对QQ空间、BBS、微博群、人人网、微信等重点站点进行信息监测，将收集到的原始舆情信息进行整理、加工、提炼，寻找出网络舆情信息变化的基本特征，由此形成舆情热点、动态等实时统计报表和研究报告，定期汇总，向政府主管部门提交。其次，图书馆应开发或引进技术平台实现网络舆情的监测与预警，及时发现并阻止一些与主流舆论相违背的舆情信息的扩散。面对突发性舆情，图书馆要果断启动应急处理程序，在网上及时公布事实真相，开展正面评论和引导，使网络舆情的发展方向和主动权掌握在政府相关部门手中。再者，图书馆要对网络舆情进行调控。图书馆要组织人员围绕热点问题撰写贴文，激发市民点击、跟贴，形成正面舆论。通过加大教育和宣传的力度，着力培养公民对消极舆论和负面舆论的免疫力，倡导符合主流思想的舆论价值观念。

3.5.3 基于数据库系统的定题推送 定题推送（"push"技术）已在网络环境知识服务领域中广泛应用，舆情信息工作同样可以借鉴。图书情报分析人员以数据库平台为基础，整合联盟体中各单位搜集的相关新闻报道、评论信息等，通过整理、分类、归纳、综合，在准确把握当前舆论状况的基础上，对舆情做出评价和预测；而后根据主题特色、科研角度和专业研究方向，主动及时地将信息服务的成果通过邮件、交互网络平台等方式发送至研究人员、决策者的终端、桌面，提高信息服务产品的政策转化速率。

3.6 国家图书馆在舆情信息工作联盟中应发挥立法组织作用

到目前为止，我国仍然没有一部正式的图书馆法，对于我国图书馆各项工作缺少规范，舆情工作也遇到同样的问题。只有制定完善的图书馆法，才能使公共图书馆、高校图书馆、专业图书馆等三大系统之间长期条块分割、壁垒重重的现象得以减少，并为图书馆联盟的发展提供更为广阔的空间。

应将舆情信息工作纳入法制规范轨道，从法律层面对区域性图书馆舆情信息工作联盟进行调控，使其既体现国家文化教育事业的宏观方向，又能把握图书馆对政府提供信息服务的特点。要从法律角度对联盟体的工作机制、流程、服务等进行描述，确定政府部门的经费使用问题，将其纳入政府财政预算，保证联盟体工作的正常开展[15]。必须打破条块分割的管理体制，鼓励建立跨地域、跨系统的图书馆服务联盟，并成立强有力的管理机构，约束成员的责权利；要加强舆情联盟体中技术标准和规范的制定，减少资源重复建设。还要规范全国省、自治区、直辖市、较大城市等区域内图书馆馆长联席会，探讨图书馆舆情信息工作的创新思路，加强业界协作；通过数字图书馆推广工程，以省、市、县级数字图书馆为主要节点，建设分级分布式数字资源库群，实现各系统、各地区、分散异构资源的统一检索、分布保存和集成服务，借助手机、数字电视、移动电视等新兴媒体，促进图书馆舆情信息服务新业态的形成，利用覆盖全国的数字图书馆网络进行舆情信息工作的分工和协作、报送与反馈。

4　结语

目前，我国图书馆的舆情信息服务面临着诸多的挑战和机遇。舆情信息服务是一项开创性工作，政策性强，知识密集，专业化程度较高，需要广泛促动各级各部门积极参与，利用现代化的网络技术手段进行信息采集、研判和预警，并需要经常深入基层调查，加强共建共享的联合保障。随着舆情信息工作在国家社会发展中的重要性的日益凸显和图书馆事业的不断发展，有理由相信，图书馆的舆情信息服务在体制创新、人才培养、标准规范等方面将取得更大的发展，并成为调控社会生活、促进社会和谐的重要手段。

参考文献：

[1] 艾新革.图书馆政府舆情信息服务研究［J］.图书与情报，2011（4）：1-6，15.

[2] 陈喆，杜渐，缪其浩.媒体测评方法与应用研究［M］.上海：上海科学技术文献出版社，2006：2-3.

[3] 贾玲.新形势下地方社科院图书馆加强舆情信息服务工作的思考［J］.天府新论，2011（6）：122-124.

[4] 傅黎犁，刘岩，颜建华.我国图书情报机构舆情分析服务模式［J］.中华医学图书情报杂志，2012（1）：4-6.

[5] 艾新革.基于TPI的新闻媒体信息数据库建设——以广州大学图书馆《媒体眼中的广州》全文数据库为例［J］.图书馆工作与研究，2009（8）：25-28.

[6] 柯健.和谐社会视角下的网络舆情预警及对策机制初探［J］.红旗文稿，2007 (15)：32-34.
[7] 党生翠.当前网络舆情管理中的技术主义倾向：反思与超越［J］.现代传播，2012 (12)：163-164.
[8] 程红梅.高校图书馆特色资源建设的案例分析［J］.图书馆建设，2013 (6)：26-30.
[9] 杨玫.舆情分析：图书馆为领导决策服务的新探索［J］.图书馆论坛，2006 (5)：233-235.
[10] 戴龙基，张红扬.图书馆联盟——实现资源共享和互利互惠的组织形式［J］.大学图书馆学报，2000 (3)：36-39.
[11] 蔡筱青.试论图书馆联盟与资源共享［J］.图书馆学研究，2004 (11)：88-91.
[12] 黄超.网络舆情现状及应对措施研究［J］.人民论坛，2013 (14)：40-41.
[13] 马江宝.我国图书馆联盟资源共建现状研究［J］.山东图书馆学刊，2013 (3)：65-70.
[14] 郭百灵.采集民意、汇聚民智，充分发挥网络舆情的积极作用［J］.理论视野，2012 (3)：69-70.
[15] 池莲香.我国图书馆行业发展的法律、政策环境分析［J］.图书馆界，2012 (6)：56-59.

作者简介

伦宏，南京政治学院图书馆副研究馆员，副馆长，E-mail：lh_4@sina.com。

网络意见领袖舆论引导能力的评判体系研究[*]

——基于灰色统计与层次分析法的模型构建

意见领袖作为人际传播网络中经常为他人提供信息、意见、评论、对他人施加影响的"活跃分子",在大众的观念形成与价值判断中起着重要作用。近年来,随着互联网的普及,网络意见领袖在舆论形成中扮演的角色越来越重要,几乎每一个重大事件背后都可以找到网络意见领袖的身影。他们针对社会热点及公共事件发表言论,与网民、媒体形成互动,是网络舆论的推动者、引导者,甚至影响着公共事件在现实中的走向。他们既是社会监督中的"无冕之王",也会成为谣言传播的集散地。准确识别网络意见领袖,并评判他们的舆论引导能力,对于把握舆论走向、构建公民有序参与的社会体系具有重要意义。基于此,本文拟构建一套网络意见领袖舆论引导能力的评判体系,为识别网络意见领袖以及发挥其积极作用提供理论依据。

1 相关研究综述

"意见领袖"这一概念最早由美国哥伦比亚大学传播学者 Paul F. Lazarsfeld 于 20 世纪 40 年代提出,他发现多数选民获取信息并接受影响的主要来源并不是大众传媒,而是意见领袖。来自媒介的消息首先抵达这些意见领袖,再由意见领袖将其传递给同事、朋友或其追随者[1]。在此后的研究中,他又进一步证实意见领袖不仅存在于政治生活领域,而且也存在于时尚、购物等诸多社会生活领域[2]。此后,一些学者分别从政治参与、市场营销等方面对意见领袖进行了研究[3-4]。

随着互联网进入 Web 2.0 时代,社区、论坛、博客、微博、微信等大量社交网络兴起,人们对网络的依赖性越来越强,网络意见领袖也越来越成为

---

[*] 本文系国家自然科学基金资助项目"基于互联网网民言论信息的口碑监测、分析与管理研究"(项目编号:71073006)研究成果之一。

影响公众价值判断与行为决策的重要力量,在社会舆论形成中起到了关键性的作用。与现实社会中的意见领袖不同,网络意见领袖的影响力并不来源于现实社会中的权力、地位与声望,而主要来源于网民的关注、喜好、信任,因此,这种影响力具有不稳定性,会随着网民偏好的变化而减弱甚至消失;同时,这种影响力也具有较强的时空限定性,此话题的意见领袖在彼话题上未必有影响力,此平台的意见领袖在彼平台上可能一文不名。基于此,实时监测与准确评判网络意见领袖的舆论引导能力具有重要意义。

目前,对网络意见领袖的识别及其舆论引导力评判方法大致有三种:①推选法。目前大多数网站都有投票功能,根据得票多少来判断网络意见领袖的影响力,这是一种最简便的方法。然而,由于这种方法在数据的信度和效度上差强人意,因此,一些网站综合专家评审与网民投票两方面的数据来评判意见领袖的影响力,如强国论坛运用这种方法从2001年起组织了"十大网友评选"活动。②基于网络图论及机器学习的方法。如 N. Matsumura 等运用数据挖掘技术,基于文本重复度的分析,提出了"影响力扩散模型"(IDM)[5];Jianshu Weng, Ee-peng Lim 等借鉴 PageRank 算法思想,设计了 TwitterRank 算法来衡量一个用户在某一主题内的影响力[6];Zhang Jun 等采用 HITS 等多种算法对网络论坛的用户权威度进行了评价[7-8];Zhai Zhongwu 等发现基于兴趣的 PageRank 算法最能准确评判意见领袖的存在与影响力[9];高俊波和杨静利用图论中的网络平均路径长度算法对在线论坛的意见领袖进行了评判[10]。③基于指标设计的统计学方法。早在20世纪50年代,E. Katz 就用这种方法从个性、能力、社会地位三个方面构建了现实社会中意见领袖的评判体系[11];此后,E. M. Rogers 等从社会背景、媒体使用、人口特征及个性等方面进行了完善[12]。这种方法也被广泛应用于网络意见领袖的评判中,如丁汉青和王亚萍以豆瓣网为例构建了 SNS 社区意见领袖的评判指标体系[13];刘志明和刘鲁从用户影响力和用户活跃度两个角度构建了微博意见领袖评判指标体系[14];丁雪峰等提出基于网络话题参与者属性矩阵的意见领袖特征及其评价方法[15]。

以上方法对于评判网络意见领袖的舆论引导能力各有优、劣势,目前也更多地被综合起来使用:推选法较为简便、易行,但仅能以活动方式发起,不适合实时性的跟踪与监测;基于网络图论及机器学习的方法适用于网络海量信息的挖掘和实时监测,是目前学界和业界主要的研究方向,但不容易进行多维度、多方位的比较,且各种算法仍在不断的优化中;基于指标设计的统计学方法是一种基础性方法,能够从多个维度对网络意见领袖进行全面、系统比较,但如何设计出一套科学、可行的指标体系,目前还存在一定分歧。

因此，本研究以公认性和可行性为原则，提出一个指标设计的思路，并通过专家群决策，构建一套较为系统且易于数据采集的评判指标体系。

2 网络意见领袖舆论引导力的评判指标体系构建

2.1 初始指标集的构建

网络意见领袖的舆论引导能力，是指网络意见领袖依靠自身知名度、可信度和说服力，通过话题设置、深度剖析、态度表达等方式，影响并带动其他人进行价值判断和行为决策的一种领导能力。这意味着网络意见领袖不仅要有大量人关注（影响力），更要有大量的追随者和支持者（认同度）；此外，他还要经常发帖、回帖（活跃度），并通过专业知识或语言魅力等持续地塑造自己的形象（自塑力）。基于此，本文设定从活跃度、影响力、认同度、自塑力4个方面衡量网络意见领袖的舆论引导力。

2.1.1 活跃度 从网络意见领袖自身来看，他们首先是活跃的，在网络中经常发帖、回复，或经常组织、参与各种网络活动，加入较多网络圈子。这是其获得知名度的基础。活跃度可以从以下几个方面衡量：①发帖数，即在网上发帖的总数，包括原创、转载，从总量上反映其参与网络活动的程度。②发言频次，即最近一周内网民发帖、回复的总数，从时间上反映其参与网络活动的活跃度。③回复数，即对其他人发言进行回复、跟帖的总数，表明其介入话题讨论的程度。④会员等级，各网站都会制定一系列晋级制度，根据用户的登录时间、发帖数、回复数、贡献值等，将用户分为不同的等级。用户的会员等级越高，其活跃程度也越高。⑤参加圈子数，加入的圈子、群组越多，则表明其网络社交活动越活跃，对网络舆论的影响越大。

2.1.2 影响力 网络意见领袖要有一定的知名度，要能够对较多人的认知、判断与决策产生影响，当然，这种影响可能是正向的，也可能是逆向的。可以从以下几个方面衡量：①被回复数，即在网上发布的言论被别人跟帖、评论的总条数，说明其言论的传播力与影响范围。②平均被回复长度，即所收到的回复内容的平均长度。一般来讲，如果回复者对发布的内容更感兴趣，则会写下较多的评论内容。这一指标用于反映回复者对用户所发布内容的感兴趣程度以及话题讨论的参与程度，可以用所有回复内容长度的总和除以回复的总条数来测度。③浏览量，即在网上发布的言论被别人点击与阅读的总次数。在网上仅浏览阅读而不发言的潜水者占绝大多数，他们尽管没有回复、评论或转载等行为，但仍然会受到发言者的观点、态度、价值倾向的影响。④精华帖数，即发布的言论被推荐、置顶、加色、加闪烁标识等操

123

作的总次数，精华帖有更多的阅读量，因此影响力要大得多。⑤被提及数，在微博中被更多的人提及，则说明有更多的人希望与自己进行信息分享，也说明自己具有较强的影响力。⑥创建圈子数，创建的圈子、群组越多，则表明创建者可以在多个群体施加影响，其影响力也越强。

2.1.3 认同度 如果说"影响力"这一指标是从数量上来测度意见领袖影响范围，这种影响可能会得到公众支持，也可能会遭到公众反对。"认同度"这一指标就是用于测度公众支持、跟随、响应网络意见领袖号召的程度的。可以从以下几个方面衡量：①支持率，即对网络意见领袖持有支持、认可、赞同态度的回帖、投票数占总回帖、投票数的比例。②转发数，转发也代表着一种态度，一般来讲，人们会对认同的内容进行转发，因此，转发数可以反映认同度。③被关注数，人们如果对某位发言者有较强的认同度，便会长期关注其言论，如在新浪微博中成为其粉丝、在腾讯微博中成为其听众，或者对其进行收藏、订阅等。因此，可以通过统计粉丝数、听众数、被收藏数或被订阅数，来反映其被认同的程度。④好友数，被关注数代表着一种单向的认同程度，而好友数是一种双向的认同程度，只有双方相互关注才能成为好友。如微博中的互粉数、互听数，即时通讯工具、博客、SNS 中的好友数等。双向关注比单向关注的认同程度高。

2.1.4 自塑力 指描述发言者有意识地进行自我塑造的能力，自我塑造的能力越强，则会拥有更好的网络品牌形象，进而会得到更多人的信任和认同，其舆论引导能力越强。可以从以下几个方面衡量：①原创率，即原创帖占总发言数的比例，原创率高表明发言者是一个有观点、有思想的人，其被认同的程度会较高。②贡献力，在网络社区中积极地帮助其他人解决问题者，会获得更多人的信任，从而积累更多的人气，获得更多的支持。这一指标可以用在社区论坛中的答题积分（或答题数、贡献值）来测量。③管理权限，会员通过申请可以成为论坛版主、网站管理员，他们通过"加精、推荐、置顶"等方式来管理网络言论，是网络言论的引导者和把关者。不同级别的论坛版主、管理员会在网站管理上拥有不同的权限，权限越高，对网络舆论的引导、管理的能力越大。④说服力，用户所发表的言论越具有逻辑性、语言文字越具有感染力和深刻性的内涵，就越具有较强的说服力和影响力。一般来讲，这样的帖子其篇幅较长，为了简化起见，我们认为原创内容篇幅越长，则影响力、说服力越强。这一指标可以用原创内容（包括原创发帖、回复）的字数占发布言论总字数的比例来测量。

上述各指标及其测度标准见表1。网络意见领袖具有较强的空间局限性，这一指标体系作为一套通用的指标体系，在使用时需要根据各平台的具体规则来确定测度标准。

2.2 评判指标的筛选

上述评判指标来自于对前人研究的总结和经验假设，是否合理，还需要进一步征求专家的意见进行筛选，通过专家群体决策的检验，才具有公认性和实用性。由于专家评判存在着主观性、模糊性等问题，本文采用灰色统计法对专家意见进行处理。灰色理论在20世纪80年代由邓聚龙教授创立，是用于研究不确定性信息的理论和方法[16]。灰色统计方法是以灰类的白化函数生成为基础，将调查或统计数据按照某种灰类所描述的类别进行归纳整理，从而来加强对事物认识的一种方法。利用白化函数处理数据，可以避免调查结果受异常值的影响，或因各位专家的意见差异较大所造成的折中现象。具体步骤如下：

表1 网络意见领袖舆论引导能力评判的初始指标集

一级指标	二级指标	测度标准
活跃度	发帖数	网上发帖（原创、转载）的总数，包括原创、转载
	发言频次	最近一周内发帖、回复的总数
	回复数	对其他人发言进行回复、跟帖的总数
	会员等级	登录用户的级别
	参加圈子数	加入各种圈子、群组的数量
影响力	被回复数	被别人跟帖、评论的总条数
	平均被回复长度	所有回复内容长度的总和除以回复的总条数
	浏览量	被点击与阅读的总次数
	精华帖数	被推荐、置顶、加色、加闪烁标识的帖子总数
	被提及数	在微博中被更多的人提及的次数
	创建圈子数	创建的圈子、群组的数量
认同度	支持率	持有支持、认可、赞同态度的回帖及投票数除以总回帖、投票数
	转发数	发布的言论被转发的次数
	被关注数	粉丝数、听众数、被收藏数或被订阅数的总和
	好友数	互粉、互听、好友数的总和
自塑力	原创率	原创帖占总发言数的比例
	贡献力	在社区论坛中的答题的积分（或答题数、贡献值）
	管理权限	论坛版主、网站管理员的等级
	说服力	原创内容（包括原创发帖、回复）字数占发布言论总字数的比例

2.2.1 调查方案设计 对以上初始标的重要性和可获得性进行专家问卷调查,调查指采用邮寄及电子邮件两种方式。问卷调查内容主要包括两大部分:一是让专家评价各指标的重要性程度,评价采用7级量表,1-非常不重要,7-非常重要;二是指标数据的可获得性调查,采用二分变量,0-不易获得,1-易获得,计算频数和频率。专家选择上兼顾了行业、年龄、性别、专业、学历、地域、体制内和体制外等各方面,尽量做到覆盖面较为广泛。共发放问卷调查表50份,收回28份,其中有效问卷26份。表2是专家调查意见的汇总。

2.2.2 构造灰类白化函数 将指标按照重要性程度分为高、中、低三类,由此构造各等级灰类白化函数。设 $f_k(ij)$ 为第 j 个指标的重要程度为 i 的白化函数值,K 为灰类数,K = 1,2,3。d_{ij} 为第 j 个指标重要程度为 i 的值。$f_k(ij)$ 的计算公式如下。其中,i = 1,2,…7。j = 1,2,…19。

表2 网络意见领袖评判指标的重要程度和易获得性调查数据

序号	指标	重要性程度							总分	平均值	易得性		
		1	2	3	4	5	6	7			是	否	占比
1	发帖数	0	1	0	2	3	4	16	161	6.19	22	4	84.62%
2	发言频次	1	2	3	4	3	1	12	135	5.19	23	3	88.46%
3	回复数	2	4	9	5	1	2	2	95	3.65	25	1	96.15%
4	会员等级	0	1	2	3	3	2	15	152	5.85	24	2	92.31%
5	参加圈子数	2	4	4	5	4	2	5	109	4.19	20	6	76.92%
6	被回复数	0	1	3	3	7	1	11	141	5.42	23	3	88.46%
7	平均被回复长度	0	2	5	5	3	2	9	129	4.96	6	20	23.08%
8	浏览量	0	1	2	3	5	1	14	149	5.73	25	1	96.15%
9	精华帖数	0	2	3	5	1	1	14	142	5.46	23	3	88.46%
10	被提及数	1	3	4	5	5	2	6	118	4.54	24	2	92.31%
11	创建圈子数	1	3	4	4	7	1	6	118	4.54	23	3	88.46%
12	支持率	0	1	1	3	6	1	14	151	5.81	22	4	84.62%
13	转发数	1	2	1	1	4	1	16	150	5.77	22	4	84.62%
14	被关注数	1	1	3	1	2	3	15	149	5.73	23	3	88.46%
15	好友数	2	4	4	5	4	2	5	114	4.38	23	3	88.46%
16	原创率	0	1	3	3	3	1	15	151	5.81	23	3	88.46%
17	贡献力	0	1	0	3	1	1	20	165	6.35	21	5	80.77%
18	管理权限	1	2	2	2	2	1	17	152	5.85	25	1	96.15%
19	说服力	0	1	1	3	1	1	19	161	6.19	2	24	7.69%

第一类"高"，K=1，其白化函数

$$f_1(ij) = \begin{cases} 1 & d_{ij} \geq 7 \\ \dfrac{d_{ij}-4}{7-4} & 4 \leq d_{ij} < 7 \\ 0 & d_{ij} \leq 4 \end{cases} \quad (1)$$

第二类"中"，K=2，其白化函数

$$f_2(ij) = \begin{cases} 1 & \\ \dfrac{d_{ij}-4}{4-1} & d_{ij} < 1 \\ & 1 < d_{ij} < 4 \\ 1 & d_{ij} = 4 \\ \dfrac{7-d_{ij}}{7-4} & 4 < d_{ij} < 7 \\ 0 & d_{ij} > 7 \end{cases} \quad (2)$$

第三类"低"，K=3，其白化函数

$$f_3(ij) = \begin{cases} 0 & d_{ij} \geq 4 \\ \dfrac{4-d_{ij}}{4-1} & 1 < d_{ij} < 4 \\ 1 & d_{ij} \leq 1 \end{cases} \quad (3)$$

2.2.3 计算灰类决策系数及决策向量 将专家对各指标重要性程度的评价数据进行整理，根据式（4）计算灰类决策系数 $\eta_k(j)$：

$$\eta_k(j) = \sum n(ij)f_k(ij) \quad (4)$$

上式中，$\eta_k(j)$ 为第 j 个指标属于第 K 个灰类的决策系数；$n(ij)$ 为评价第 j 个指标重要程度为 i 的专家数量；$f_k(ij)$ 为第 j 个指标重要程度为 i 的白化函数值。

每个评价指标的灰类决策向量均由 $\{\eta_3(j), \eta_2(j), \eta_1(j)\}$ 三个灰类的决策系数经过式（4）计算构成，决策向量代表重要程度高、中、低三种类别。运用这种方法可以对调查数据进行整理计算，从而得到各评价指标的重要性程度，如表3所示：

表3　网络意见领袖评判指标重要性程度灰色统计分析与易得性评价

一级指标	二级指标	决策向量 η3(j)	决策向量 η2(j)	决策向量 η1(j)	重要程度	易获得性	是否选取
活跃度	发帖数	0.67	5.67	19.67	高	84.62%	是
	发言频次	3.33	9.00	13.67	高	88.46%	是
	回复数	7.67	13.67	4.67	中	96.15%	否
	会员等级	1.33	7.33	17.33	高	92.31%	是
	参加圈子数	6.00	12.33	7.67	中	76.92%	否
影响力	被回复数	1.67	10.33	14.00	高	88.46%	是
	平均被回复长度	3.00	11.67	11.33	中	23.08%	否
	浏览量	1.33	8.33	16.33	高	96.15%	是
	精华帖数	2.33	8.67	15.00	高	88.46%	是
	被提及数	4.33	12.67	9.00	中	92.31%	否
	创建圈子数	4.33	12.67	9.00	中	88.46%	否
认同度	支持率	1.00	8.33	16.67	高	84.62%	是
	转发数	2.67	5.33	18.00	高	84.62%	是
	被关注数	2.67	5.67	17.67	高	88.46%	是
	好友数	5.33	12.00	8.67	中	88.46%	否
自塑力	原创率	1.33	7.67	17.00	高	88.46%	是
	贡献力	0.67	4.33	21.00	高	80.77%	是
	管理权限	2.33	5.33	18.33	高	96.15%	是
	说服力	1.00	5.00	20.00	高	7.69%	否

由表3可见，"回复数、参加圈子数、平均被回复长度、被提及数、创建圈子数、好友数"这6个指标的重要性程度处于"中"，说明专家认为这些指标的重要性相对于其他指标来讲较弱。"说服力"这一指标的重要性程度处于"高"，但是易获得性为7.69%，过低，说明专家认为这一指标的数据不容易获得。由此，我们将这7个指标从指标集中删除，被专家群体决策认同的网络意见领袖舆论引导能力的评判指标见表4。

表4　网络意见领袖舆论引导能力的最终评判指标

一级指标	二级指标	测度标准
活跃度 u_1	发帖数 u_{11}	网上发帖（原创、转载）的总数，包括原创、转载
	发言频次 u_{12}	最近一周内发帖、回复的总数
	会员等级 u_{13}	登录用户的级别
影响力 u_2	回复数 u_{21}	被别人跟帖、评论的总条数
	浏览量 u_{22}	被点击与阅读的总次数
	精华帖数 u_{23}	被推荐、置顶、加色、加闪烁标识的帖子总数
认同度 u_3	支持率 u_{31}	持有支持、认可、赞同态度的回帖及投票数除以总回帖、投票数
	转发数 u_{32}	发布的言论被转发的次数
	关注数 u_{33}	粉丝数、听众数、被收藏数或被订阅数的总和
自塑力 u_4	原创率 u_{41}	原创帖占总发言数的比例
	贡献力 u_{42}	在社区论坛中的答题的积分（或答题数、贡献值）
	管理权限 u_{43}	论坛版主、网站管理员的等级

2.3 指标权重的确立

本文运用层次分析法（analytical hierarchy process，简称 AHP）来为各指标赋权。AHP 的基本观点是构造出一个层次结构模型，将复杂问题分解为若干个元素，将这些元素按其属性分成若干组，形成不同层次[17]。通过向专家咨询同一层次中各组成元素两两之间的相对重要性，获得两两比较判断矩阵，矩阵的最大特征根对应的特征向量即为同一层次中各个指标的权重，通过这种方法实现定性分析和定量分析相结合。将上节筛选出的指标模型化，建立评价指标集：

- 第一层权重集 A ＝（a_1，a_2，……，a_m），其中，a_i（i＝1，…，m）是第一层中第 i 个元素 u_i 的权数；
- 第二层权重集 A_i ＝（a_{i1}，a_{i2}，……，a_{in}），其中，a_{ij}（i＝1，2，…，m；j＝1，2，…，n）是第二层中决定指标 u_i 的第 j 个因素 u_{ij} 的权数；
- 第三层权重集 A_{ij} ＝（a_{ij1}，a_{ij2}，……，a_{ijp}），其中，a_{ijk}（i＝1，2，…，m；j＝1，2，…，n；k＝1，2，…p）是第三层中决定因素 u_{ij} 的第 k 个因素 u_{ijk} 的权数。

根据萨蒂提出的 1-9 标度法，建立评价标度，将思维判断定量化。运用问卷调查方法邀请相关专家 26 名进行群决策。数据集结的方法采用对判断矩阵进行算术加权平均的方法，计算总判断矩阵的最大特征根及对应的特征向量，并进行一致性检验，综合计算结果，如表5（a）-表5（e）所示：

表5（a） u_i指标权重的判断矩阵

\multicolumn{6}{c}{$U - u_i$ （$i=1, 2, 3, 4$）}
U	u_1	u_2	u_3	u_4	ai
u_1	1	1/3	1/4	1/4	0.083 5
u_2	3	1	1	2	0.344 1
u_3	4	1	1	1	0.310 9
u_4	4	1/2	1	1	0.261 5

$\lambda_{max} = 4.096\ 3$，CR $= 0.036\ 1 < 0.10$

表5（b） u_{1j}指标权重的判断矩阵

\multicolumn{5}{c}{$u_1 - u_{1j}$ （$j=1, 2, 3$）}
u_1	u_{11}	u_{12}	u_{13}	a_{1j}
u_{11}	1	4	3	0.614 4
u_{12}	1/4	1	1/3	0.117 2
u_{13}	1/3	3	1	0.268 4

$\lambda_{max} = 3.073\ 5$，CR $= 0.070\ 7 < 0.10$

表5（c） u_{2j}指标权重的判断矩阵

\multicolumn{5}{c}{$u_2 - u_{2j}$ （$j=1, 2, 3$）}
u_2	u_{21}	u_{22}	u_{23}	a_{2j}
u_{21}	1	1/6	3	0.171 3
u_{22}	6	1	7	0.750 4
u_{23}	1/3	1/7	1	0.078 2

$\lambda_{max} = 3.099\ 9$，CR $= 0.096\ 1 < 0.10$

表5（d） u_{3j}指标权重的判断矩阵

\multicolumn{5}{c}{$u_3 - u_{3j}$ （$j=1, 2, 3$）}
u_3	u_{31}	u_{32}	u_{33}	a_{3j}
u_{31}	1	1	1/3	0.2
u_{32}	1	1	1/3	0.2
u_{33}	3	3	1	0.6

$\lambda_{max} = 3.000\ 0$，CR $= 0.000\ 0 < 0.10$

表5（e） u_{4j}指标权重的判断矩阵

u_4	u_{41}	u_{42}	u_{43}	a_{4j}
u_{41}	1	1	2	0.387 4
u_{42}	1	1	3	0.443 4
u_{43}	1/2	1/3	1	0.169 2

$\lambda_{max} = 3.018\ 3$，$CR = 0.017\ 6 < 0.10$

综上所述，各指标的权重集为 A = {a_i} = (0.0835, 0.3441, 0.3109, 0.2615); A_1 = {a_{1j}} = (0.6144, 0.1172, 0.2684); A_2 = {a_{2j}} = (0.1713, 0.7504, 0.0782); A_3 = {a_{3j}} = (0.2, 0.2, 0.6); A_4 = {a_{4j}} = (0.3874, 0.4434, 0.1692)。具体如表6所示：

表6 网络意见领袖舆论引导能力评判指标及权重

一级指标及权重	二级指标及权重
活跃度 u_1（a_1 = 0.083 5）	发帖数 u_{11}（a_{11} = 0.614 4）
	发言频次 u_{12}（a_{12} = 0.117 2）
	会员等级 u_{13}（a_{13} = 0.268 4）
影响力 u_2（a_2 = 0.344 1）	回复数 u_{21}（a_{21} = 0.171 3）
	浏览量 u_{22}（a_{22} = 0.078 2）
	精华帖数 u_{23}（a_{23} = 0.750 4）
认同度 u_3（a_3 = 0.310 9）	支持率 u_{31}（a_{31} = 0.2）
	转发数 u_{32}（a_{32} = 0.2）
	关注数 u_{33}（a_{33} = 0.6）
自塑力 u_4（a_4 = 0.261 5）	原创率 u_{41}（a_{41} = 0.387 4）
	贡献力 u_{42}（a_{42} = 0.443 4）
	管理权限 u_{43}（a_{43} = 0.169 2）

3 模型应用举例

本文以猫扑论坛为例，从该论坛的精华帖作者中随机选取5位用户，计算其舆论引导能力。这5位用户舆情引导能力各指标的原始数据见表7。由于原始数据量纲不同，必须要对其进行标准化处理。采用 Min - max 标准化方法，将原始值映射成在在区间 \ [0, 1\ ] 中的值，其公式为：新数据 =

（原数据－极小值）／（极大值－极小值）。

表7　猫扑论坛5位精华帖作者舆情引导能力各指标原始数据

用户名	发帖数	发言频次	会员等级	回复数	精华帖数	浏览量	支持率（%）	转发数	关注数	原创率（%）	贡献力	管理权限
飘逸的眼角	711	10	8	1 346	156	8 120 000	0.33	25	124	0.86	1 422	0
梦醒薇露	492	7	8	4 666	42	3 091 320	0.45	68	280	0.91	8 280	0
大佳	1 482	13	9	1 049	931	432 134 583	0.52	326	453 1	0.89	4 157	5
仙女不流浪	701	9	9	6 939	37	832 105	0.37	22	407	0.62	13 176	0
我本善良	1 076	6	7	1 034	19	390 561	0.35	29	415	0.38	1 621	0

标准化数据经过加权求和后得到5位精华帖作者舆情引导能力指标值，见表8。可见，用户"大佳"舆论引导能力最强，其活跃度、影响力、认同度等都较强。实际上，该用户是猫扑论坛中的版主，这与我们通常所理解的版主有更强的舆情引导力这一认识是相符的。由此，也可以看出本文所构建的模型具有一定的可行性。

表8　猫扑论坛5位精华帖作者舆情引导能力

序号	用户名	活跃度	影响力	认同度	自塑力	舆论引导能力
1	大佳	0.083 5	0.285 3	0.310 9	0.168 7	0.848 4
2	仙女不流浪	0.037 4	0.064 1	0.025 1	0.161 8	0.288 4
3	梦醒薇露	0.012 6	0.042 9	0.055 3	0.169 0	0.279 8
4	飘逸的眼角	0.028 1	0.042 4	0.000 6	0.091 7	0.162 9
5	我本善良	0.030 3	0.000 0	0.020 3	0.002 0	0.052 5

4　结语

网络意见领袖作为网络舆论发展过程中的关键节点，对舆论走向及影响力起着重要作用，因此，测量网络意见领袖的影响力具有重要的意义。本研究通过4个方面、12个指标构建了网络意见领袖舆情引导能力的评判指标体系。评判指标体系的构建遵循以下几个原则：①公认性。为了保证指标体系的公认性与可靠性，先通过文献归纳和经验假设，建立了初始评判指标集，然后由专家对初始指标集进行了筛选；同时，在指标赋权上，也采取了专家群体决策方法。②科学性。考虑到专家意见具有不确定性和模糊性，运用灰色统计法对指标进行了筛选，并运用层次分析法为各指标赋权。③可行性。既要保证指标能够充分反映网络意见领袖的多方面特征，也要能够保证数据有效获取。因此，设计了两个层次的指标：一级指标为定性指标，能够充分反映出网络意见领袖的特征；二级指标具有可量化性，可以直接进行数据采集，或对采集数据进行简单计算即可得到，这样将定性与定量有机结合，使得指标体系更有效、更可行。

参考文献：

[1] Lazarsfeld P F. The people's choice: How the voter makes up his mind in a presidential campaign [M]. New York: Duell, Sloan & Pierce, 1944.

[2] Katz E, Lazarsfeld P F. Personal influence: The part player by people in the flow of mass communications [M]. New York: Free Press, 1955.

[3] Chan K K, Misra S. Characteristics of the opinion leader- A new dimension [J]. Journal of Advertising, 1990, 19 (7): 53 – 60.

[4] Van den Bulte C, Joshi Y V. New product diffusion with influentials and imitators [J]. Marketing Science, 2005, 26 (3): 400 – 421.

[5] Matsumura N, Ohsawa Y, Ishizuka M. Influence diffusion model in text- based communication [C] //Proceedings of the 11th International World Wide Web Conference. Hawaii, USA: ACM Press, 2002.

[6] Weng Jianshu, Ee- peng Lim, Jing Jian, et al. Twitterank: Finding topic- Sensitive influential twitterres [C] //Proceedings of the Third ACM International Conference on Web Search and Data Mining. Hawaii, USA: ACM Press, 2010: 261 – 270.

[7] Page L, Brin S, Motwani R, et al. The PageRank citation ranking: Bringing order to the web [EB/OL]. [2013 – 06 – 18]. http://wwwdb.stanford.edu/backrub/pagerank-sub.ps.

[8] Zhang Jun, Ackerman M, Adamic L. Expertise networks in online communities: Structure and algorithms [C] //Proceeding of the 16th International World Wide Web Conference. New York: ACM, 2007: 221 – 230.

[9] Zhai Zhongwu, Xu Hua. Identifying opinion leaders in BBS [C] // Proceedings of the 2008 IEEE/WIC/ACM International Conference on Web Intelligence (WI – IAT). Sydney: IEEE/WIC/ACM, 2008: 398 – 401.

[10] 高俊波, 杨静. 在线论坛中的意见领袖分析 [J]. 电子科技大学学报, 2007, 36 (6): 1249 – 1252.

[11] Katz E. The two – step flow of communication: An up- to- date report on an hypothesis [J]. Public Opinion Quarterly, 1957, 21 (1): 61 – 78.

[12] Rogers E M, Shoemaker F F. Communication of innovations [M]. New York: Free Press, 1971.

[13] 丁汉青, 王亚萍. SNS 网络空间中"意见领袖"特征之分析——以豆瓣网为例

[J]. 新闻与传播研究，2010（3）：81-91.

[14] 刘志明，刘鲁. 微博网络舆情中的意见领袖识别及分析 [J]. 系统工程，2011，6（29）：8-16.

[15] 丁雪峰，胡勇，赵文，等. 网络舆论意见领袖特征研究 [J]. 四川大学学报（工程科学版），2010，2（42）：145-149.

[16] 邓聚龙. 灰色系统理论教程 [M]. 武汉：华中理工大学出版社，1990.

[17] 赵焕臣. 层次分析法 [M]. 北京：科学出版社，1986：15-22.

作者简介

谢新洲，北京大学新闻与传播学院教授，博士，博士生导师，E-mail：xzxie@pku.edu.cn；杜智涛，中国青年政治学院新闻与传播系讲师。

基于贝叶斯网络建模的非常规危机事件网络舆情预警研究

1 引言

非常规危机因其爆发性、特殊性、环境复杂性、群体扩散性以及演变的不确定性等特点备受学者们的重视。近年来,非常规危机事件频频发生,例如近期发生的"药家鑫撞人杀人事件"、"日本福岛核泄漏事件"、"钱云会之死"等事件,这些事件都具有一个共同特点,就是由于事件的特殊性,在网络社会引起了巨大的关注,如果处理不当会引起民众强烈的负面情绪。因此,针对不同态势等级的非常规危机事件采取不同措施的应急方案,有的放矢,使"非常规"、"突发性"的危机事件管理转变为"事务性"、"常态性"的公共危机管理,是公共管理者开展工作的重中之重。在这种情境下,网络舆情预警就显得尤为重要,对网络舆情态势所处等级的可能性做出准确而可靠的评价,在第一时间确立应对方案,将会对舆情引导和事件治理带来正面、积极的作用。

目前,网络舆情预警方面的研究主要包括以下三方面:①建立预警指标体系。有学者认为[1-4]网络舆情的发生、发展过程会通过一系列关键指标体现,并将这些指标按照一定的科学方法确定关键指标构成、指标维度、指标层次、指标量化方法等,从而建立预警指标体系。②基于情感倾向性分析技术的预警。采用这种方式进行预警的学者[5-7]认为网络舆情预警能力主要体现在是否能够从海量的网络言论中,发现潜在危机的隐患。到目前为止,对情感倾向性分析主要包括"赞同"、"反对"、"中立"三种态度。这两种方法虽然在一定程度上解决了网络舆情预警的问题,但是存在以下不足:首先,对于预警指标体系建立来说,确定指标权重会让指标体系带有强烈的主观色彩,而且必须要得到所有末级指标的数据才能够对目标进行评价,这为研究带来了极大的主观性和不可靠性,有时因为指标体系过于庞大,结果计算复杂而延误了最佳时机。其次,对于倾向性分析来说,由于技术所限,很难将反映网民真正意图的情绪和态度表达出来,而且仅靠网络中搜集到的网民态度倾向性难以对非常规危机事件作出全面、准确的预警。③基于 web 数据挖掘的预警[8-10]。这种方法就是从网络中提取与目标相关的数据，构成目标数据集。其任务是对网络数据进行网页特征提取、基于内容的网页聚类、网络间内容关联规则的发现等，从其中得到与 web 挖掘目的相关的数据。利用相应的工具和技术对挖掘出的数据进行分析、解释，并通过分析结果对网络舆情进行危机预警。

基于贝叶斯网络建模的网络舆情预警是在一定程度上属于一种基于 web 的数据挖掘方法，但是在数据获取中，又加入了一些主观评判，并非单纯地获取 web 数据。在执行过程中，通过专家学习的方式建立贝叶斯网络结构，通过大量案例（case）以及相应算法（count-learning algorithm，EM algorithm，gradient descent algorithm）确定网络中各个节点（node）所对应的条件概率，从而确立整个贝叶斯网络模型，当获得新的证据（evidence）时，能够准确及时地确定网络舆情态势所处状态的可能性，从而进行预警工作。

2 基于贝叶斯网络建模的网络舆情预警模型

网络舆情态势评估的情报来自于网络，评估的过程是将多种网络信息通过关键指标抽取、融合从而反映实际态势的过程。对于基于贝叶斯网络建模的网络舆情预警模型来说，其关键是如何通过贝叶斯网络建模方法利用信息融合中较低层次的数据，并利用高效的算法，在较高层次上对网络舆情态势作出合理评判。本文基于贝叶斯网络对多源信息进行有机融合，将分散的、异构的、海量的网络信息整合在一起，构建具有网络舆情预警功能的数据融合系统。其具体评估过程如图 1 所示：

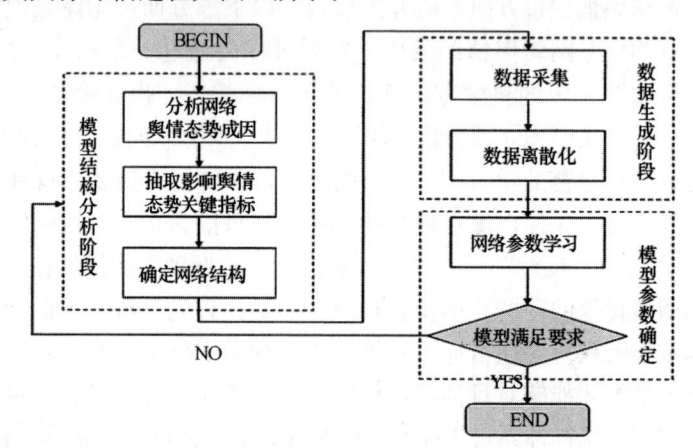

图 1 贝叶斯网络模型建立过程

2.1 贝叶斯网络原理

贝叶斯网络是一种特殊的因果推理网，是由节点和有向线段组成的有向非循环图，每个节点代表一个随机变量，其概率分布说明该变量处于该变量状态集合中每个状态的概率值，每条有向线段代表两节点之间联合或推论的依赖关系。贝叶斯网络的推理模型如图2所示，网络节点分为假设（hypothesis）节点（H节点）和事件（event）节点（E节点）。假设节点表示人对某种事物的主观看法；事件节点表示在一定时空范围内发生的客观事实，而通过这些客观事实能够计算出假设节点的条件概率。

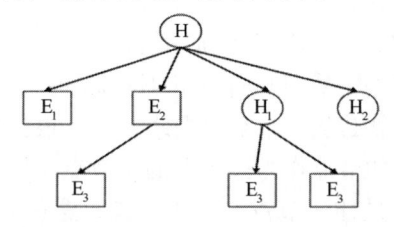

图2 贝叶斯网络

本文采用树状贝叶斯网络作为推理模型，其结构特点为每个节点最多只有一个父节点。考虑一个典型的树状贝叶斯网络，节点X有m个子节点，Y_1，…，Y_m，有一个父节点U，其结构如图3所示：

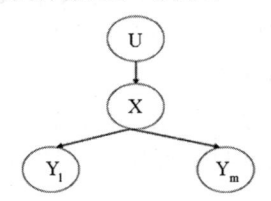

图3 树状贝叶斯网络结构

算法中的变量定义如下：

Bel 表示节点的状态概率分布；λ 表示从子节点获得的诊断信息；π 表示从父节点获得的因果信息；α 表示归一化因子。则有：

Step1：更新自身的置信度

$$Bel(x) = \alpha \lambda(x) \pi(x)$$

$$\lambda(x) = \prod_j \lambda_{Y_j}(x)$$

$$\pi(x) = \pi_X(u) \times M_{X|U}$$

Step2：自底向上更新：

$$\lambda_X(u) = \lambda(x) \times M_{X \mid U}$$

Step3：自顶向下更新

$$\pi_{Y_J}(x) = \alpha\pi(x)\prod_{K \neq j}\lambda_{Y_K}(x)$$

贝叶斯网络更新是由事件触发的，因此贝叶斯网络是一种基于诊断的推理过程，这与人进行态势评估的思维方式相同[11-12]，因此从认知学角度来看，贝叶斯网络的推理结果具有很高的可靠性。

2.2 贝叶斯网络结构的确定

在贝叶斯网络模型建构中，有两个非常重要的工作：①贝叶斯网络结构的确定；②条件概率的确定。在贝叶斯网络研究中，网络结构的确定非常重要，通常采用两种方式：①采用 Cooper 和 Herskovits 提出的 K2 算法进行贝叶斯网络结构的学习。也就是从一个空间网络开始，根据事先确定的节点次序，选择使得后验概率最大的节点作为该节点的父节点，依次遍历完所有的节点，逐步为每一个变量添加最佳父节点。简单来说，这种方法就是采用贪婪查找方法来得到次优的贝叶斯网络[13]。这种算法的缺点是数据依赖性非常强，要通过大量的数据进行计算、学习才能够得到比较精确的网络结构。②根据变量之间的因果关系和已有知识来建立网络结构，这种方式在研究中更为常用。在本文中，网络结构的建立并不完全依赖于数据，但是在网络参数学习中则依靠已有数据，这种结合的方式有利于计算的精度。

为了达到网络舆情预警的目的，网络舆情态势评估是其具体的实现方法。对于网络舆情态势来说，其主要有三方面的影响因素：网络媒体关注度、网民关注度以及话题易爆性。这三者之间也存在比较复杂的因果关系。话题易爆性强的事件，网络媒体关注度和网民关注度都会较大，而网络媒体也关心网民关注的事件。

话题易爆性的强弱是由话题公共性和话题敏感性决定的。话题公共性表示如果该危机事件对整个社会的价值体系威胁较大，那么它的社会影响也会越大，舆情态势也非常高涨。事件的公共性有两层含义：①危机事件的波及面；②危机事件与网民的利益相关度。话题敏感性是指当某种包含较高敏感程度的因素出现时，就会形成较大的社会影响力。社会影响力越大，说明因素的敏感性越强。

网络媒体关注度主要是指大型门户网站，例如新浪、搜狐、腾讯等对事件的关注程度。在大型门户网站的参与下，危机事件通常能够形成强大的社会影响力。而新闻话题数量、网络媒体关注延续时长、网络新闻数量是影响网络媒体关注度的关键要素。

网民关注度主要由关注事件的意见领袖数量、论坛发帖量、博文数量、网络新闻浏览数以及微博转发数决定，这几个指标也是比较容易得到的。在网民中，意见领袖具有非常强大的舆论引导力量。近年来出现的微博让消息传播更迅速，更透明。微博不受时间和空间的限制，是网民表达看法和意见的新途径。

综上所述，建构网络舆情预警模型时，贝叶斯网络中的网络节点如图4所示：

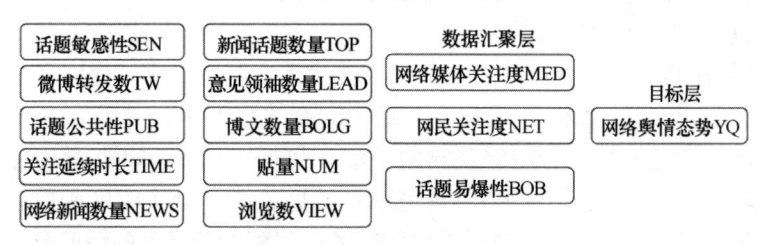

图4 网络节点名称及分类

贝叶斯网络结构如图5所示，箭头指向的一方为结果要素，另一方为原因要素：

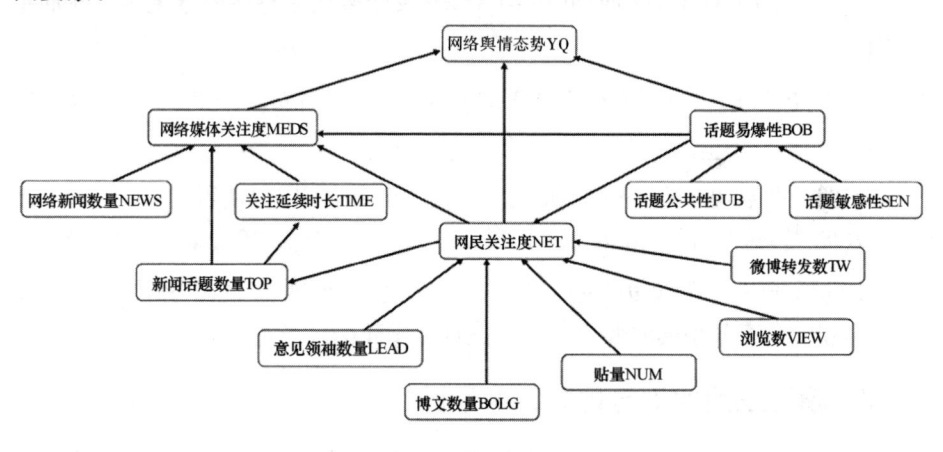

图5 贝叶斯网络结构

2.3 贝叶斯网络参数学习算法

目前在很多研究中，学者们直接给出条件概率，然后由相应案例（case）通过不断更新的方式计算最终的概率值。但是，在贝叶斯网络复杂的关联关系之下，专家很难根据经验制定其中的条件概率。一旦节点非常多且关联关系复杂,预设条件概率就变得更难实现了。所以,在本文中,通过网络参数学习的方式确定各节点的条件概率。贝叶斯网络参数学习算法主要有三种方式:计数算法(count-learning algorithm)、梯度下降算法(gradient descent algorithm)和期望最大算法(expectation-maximization algorithm,EM)。其中,计数算法用于没有缺失值的情况下,而后两种算法通常用于存在缺失值的算法中。在贝叶斯网络参数学习中,一般情况下,期望最大算法是优于梯度下降算法的,因为它在计算中拥有更强的鲁棒性(robustness),所以本文采用EM算法进行参数学习。

EM算法是一种迭代算法,它的每次迭代都由两步组成,分别是E步(求期望)和M步(极大化)。假设有一组观测到的数据Y,并且存在θ为Y的后验分布。假定一些没有能够观测到的潜在数据(latent data)Z为已知,一般地,以$P(\theta|Y)$表示θ的基本观测数据的后验概率分布密度函数,称为观测的后验分布。$P(\theta|Y,Z)$表示添加数据Z后得到的关于θ的后验分布密度函数,称为添加后验分布。$P(Z|\theta,Y)$表示给定θ和观测数据Y下潜在数据Z的条件分布密度函数。目标是计算观测后验分布$P(\theta|Y)$的众数。记$\theta^{(i)}$为第$i+1$次迭代开始时后验众数的估计值,则第$i+1$次迭代的两步为:

E步:将$P(\theta|Y,Z)$或$logP(\theta|Y,Z)$关于Z的条件分布求期望,从而把Z积掉:

$$Q(\theta|\theta^{(i)},Y) \triangleq E_z[logP(\theta|Y,Z)|\theta^{(i)},Y] = \int log[P(\theta|Y,Z)]P(Z|\theta^{(i)},Y)dz$$

M步:将$Q(\theta|\theta^{(i)},Y)$极大化,即找一个点$\theta^{(i+1)}$,使得
$$Q(\theta^{(i+1)}|\theta^{(i)},Y) = max_\theta(\theta|\theta^{(i)},Y)$$

由此形成一次迭代$\theta^{(i)} \to \theta^{(i+1)}$,将上述E步骤和M步骤进行迭代至$\theta^{(i+1)} - \theta^{(i)}$至充分小的时候停止,就完成了EM的计算过程。

3 模型运用实例与仿真结果分析

在网络结构的确定中,本文应用专家知识确定网络结构,在一定程度上增加了研究的主观性,所以在确定概率分布时,采用数据学习的方法来获得概率分布,也就是通过EM算法确定节点条件概率分布,在一定程度上确保了结果的客观性。每一个节点必须是由一系列离散值组成(如果为连续值,则需要将其进行离散化)。离散化标准如表1所示:

表 1 数据量化标准

名称	单位	等级 低水平	等级 中等水平	等级 高水平
新闻话题数量 [TOP]	条	0 < TOP ≤ 10	10 < TOP ≤ 20	TOP > 20
延续时长 [TIME]	天	0 < TIME ≤ 1	1 < TIME ≤ 3	TIME > 3
网络新闻数量 [NEW]	条	0 < NEW ≤ 30	30 < NEW ≤ 100	NEW > 100
发帖量 [NUM]	条	0 < NUM ≤ 100	100 < NUM ≤ 200	NUM > 200
浏览数 [VIEW]	条	0 < VIEW ≤ 1000	1000 < VIEW ≤ 2000	VIEW > 2000
博文数量 [BIOG]	条	0 < BIOG ≤ 50	50 < BIOG ≤ 100	BIOG > 100
意见领袖数量 [LEAD]	位	0 < LEAD ≤ 50	50 < LEAD ≤ 100	LEAD > 100
微博转发数 [TW]	次	0 < TW ≤ 1000	1000 < TW ≤ 3000	TW > 3000

本文随机抽取 2009 年 –2011 年 3 月这段时间发生的 60 件非常规危机事件作为研究案例（case），将其中的连续变量离散化，最终得出案例的原始数据，如表 2 所示：

表 2 原始数据

事件编号	舆情态势	网媒关注度	持续时间	网民关注度	公共性	意见领袖数量	……	博文数量	浏览	论坛帖量
1	nothot	*	1	low	low	15		32	71	low
2	middlehot	low	1	middle	middle	23		55	21	middle
3	nothot	low	1	low	low	13		23	12	low
4	middlehot	low	1	middle	middle	8		12	11	middle
5	*	*	1	middle	middle	9		11	9	middle
6	hot	high	2	high	middle	56		67	1124	high
7	hot	high	2	high	middle	51		167	1578	high
8	middlehot	*	1	middle	middle	4		21	951	middle
9	*	middle	1	middle	middle	2		34	876	middle
10	hot	high	5	high	middle	67		58	1576	high
11	middlehot	*	1	middle	low	31		23	990	middle
12	hot	high	3	high	middle	123		145	1323	high
13	hot	high	1	high	middle	119		76	2115	high
28	nothot	low	1	low	low	34		3	11	low
……										

注：其中 * 表示缺失值。hot 表示网络舆情态势非常高；middlehot 表示比较高；nothot 表示一般。其中 high 表示测量指标处于非常高的水平；middle 表示处于比较高的水平；low 表示处于一般水平（表 2 – 表 6 同）。

141

其中，本文随机选取 5 个事件作为测试集（事件编号为 3、15、28、45、56），而其他 55 个事件作为训练集。这 5 个测试集，如表 3 所示：

表 3 数据测试集

事件编号	舆情态势	网媒关注度	持续时间	网民关注度	公共性	意见领袖数量	……	博文数量	浏览	论坛帖量
3	hot	high	1	high	very	56		62	3451	agreatmany
15	middlehot	low	1	low	middle	25		55	1021	middle
28	nothot	low	1	low	low	13		23	122	low
45	middlehot	low	1	middle	middle	18		12	1498	middle
56	middlehot	middle	1	middle	middle	14		7	920	middle

本文采用 Netica 软件进行贝叶斯网络仿真。在网络建立结束后，通过 EM 方法进行参数学习，结果见图 6。举例来说，经过参数学习之后的节点条件概率分布，如舆情态势的条件概率分布为：网络舆情态势高条件概率为 32%，网络舆情态势中等的条件概率为 37.7%，网络舆情态势低的条件概率为 30.4%。网络媒体关注度中，关注度高的条件概率为 31.7%，关注度中等的条件概率为 34.3%，关注度低的条件概率为 34.0%。

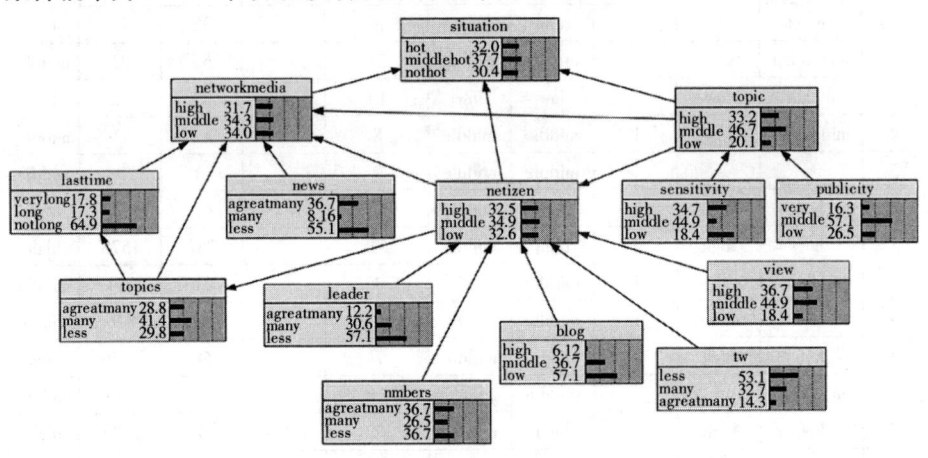

图 6 贝叶斯网络结构

在很多以往的研究中，学者们[13]采用直接给出条件概率表的方式进行贝叶斯网络模型的建立。但是当存在大量节点，而节点之间的因果关系非常复杂的时候，直接给出条件概率就变得非常复杂和困难了。利用 Neitca 软件进行仿真，贝叶斯网络的条件概率表能够通过数据学习自动获得。例如 $P(topics/netizen)$ 的条件概率如表4所示，$P(topic/sensitivity,publicity)$ 的条件概率如图5所示。因果关系越复杂，条件概率表越复杂。

表4 P（$topics/netizen$）条件概率

网民关注度	agreatm…	many	less
high	75.000	20.000	5.000
middle	4.167	91.667	4.167
low	9.091	9.091	81.818

表5 P（$topic/sensitivity$，$publicity$）条件概率

敏感度	公共性	high	middle	low
high	very	80.000	10.000	10.000
high	middle	75.000	16.667	8.333
high	low	33.333	33.333	33.333
middle	very	33.333	33.333	33.333
middle	middle	30.000	60.000	10.000
middle	low	25.000	50.000	25.000
low	very	33.333	33.333	33.333
low	middle	7.143	85.714	7.143
low	low	7.143	35.714	57.143

贝叶斯网络建模的动态性体现在，当获得新的证据（evidence）时，网络舆情态势处于何种水平的可能性将会发生相应变化。如果获得其他证据，则可以对贝叶斯网络中的节点做出相应调整，观测舆情态势的演变结果，为预警提供理论支撑和实践支持。贝叶斯网络的优势就在于当贝叶斯网络模型建立后，可以通过有限数据对网络舆情态势的整体局势进行估计。

在模型建立后，要采用测试集数据对模型的有效性进行测试。以测试集中的事件3为例，其结构如图7所示：

由图7可见，将此非常规危机事件的相应证据输入后，网络舆情态势处

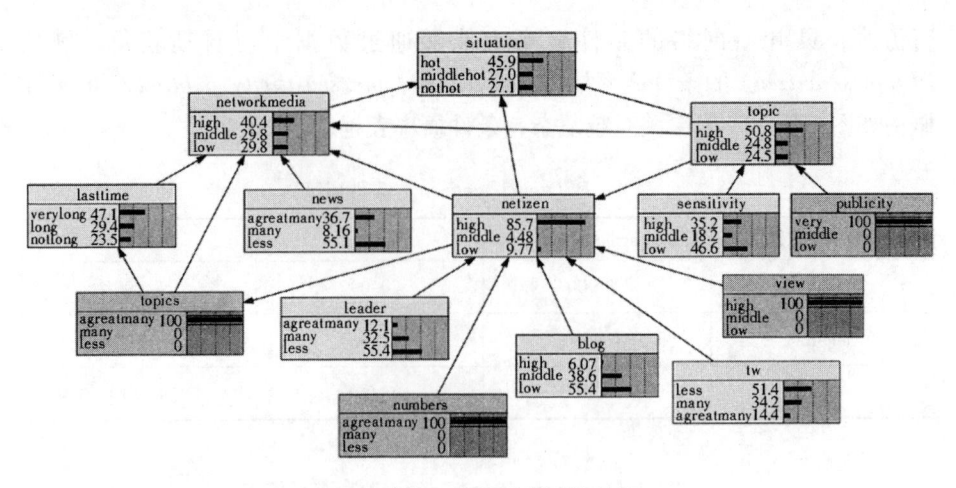

图 7　事件 3 的贝叶斯网络结构

于高、中、低的可能性分别为：45.9%、27%、27%，则基本可以肯定，此事件的网络舆情态势处于高涨的可能性最大，进入预警阶段，在下个阶段可以做出相应的响应从而在网络舆情引导和管理中占得先机。而在原始数据中，事件 3 的网络舆情态势确实为 hot。所以可以说明，模型是有效的。同理，进行事件 15、28、45、56 的态势可能性计算，所得结果如表 6 所示：

表 6　测试结果与实际值对照

事件编号	测试值	测试结果	实际值
15	hot（21.2）；middlehot（44.3）；nothot（34.5）	middlehot	middlehot
28	hot（13.7）；middlehot（29.6）；nothot（57.7）	nothot	nothot
25	hot（23.2）；middlehot（39.6）；nothot（37.2）	middlehot	middlehot
56	hot（35.6）；middlehot（36.2）；nothot（28.2）	middlehot	middlehot

从表 6 可见，测试结果和实际值比较符合。但是在事件 56 中，其 hot 的可能性为 35.6%，而 middlehot 的可能性为 36.2%，这两者非常接近。造成这个问题的原因可能有两个：①样本值数量较少。本研究基本符合大样本（样本数 >30）的统计学规定，但是更多的样本势必能够让模型更加精确。②等级数太少。本文将舆情态势定为三个等级（high，middle，hot），这就使得结果较为粗糙。在成本允许的情况下，如果将各个指标的等级划分得更加精确，那么测试结果将会更精准，也更具指导意义。

144

4 结论与展望

本文对基于贝叶斯网络建模的非常规危机事件网络舆情预警方法进行了深入的研究。对基于贝叶斯网络的网络舆情态势评估方法进行了规范化总结,对建模中连续变量离散化问题以及评估模型应用过程中节点条件概率的获得方式等进行了深入的探索。

通过研究表明,基于贝叶斯网络的网络舆情预警方法与其他预警方法相比,在方法的灵活性、操作的便捷性、评估的动态性和及时性以及评估结论的可解释性等方面都有了较大幅度的提高,可以满足日益复杂的网络舆情态势评估及预警要求。通过实证研究将理论与实践相结合,取得了良好的效果。

由于多方原因所限,本文尚存在很多不足之处,未来还需要在以下几方面进行进一步研究:①由于资源和成本所限,只提取了 60 个案例进行建模研究,所以在建立贝叶斯网络模型结构时,采用专家指定的方法。下一步需要对贝叶斯网络结构学习方法进行研究,通过大量案例进行数据仿真,从而对贝叶斯网络结构进行学习,采用主观和客观相结合的方式降低专家建模的主观性。②本研究中,将每个节点分为三个等级。研究结果在试验中虽然具有指导意义,但未来应该对每个节点的等级进行更加精确的划分,甚至对每个节点设立 5 – 10 个等级,以增加研究结果的导向性与精确性。

参考文献:

[1]　曾润喜. 网络舆情突发事件预警指标体系构建 [J]. 情报理论与实践, 2010 (1): 77 – 80.

[2]　吴绍忠, 李淑华. 互联网络舆情预警机制研究 [J]. 中国人民公安大学学报 (自然科学版), 2008 (3): 38 – 42.

[3]　戴媛, 姚飞. 基于网络舆情安全的信息挖掘及评估指标体系研究 [J]. 情报理论与实践, 2008 (6): 873 – 876.

[4]　谈国新, 方一. 突发事件网络舆情检测指标体系研究 [J]. 华中师范大学学报 (人文社会科学版), 2010 (3): 66 – 70.

[5]　丁菊玲, 勒中坚. 一种面向网络舆情危机预警的观点柔性挖掘模型 [J]. 情报杂志, 2009 (10): 152 – 154.

[6]　Andrea E. Automatic generation of iexical resources for opinion mining: Models, algorithms and applications [D]. Pisa: University dipisa. Italy, 2008.

[7]　杨频, 李涛, 赵奎. 一种网络舆情的定量分析方法 [J]. 计算机应用研究, 2009 (3): 1066 – 1068.

[8]　梅中玲. 基于 web 信息挖掘的网络舆情分析技术 [J]. 中国人民公安大学学报

（自然科学版），2007（4）：85-88.

[9] 吉祥. 基于观点挖掘的网络舆情信息分析[J]. 现代情报，2010（11）：46-49.

[10] 刘剑宇. web 挖掘技术在网络舆情预警中的研究与应用[J]. 四川警察学院学报，2009（3）：77-81.

[11] Miao Adam X, Zacharias Greg L. A computational situation assessment model for nuclear power plant operations [J]. IEEE Transactions on systems, Man and Cybernetics, 1997, 27（6）：728-742.

[12] Pearl J. Probabilistic reasoning in intelligence systems: Network of plausible inference [J]. San Francisco: Morgan Kaufmann Publishers, INC, 1998：138-146.

[13] 刘峰. 贝叶斯网络结构学习算法研究[D]. 北京：北京邮电大学，2007.

作者简介

张一文，女，1985年生，博士研究生，发表论文9篇；齐佳音，女，1972年生，教授，博士生导师，发表论文30余篇；方滨兴，男，1960年生，教授，校长，院士，博士生导师，发表论文100余篇；李欲晓，男，1983年生，教授，硕士生导师，发表论文10余篇。

定量网络舆情危机预警模型构建[*]

1　引言

随着互联网的日益普及，网民队伍越来越壮大，越来越多的弱势群体加入到网民队伍中。由于互联网络的开放性等特点，网民在网络上表达主观意见的机会增加，成本减少，甚至可以毫无顾忌地发表自己对某事件的看法。社会突发事件日益增加，更容易引发网络舆情事件，甚至爆发网络舆情危机。网民对社会舆情事件的关注拓展到网络空间，更容易形成激烈讨论；网络成了社会事件的"放大器"，网络舆情危机被引爆的可能性上升，对网络舆情危机的预警研究走进了研究者的视线，引起了更多关注。

从定义上讲，网络舆情是通过互联网表达和传播的各种不同情绪、态度和意见交错的总和[1]，也可以说，网络舆情是网民观点的集中体现，因此，对网民观点进行挖掘有利于判断出网民观点走向，发现容易引发网络舆情危机的相关信息，并以此作为报警信号，对实现网络舆情危机预警具有重要意义。

网络舆情危机预警是指从危机事件的征兆出现到危机开始造成可感知的损失这段时间内，化解和应对危机所采取的必要、有效行动[1]。

目前，网络舆情预警相关研究受到关注。在文献调查研究过程中，笔者考察最近几年国家课题对网络舆情危机预警相关研究的资助发现：国家社会科学基金项目主要资助有2010年的"网络舆情与群体性事件预警机制研究"，2009年的"面向网络舆情危机预警的观点柔性挖掘方法研究"，2009年国家社会科学重大招标项目资助的上海交通大学谢耘耕教授的"突发事件网络舆情预警指标体系研究"；在国家自然科学项目资助清单中也有如2010年的"非常规突发事件的网络信息传播规律与预警机制研究"，2007年的清华大学疏学明老师的"面向公共安全的网络舆情预警方法研究"[2]。通过《2010中

---

[*] 本文系国家社会科学基金项目"面向网络舆情危机预警的观点柔性挖掘方法研究"（项目编号：09BTQ034）研究成果之一。

国互联网舆情分析报告》（祝华新等，2011）也可发现，网络舆情危机预警相关研究已经成为目前研究的热点。

许鑫等根据网络舆情的特点，关注信息本身，从指标设计、分类、构建等方面，在网络舆情信息汇集、分析、预警的工作流程中，按照主题将信息分门别类，统计、计算出若干指标值，对舆情进行横向、纵向的监测和评估，筛选出有价值的信息，帮助舆情工作者对舆情突发事件进行研判及态势预测，做出响应决策[3]。

桑华分析了新形势下高校舆情危机预警的内涵和功用，提出以人为本、统筹协调、上下联动、分级预警、讲求策略的舆情危机预警机制，并探讨了舆情危机预警机制的组织体系和工作机制[4]。

曾润喜等主要从网络舆情危机预警指标体系进行研究，设计相应的指标体系，向专家发放调查问卷，采取层次分析法对指标进行评估[5]。

网络舆情危机的预警研究目前较多集中在定性分析上，缺乏定量的预警研究，而且由于网络舆情危机预警过程的复杂性、非确定性和非线性，本文将BP神经网络运用到网络舆情预警研究中，构建舆情危机预警指标，建立基于BP神经网络的预警模型，从而实现对网络舆情危机的定量预警。并通过仿真实验，结合2009年十大网络舆情事件之一的"上海钓鱼执法事件"对该模型进行实验验证和分析。

2 预警指标

目前，对于网络舆情指标的相关研究主要有：曾润喜[6]等人在发放调查问卷的基础上，利用层次分析法构建了警源、警兆、警情三类因素和现象的网络舆情突发事件预警指标体系，并对影响这一指标体系的因素和现象进行排序，确定了影响权重；吴绍忠[7]等从舆情、舆情传播、舆情受众三个方面，用11个具体指标设计了舆情预警指标体系，提出可以运用Delphi法确定各指标的权重，设立了网络舆情预警等级；许鑫[8]等将网络舆情的工作分为信息采集、分析及预警三个主要流程，并将整个网络舆情指标体系架构在这三个具体工作流程上，分析了各流程阶段涉及的指标，并提出指标采用过程中的问题，对网络舆情进行横向与纵向的监控和研判。

此外，也有研究从舆情流通量、舆情要素、舆情状态趋势等维度构建面向网络舆情安全的评估指标体系，或者从传播扩散、民众关注、内容敏感性、态度倾向性等方面构建指标体系，利用层次分析法确定各层次下各指标的权重，采用模糊综合评价法进行安全等级评判。

虽然网络舆情危机预警指标已有较多的研究，但目前存在的不足主要有：①缺乏对指标的定量化描述：对于指标的描述大多数都是采用定性描述，较少采用定量描述，而定量的指标使得对网络舆情信息的判断更加客观、科学。②缺乏实证研究：无论是定性还是定量分析网络舆情指标的文献，以实证来验证其指标的有效性和科学性的微乎其微，以至提出的指标体系缺乏说服力。③缺乏可行性：有些文献在对指标的量化研究中，量化公式或方法更多地在于理论上的可行，实际操作起来很困难，缺乏实际应用的推广。

基于此，本研究中建立的指标体系如图 1 所示：

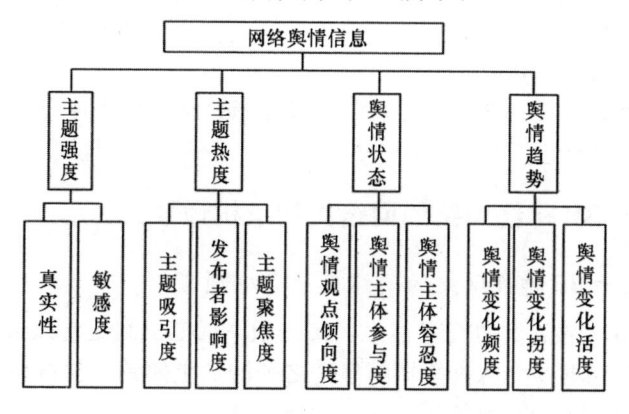

图 1　网络舆情指标体系

其中：

● 真实性：舆情事件真与假。如果一个事件越真实，产生危害越强。真实性的测量可以由专家打分，得分在 0 到 1 之间，0 表示某主题是虚假的，1 则表示它是事实。

● 敏感度：每个主题涉及的敏感性不一样，根据所研究的事件不同，其关注的敏感度也不一样。敏感度也是随着时间的发展而变化的，敏感度越高，危害也就越大，产生危机的可能性也就越高。其测量可由专家打分获得，取值为 [0，1]。

● 主题吸引度：反映了某主题对网民的吸引度。有些主题是网民热切关注的，有些则不然。可以用发布帖子的数量来表示主题的吸引度。

● 发布者影响度：网民对某一信息关注、感兴趣，他就会浏览相关信息内容，并且可能还会回复帖子来参与某一话题的讨论，这在一定程度上是由发布者的影响度决定的。

● 主题聚焦度：用单位时间内的流通量变化表示，若以天为计算单位，则某天的主题聚焦度就是指某主题在某天的流通量。

  • 舆情观点倾向度：网民对某网络舆情事件的态度倾向。分别由 1，0，−1 表示正面、中立、反面观点。

  • 舆情主题参与度：用来评判主体参与面广不广、人多不多、程度深不深，可以采用专家打分法进行赋值。取值为 [0,1]。

  • 舆情主体容忍度：指对某网络舆情事件，网民将不满情绪转化成行为舆论（比如游行、示威、静坐等）的可能性。容忍系数越高表示产生危机的可能性越大，需要预控。

  • 舆情变化频度：指相邻时间内聚焦度的变化，反映社会民众对网络舆情信息关注的趋势变化。

  • 舆情变化拐度：用来描述某舆情事件的流通量在某时刻变化情况。

  • 舆情变化活度：指正、中、反三类观点争论的激烈程度。

3 基于 BP 神经网络的网络舆情危机预警

3.1 基于 BP 神经网络的网络舆情危机预警

影响网络舆情危机的因素很多，基于数学表达式的网络舆情危机预警模型很难将这些因素都考虑进去，而且网络舆情危机的发生具有一定的模糊性、随机性和不确定性，它的输入输出是非线性关系，人工神经网络正是一个非线性处理能力强、具有高度自适应学习能力的系统，它具有较强的容错能力，能从大量的复杂数据中通过学习发现规律，所以人工神经网络是网络舆情危机预警的一种理想选择。

BP 神经网络通常采用的传递函数是 Sigmoid 函数，可实现输入输出的任意非线性映射，BP 神经网络擅长于函数逼近、模式识别、分类的问题解决。从舆情指标与警度之间的映射关系看，网络舆情危机预警是一个函数逼近的过程；从模式识别的角度看，网络舆情危机预警又是一个模式分类的过程。

BP 神经网络是一种典型的全局逼近网络，某网络舆情事件的任何一种危机因素发展下去，都有可能导致整个事件发生严重的危机，所以 BP 神经网络也适合用来解决这种具有全局特征的研究问题[9]。

上述分析表明，将 BP 神经网络运用于网络舆情危机预警，可以使网络舆情危机预警具有更高的精度和更好的科学性与客观性，为网络舆情危机的预警和防治提供良好指导。

3.2 预警模型

基于 BP 神经网络的网络舆情危机预警模型如图 2 所示，这是一个典型的

"输入—处理—输出"的过程：

图2 预警模型示意

输入是指标的实际值，输出是要得到的结果，即五种预警状态。设计BP网络时，采用单隐层网络结构。虽然增加隐含层数可提高精度，降低网络误差，但也会使得网络复杂化，增加迭代非收敛的概率。本文采用三层BP网络（一个输入层、一个隐含层、一个输出层）的网络结构，输入、输出节点数分别是11和5。

3.3 输入数据的归一化处理

无论是定性还是定量指标都有正向指标和负向指标之分，定性、定量指标数据归一化处理方式如下：

• 正向指标处理：正向指标是指值越大越好的指标，在预警研究过程中，指标值越大越安全，危机等级越小。其无量纲化以最小值为基准，无量纲化处理如公式（1）所示：

$$x = \frac{x_i - x_{min}}{x_{max} - x_{min}} \tag{1}$$

其中，x为量化后的指标值，x_i为指标的实际值，x_{min}为指标的最小值，x_{max}为指标的最大值。

• 负向指标处理：负向指标是指指标值越小越好的指标，本研究中，指标值越小越安全，危机等级越小。其无量纲化以最大值为基准，无量纲化处理如公式（2）所示：

$$x = \frac{x_{max} - x_i}{x_{max} - x_{min}} \tag{2}$$

3.4 输出节点及隐含节点的选择

预警分五个等级进行，分别是：安全、轻警、中警、重警、巨警；输出节点数确定为5，输出状态分别为10000、01000、00100、00010、00001，对应五个预警等级。

隐含层节点数采用公式（3）来确定隐含层节点数：

$$N = \sqrt{m + n} + \alpha \tag{3}$$

其中，m 为输入层节点数，n 为输出层节点数，a 为 1 到 10 之间的常数。

3.5 训练参数的设置

采用不同的传递函数、训练函数对网络的性能也是有影响的，本文训练参数设置如表 1 所示：

表 1　训练参数

隐含层传递函数	logsig
输出层传递函数	logsig
训练函数	traingdx
显示间隔	net.trainParam.show = 100
网络学习速率	net.trainParam.lr = 0.05
动量系数	net.trainParam.mc = 0.9
最大训练次数	net.trainParam.epochs = 1000
目标误差	net.trainParam.goal = 1e−5

4　仿真实验

4.1　数据来源

选取 2009 年十大网络舆情事件之一的"上海钓鱼执法"事件作为实验数据来源。数据来源于立足反映草根们最真实、最直接的声音的强国、天涯这两个知名论坛，对论坛中"上海钓鱼执法"网络事件的帖子进行处理。

4.2　数据样本与处理

"上海钓鱼执法"事件规划为 17 个时间，如表 2 所示。

事件从 2010 年 9 月 10 日受害者张军在爱卡上海论坛匿名发帖开始启动，到 2010 年 10 月 30 日事件基本平息，多数指标只涉及时间 1 至时间 17。由于舆情变化拐度涉及统计时期内的前后两个时间的主题聚焦度，为了统计需要，主题聚焦度指标的数据涉及时间 0 和时间 18，其他指标需从时间 1 到时间 17 处理，17 个时间的指标数据作为处理样本，如表 2 所示：

表2　时间点规划

序号	时间段	序号	时间段
时间0	9月9日	时间10	10月22日
时间1	9月10日-9月15日	时间11	10月23日
时间2	9月16日-9月30日	时间12	10月24日
时间3	10月1日-10月15日	时间13	10月25日
时间4	10月16日	时间14	10月26日
时间5	10月17日	时间15	10月27日
时间6	10月18日	时间16	10月28日
时间7	10月19日	时间17	10月29日-10月30日
时间8	10月20日	时间18	10月31日
时间9	10月21日		

一级指标主题热度下的三个二级指标为：主题吸引度、发布者影响度和主题聚焦度。三者都需要通过一定的统计工具和对象来得出指标的具体数据。对网络舆情危机预警指标体系中各指标的性质进行分析，即判定其是正向指标还是负向指标，其结果如表3所示：

表3　指标性质

变量	内容	性质
X_1	真实性	定性，负向指标
X_2	敏感度	定性，负向指标
X_3	主题吸引度	定量，负向指标
X_4	发布者影响度	定量，负向指标
X_5	主题聚焦度	定量，负向指标
X_6	舆情观点倾向度	定量，正向指标
X_7	舆情主体参与度	定性，负向指标
X_8	舆情主体容忍度	定性，负向指标
X_9	舆情变化频度	定量，负向指标
X_{10}	舆情变化拐度	定量，负向指标
X_{11}	舆情变化活度	定量，正向指标（倾向度<0 正向；倾向度>0 负向）

主题聚焦度计算时，采用搜索引擎的高级搜索直接统计各个时间点结果，

输入关键词"上海钓鱼执法",并限定关键词出现在网页的标题中;主题吸引度和发布者影响度统计的是天涯和强国论坛这两个高知名度论坛的有关上海钓鱼执法的数据,并经过去重和无关联信息处理。

除此之外,舆情状态下的舆情观点倾向度的结果也是来自天涯和强国两论坛的统计数据。所以按照指标量化标准,并且每个时间都以 day 为单位,取平均值,如此各个时间点就有了可比性,这样得出各个时间点下的指标的原始数据如表 4 所示:

表 4 原始数据

指标 时间	X_1	X_2	X_3	X_4	X_5	X_6	X_7	X_8	X_9	X_{10}	X_{11}
时间 0					0						
时间 1	0.4	0.5	1	4	1	-1.00	0.1	0.1	1	0	0.00
时间 2	0.6	0.5	4	280	23	-1.00	0.2	0.1	22	1	0.00
时间 3	0.5	0.5	4	209	16	-0.25	0.2	0.1	-7	0	0.43
时间 4	0.6	0.7	8	144 815	191	-0.38	0.6	0.2	175	0	0.70
时间 5	0.7	0.7	18	808	121	-0.44	0.5	0.2	-70	0	0.50
时间 6	0.7	0.7	27	2 784	208	-0.52	0.5	0.2	87	0	0.57
时间 7	0.7	0.7	36	6 251	639	-0.53	0.5	0.2	431	0	0.50
时间 8	0.7	0.8	128	128 199	670	-0.38	0.8	0.4	31	0	0.54
时间 9	0.7	0.8	82	57 407	748	-0.35	0.7	0.3	78	1	0.55
时间 10	0.8	0.8	45	4 322	636	-0.33	0.7	0.3	-112	0	0.52
时间 11	0.9	0.8	32	2 199	597	-0.47	0.6	0.2	-39	1	0.50
时间 12	0.9	0.8	14	1 520	186	-0.57	0.6	0.2	-411	1	0.62
时间 13	0.9	0.8	13	317	160	-0.15	0.7	0.2	-26	0	0.53
时间 14	1.0	0.8	141	98 306	1 331	-0.56	0.8	0.1	1 171	0	0.65
时间 15	1.0	0.8	90	1 032	1 150	-0.58	0.7	0.1	-181	1	0.58
时间 16	1.0	0.8	41	850	542	-0.54	0.6	0.1	-608	1	0.50
时间 17	1.0	0.8	35	663	322	-0.43	0.5	0.1	-220	1	0.69
时间 18					124						

在得出原始数据后,为了统一格式和方便处理、比较,还需要根据各指标的性质对原始数据做规范化处理。根据表 3 列出的各指标性质(即是正向指标还是负向指标),利用公式(1)和公式(2)对样本数据做标准化处理,

将每项指标值都归一化到闭区间［0，1］，标准化后的数据如表5所示：

表5 标准化后数据

指标 时间	X_1	X_2	X_3	X_4	X_5	X_6	X_7	X_8	X_9	X_{10}	X_{11}
时间1	1.00	1.00	1.00	1.00	1.00	0.00	1.00	1.00	0.66	1.00	0.00
时间2	0.67	1.00	0.98	1.00	0.98	0.00	0.86	1.00	0.65	0.00	0.00
时间3	0.83	1.00	0.98	1.00	0.99	0.88	0.86	1.00	0.66	1.00	0.61
时间4	0.67	0.33	0.95	0.00	0.86	0.73	0.29	0.67	0.56	1.00	1.00
时间5	0.50	0.33	0.88	0.99	0.91	0.66	0.43	0.67	0.70	1.00	0.71
时间6	0.50	0.33	0.81	0.98	0.84	0.56	0.43	0.67	0.61	1.00	0.81
时间7	0.50	0.33	0.75	0.96	0.52	0.55	0.43	0.67	0.42	1.00	0.71
时间8	0.50	0.00	0.09	0.11	0.50	0.73	0.00	0.00	0.64	1.00	0.77
时间9	0.50	0.00	0.42	0.60	0.44	0.76	0.14	0.33	0.61	0.00	0.79
时间10	0.33	0.00	0.69	0.97	0.52	0.79	0.14	0.33	0.72	0.00	0.74
时间11	0.17	0.00	0.78	0.98	0.55	0.62	0.29	0.67	0.68	0.00	0.71
时间12	0.17	0.00	0.91	0.99	0.86	0.51	0.29	0.67	0.89	0.00	0.89
时间13	0.17	0.00	0.91	1.00	0.88	1.00	0.14	0.67	0.67	1.00	0.76
时间14	0.00	0.00	0.00	0.32	0.00	0.52	0.00	1.00	0.00	0.00	0.93
时间15	0.00	0.00	0.36	0.99	0.14	0.49	0.14	1.00	0.76	0.00	0.83
时间16	0.00	0.00	0.71	0.99	0.59	0.54	0.29	1.00	1.00	0.00	0.71
时间17	0.00	0.00	0.76	1.00	0.76	0.67	0.43	1.00	0.78	0.00	0.99

4.3 实验验证

4.3.1 BP神经网络模型的结构设计 采用单隐层的三层BP网络结构。输入节点数为m＝11，输出节点数为n＝5，根据隐含层节点数的公式（3），将a从1到10逐个试验，发现当a＝4时，网络性能最佳，此时隐含层节点数为8。

4.3.2 基于Matlab的BP神经网络模型训练 选用表5中的前16个指标数据作为模型的训练样本，后1个作为模型的检验样本。它们对应的期望输出如表 6 和表 7 所示：

表 6 训练样本期望输出

序号	期望输出	危机等级	预警信号
时间 1	10000	安全	绿色
时间 2	10000	安全	绿色
时间 3	10000	安全	绿色
时间 4	01000	轻警	蓝色
时间 5	01000	轻警	蓝色
时间 6	01000	轻警	蓝色
时间 7	01000	轻警	蓝色
时间 8	00010	重警	橙色
时间 9	00010	重警	橙色
时间 10	00100	中警	黄色
时间 11	00100	中警	黄色
时间 12	00100	中警	黄色
时间 13	00100	中警	黄色
时间 14	01000	轻警	蓝色
时间 15	01000	轻警	蓝色
时间 16	01000	轻警	蓝色

表 7 测试样本的期望输出

序号	期望输出	危机等级	预警信号
时间 17	01000	轻警	蓝色

4.3.3 检验与结果分析 把实际输出的转换结果 y 与表 7 的期望输出比较，比较规则为：若实际输出的转换结果的分量中出现 0.5，则认为此输出无效；若分量全是 0 或 1，则认为此输出有效。再进一步判断此转换结果与期望输出的组成分量：0 或 1 所在位置是否完全相同，若完全相同，则表明实际输出与期望输出是一致的，若不完全相同，则表明实际输出与期望输出不一致。

根据上面的比较规则，发现这个实际输出的转换结果 y 与期望输出 (01000) 是一致的，发出蓝色预警信号 (01000)，表明此时的预警等级处于轻警状态。实践证明，研究中所设计的网络舆情危机预警指标体系是合理的，基于 BP 神经网络的网络舆情危机预警是可行的。

5 结语

本文在建立网络舆情危机预警指标体系的基础上，构建基于 BP 神经网络的网络舆情危机预警模型，并通过"上海钓鱼执法"事件进行仿真实验，以此验证了模型的有效性。结果表明，此模型不仅理论上可行，实践上也是可行的。

参考文献：

[1] 刘毅．网络舆情研究概论．天津：天津人民出版社，2007．

[2] 丁菊玲，勒中坚，王根生．我国网络舆情危机预警研究探讨．情报杂志，2010，29 (10)：5 - 8．

[3] 许鑫，章成志．互联网舆情分析及应用研究．情报科学，2008，26（8）：1194 - 1200．

[4] 桑华，卿涛．浅谈高校舆情危机预警．当代经济，2008（8）：120 - 121．

[5] 曾润喜，徐晓林．网络舆情突发事件预警系统、指标与机制．情报杂志，2009，28 (11)：52 - 54．

[6] 曾润喜．网络舆情突发事件预警指标体系构建．情报理论与实践，2010，33（1）：77 - 80．

[7] 吴绍忠，李淑华．互联网络舆情预警机制研究．中国人民公安大学学报（自然科学版），2008，57（3）：38 - 42．

[8] 李雯静，许鑫，陈正权．网络舆情指标体系设计与分析．情报科学，2009，27 (7)：986 - 991．

[9] 唐成华，余顺争．一种基于似然 BP 的网络安全态势预测方法．计算机科学，2009，36（11）：97 - 101．

作者简介

丁菊玲，女 1981 年生，讲师，博士研究生，发表论文 12 篇；勒中坚，男，1948 年生，教授，博士生导师，发表论文 10 余篇；薛圈圈，女，1987 年生，硕士研究生。

突发事件网络舆情预警模式探索[*]

1 突发事件的网络舆情监控预警

1.1 国内外网络舆情研究

网络舆情是由于各种事件的刺激而产生的通过互联网传播的人们对于该事件的所有认知、态度、情感和行为倾向的集合。根据中国互联网信息中心发布的《第25次中国互联网网络发展状况统计报告》显示：截至2009年底，中国网民规模达到3.84亿人，较2008年增长28.9%，占总人口比重从22.6%提升到28.9%，互联网普及率在稳步上升；并且网民常以互联网作为信息的来源，81%的网民表示会看网上新闻，51%的网民会浏览他人的博客，82%会使用搜索引擎找资料，43%使用维基百科。可见网民数量急剧增长，网络已成为人们发表意见、传播信息的主要媒介[1]。

国外网络舆情的研究主要集中于公共关系、市场营销、网络信息处理技术等领域，有研究Public Opinion进而对总统选举、国会选举进行选情预测；有研究网络口碑以把握用户对企业或产品态度观点；网络信息处理领域的研究也涉及很多应用技术，如话题检测与跟踪（TDT），其本身就起源于早期面向事件的检测与跟踪，相应的理论与应用研究从传统对于事件的识别跨越到包含突发事件及其后续相关报道的话题检测与跟踪[2]。相关研究还涉及网络社区信息传播、Web挖掘等方面。

国内网络舆情方面的研究主要从管理机制探讨、舆情分析研判、信息技术应用等几个方面着眼，如秦州（2005年）以WEB页面数分析进行了舆情实证研究，谢海光等（2006年）从统计学的角度构建了互联网内容与舆情的深度分析的若干模式，毕宏音（2007年）从舆情视野对网民的上网行为进行深度分析，郑军（2007年）对网络舆情监控的热点发现算法进行研究，张珏

---

[*] 本文系教育部人文社会科学研究项目"互联网舆情信息分析与管理机制研究"（项目编号：08JC870003）和上海市社会科学规划课题"政务公开信息的网络舆情反馈研究"（项目编号：2009ETQ001）研究成果之一。

等（2008年）利用神经网络预测BBS上帖子的回复数，余红（2008年）构建了网络论坛舆论领袖筛选模型，曾润喜（2009年）对网络舆情管控工作机制进行了研究。相关文献较多，不赘述。

突发事件是一个涵盖面较广的概念，一些重大突发事件会引起次生性灾害、不良社会连锁反应以及其他可能危及社会稳定的恶性危害，突发事件发生时需要政府各部门及社会各方面协同应对，更需要对突发事件做好监控预警工作。突发事件的预警管理多以系统非优理论和系统控制论为基础，而对突发事件的网络舆情监控预警研究则是最近几年的事情。

1.2 突发事件网络舆情监控预警研究

由于网络环境使得突发事件下的"羊群行为"影响得到放大，即网络上他人的言论行为对于其他个体行为的决策会产生较大影响，所以突发事件的监控预警就显得尤为重要。有关突发事件网络舆情监控预警方面的研究还相对较少，主要以国内文献为主，部分文献综述如表1所示：

表1 突发事件网络舆情监控预警研究部分文献综述

类别	研究者	视角/方法	主要观点或结论
群体性事件中网络舆情研究	刘毅[3]（2005）	着眼突发性群体事件中舆情信息的汇集与分析，采用信息手段筛选、分析和加工。	舆情汇集工作要明确获取舆情的基本渠道，要关注突发事件各阶段网络舆情可能形态，做好预警和引导。
	王来华等[4]（2006）	在群体性突发事件发生、应急和预防的不同阶段研究网络舆情特点及变化情况。	从舆情角度看待群体性突发事件是发现相关者利益诉求的新视角，预警有助于认识和调控群体性突发事件。
	彭知辉[5]（2008）	分析网络舆情与群体性事件关系，探讨网络环境下群体性事件处置与预防的对策。	网络舆情常直接引发群体性事件或间接推动群体性事件的恶性发展，应重视网络舆情的监控、预警及引导。
着眼特定领域网络舆情	柯健[6]（2007）	着眼于公安领域，对网络舆情预警机制的环节、原则、策略等进行研究。	网络舆情预警机制是系统工程，公安部门需要做好舆情规划、舆情收集、分析处理、舆情预警环节工作。
	沈国权等[7]（2007）	着眼于军队领域，从技术角度对军网网络舆情分析系统的实现进行分析。	网络信息采集和页面分析技术、主题检测与跟踪技术、倾向性分析技术等信息技术手段应该被充分应用。
	徐楠等[8]（2009）	着眼于高校领域，归纳出最能直接影响高校网络舆情安全的八大内容并予以应对。	应构建高校网络舆情信息多通道提取、分析与挖掘以及研判与预警三个层面的系统体系架构。

续表

类别	研究者	视角/方法	主要观点或结论
网络舆情监测预警指标体系	吴绍忠等[9]（2008）	设立网络舆情预警等级，设计预警指标体系，运用Delphi法确定指标体系权重。	网络舆情预警要有好效果必须构建成熟合理的预警体系，包括预警指标、预警等级、预警测度、预警方法、预警活动等要素，建立预警等级指标体系尤为重要。
	李季梅等[10]（2009）	在分析公众恐慌的起因及特点的基础上，通过网络舆情监测实现公众恐慌的度量。	突发事件引起的群体性恐慌有可能导致新的突发事件产生，网络上话题的受关注程度及讨论者的参与程度反映该突发事件的影响程度，体现了公众恐慌的情况。
	曾润喜等[11]（2009）	在建立网络舆情分级预警机制基础上构建警源、警兆、警情三类指标体系。	网络舆情突发事件的发生发展一般会通过变量特征体现，要构建合理的指标体系，为保障网络舆情突发事件预警机制，还需建立相应的组织体系和制度体系。

上述研究或侧重于网络舆情监控思路、管理机制的探讨；或着眼于某一特定领域网络舆情监控预警研究；或是提出网络舆情监控预警指标体系，普遍缺少对预警方法和具体步骤的探讨，本文提出了基于信号分析方法的突发事件网络舆情预警模式，提炼出具体分析步骤并予以说明。

2 突发事件网络舆情预警模式

2.1 基于信号分析的网络舆情预警

在网络舆情分析研判中多采用统计方法、德尔菲法、内容分析法、文本挖掘法等方法，而对于网络舆情的预警，尤其是突发事件的网络舆情预警，基于信号分析法的预警有可能做到更准预测和有效预控。如对与突发事件相关的信号内容缺少辨别和评价，没有恰当解读，则很难及时准确地做出预警。

信号分析是对事件出现的各种征兆或迹象进行解释、质疑、假设、数据补充、验证和评价的过程[12]。此方法立足于不完全信息的条件下，通过关注信号的产生，连续监测、扫描，正确辨识、解读信号，可以对将要出现的威胁或危机及时做出预警。信号分析是情报学领域中一种重要的分析、预测方法。目前国内学者对信号分析的研究大多集中在信号分析的综述、方法论的探讨和在企业竞争情报中的应用，还有学者专门对信号分析中弱信号的作用、获取和分析方法进行了研究。笔者在借鉴以上研究成果的基础上，把信号分析方法应用在突发事件的网络舆情预警中,以期降低突发事件的发生概率和减小突发事件产生的不良影响。

2.2 突发事件网络舆情预警模式

某些突发事件发生之前,事件策划者往往会通过网络有意或无意地留下一些关于事件即将发生的征兆。信号纵向挖掘可以对这些征兆进行纵向地、深入地挖掘,通过信号的搜集、辨识、解读和利用,分析出策划者的意图,预测策划者的行动。此过程在纵向上层层深入展开,力求挖掘出有深度、有价值的信息。这样相关部门就可以在事件发生前预警,及时采取行动,在萌芽状态避免突发事件的发生。

而某些突发事件发生后,在网络上会引起网民大众的密切关注,经过网民们的迅速传播,使得突发事件无论在网上还是网下都被更多的人知晓,影响力越来越大,甚至会引发轩然大波。突发事件在横向上传播可以分为开始阶段、扩散阶段、爆发阶段和衰退阶段,在每个阶段信号显示出不同的特点。信号横向防控可以通过明确当前突发事件传播所处的阶段,以及时控制突发事件的进一步恶化,将不良影响降至最小。

可见,基于信号分析的突发事件网络舆情预警可分为两个维度,见表2。

表2 突发事件网络舆情预警的两种模式

信号分析模式		信号纵向挖掘	信号横向防控
典型信号		事前征兆信息	舆情发展信息
时间段		突发事件发生前	突发事件发生后
关注点		突发事件策划者留下的作案征兆	突发事件传播所处阶段的舆情特点
信号分析目的		挖掘出信号背后策划者真实的意图	防控突发事件的恶性扩散
主要步骤	信号采集	监测区域、引导性问题、主动扫描	监测区域、引导性问题主动扫描、保持跟踪
	信号辨识	清楚或模糊、直接或间接、真实或虚假	反应强度、传播速度、危机程度、影响广度
	信号解读	信号关联、确定主题、信息拼图	开始阶段、扩散阶段、爆发阶段、衰退阶段
	采取行动	信号利用、行动方案、组织保障	给予重视、立即干预、反应迅速、总结经验

2.3 基于信号纵向挖掘的预警

2.3.1 信号搜集 预警工作的第一步是监测隐藏于大量网络信息中的初始信号,相关预警部门应根据自身的特点和需求来确定重点监测区域和辅助监测区域,做到监测广度与监测深度的平衡,在明确监测区域基础上持续保持跟踪。搜集人员可以借助一系列引导性问题找到搜集的思路,引导性问题是建立在搜集人员以往经验基础上的,如有哪些重要的信号经常被忽略,而引起突发事件的发生?突发事件发生需要的社会环境有哪些?各种突发事件的影响者最近有哪些语言或行动?根据引导性问题,就可以在相应区域内主动扫描信号,而不是被动地等待信号出现在眼前。

2.3.2 信号辨识 信号辨识过程是进一步解读信号的基础。通过对搜集到的信号进行辨识得到对信号的初步评价,信号的辨识包括分析信号是清楚的还是模糊的?信号是直接的还是间接的?信号是真实的还是虚假的?网络舆情中信号真假尤其需要分析人员认真辨识,否则会导致认为信号虚假但突发事件却发生了,或者认为信号真实但突发事件却未发生的不良情况。分析人员在辨识时要充分考虑到发送者的意图,如果一个人想引起突发事件,并刻意留下信号,他的目的可能会是扰乱社会秩序、心理上试图引起大众的重视、吸引有关部门的注意来帮助其解决问题、报复社会或者是恐怖分子、敌对势力想制造事端等。分析人员要怀着质疑与反思的态度,可以通过回应信号、试探性地反馈等手段,印证所接收信号的一致性、连续性,还可以通过信号的发送方式和渠道选择上来初步判断信号的可信度、攻击性。

2.3.3 信号解读 辨识过程对信号建立了初步的解释和评价,接下来的解读需要分析人员把搜集到的各个信号有机地联系起来,并科学地加以分析、预测,试图窥得信号发送者的真实意图,把隐藏在信号背后的真相挖掘出来。在实际工作中,分析人员要善于把握信号间存在的接近之处、相似之点、因果关系、伴生关系、形式和模式的相似性等,将新信息与已掌握的知识、经验、消息等对接起来[13]。通过拼接某个主题的信息碎片,建立主题拼图,反映出此主题的部分面貌或全景,得到真正具有利用价值的相对完整的推论。通过信息拼图,还可以过滤掉虚假的信号,使杂乱无章的信号有序化。

2.3.4 采取行动 经过解读过程,分析者对信号已形成了一定的认知与推论,或者因为信号太不清晰、信号容量太小等原因,对信号背后的真实意图认识还比较模糊。基于此,决策者可进一步选择应对方案:①积极行动,包括发送反击信号,制止突发事件的发生;②采取行动前,进一步观察事态发展；③不作为。采取哪种行动依赖于决策者对信号的判断，一般情况如果决策者认为信号的攻击性意图强，那么决策者反应的可能性和速度会加大。对于各类组织都应该提高网络中对突发事件信号的敏感性和判断力，相关职能部门也应落实责任、明确任务。

2.4 基于信号横向防控的预警

2.4.1 信号搜集 此类信号搜集可以参照以下一些引导性问题：网民们对突发事件所持的态度、情绪的波动、反应是否剧烈；各个网站与论坛对此事件的发帖数与跟帖数，数量是否有巨变和拐点，单位时间内总贴数的变化情况；此事件能够引发的社会危害能有多大，网民发言中语气的强弱，言辞的激烈，事件是否有变质的可能；网民的情绪是否还可控制，影响的范围是否有扩大的趋势，是否有其他力量（如传统媒体和社会名人）介入此事件的传播等。

2.4.2 信号辨识 此处的信号辨识与前述辨识信号的模糊与否、间接与否和真实与否不同。因为在突发事件发生后，网络上对事件大量的评价是直观的，并不像前者需要运用很多抽象思维，所以这一过程主要是对搜集到的信号进行汇集与简单的整理，可以把信号分为4个指标：网民的反应强度、事件的传播速度、严重程度和影响广度，把每个信号归属到相应的指标中去。

2.4.3 信号解读 解读过程中要遵循信号分析的方法，把搜集到的4个指标内的信号有机地联系起来，再通过拼接碎片，形成主题拼图。根据反映出的部分或全部信息全景，可以推理出突发事件所处的阶段。一般情况下，按时间顺序突发事件在网络中传播的一个完整周期包括开始阶段、扩散阶段、爆发阶段和衰退阶段。突发事件传播的时间越久，经历的阶段越多，事态演变会越严重，对社会造成的恶劣影响也会越大。所以有关部门通过信号解读，确定事件所处的阶段之后，应立即采取相应的行动，制止突发事件进一步蔓延。

2.4.4 采取行动 解读确定事件所处阶段后应立即采取相对应的行动：①开始阶段是处理事件最佳的阶段，但也是最容易被忽视的阶段，虽然影响较小，有关部门也应该给予足够重视。在精力有限的情况下，可以延长观察，争取多搜集些信号。②突发事件传播到扩散阶段已经意味着危险，相关部门发现后应该立即干预，防止事态进一步恶化。一方面弄清事件的原委，并告知网民，尊重网民的知情权；另一方面对网络上流传的谣言要给予澄清，制止以讹传讹的情况发生。③爆发阶段代表突发事件已经极为严重，对社会产生了恶劣影响。处理此阶段的突发事件一定要反应迅速，有关部门要在第一时间表明对事件的态度和应对措施,不断披露事件进展,争取公众的认可和进行答疑解惑。④在衰退阶段,有关部门要总结经验,编入案例库,完善对突发事件的预警机制。

3 突发事件网络舆情预警实例

具体看一些突发事件网络舆情有关的信号实例。有些事件在发生之前会在网络上找到相关的征兆,如震惊中外的乌鲁木齐"7.5"事件,发生之前分裂分子就在网络上放言"将要有一件大事件发生"。又比如河南祁县"钴60"事件,之前网上散播着钴60将爆炸的谣言,又有网民在论坛转载一个帖子,鼓吹科学家已经没有办法,老百姓只能坐以待毙[14],然而相关部门并没有在第一时间给予足够重视,最终导致了突发事件的爆发。此类事件的共同特点是事发之前都在网络上散发出信号,这些信号少数比较明确,然而大多数信号是比较模糊、零碎、不确定的,而且往往与大量的噪音混杂在一起,但是如果忽视了这些信号可能意味着一起事故、一轮危机甚至是一场灾难的发生。

另一方面,从近年来各大网络热点事件的形成可以看出,我国网民的社会参与意识持续高涨,进一步显示出了巨大的舆论能量,特别在遇到突发事件时,网民的这种舆论能量更得到激发。例如湖北石首事件,据不完全统计,在事发长达约80个小时内,体现政府立场的新闻只有3篇,而在百度贴吧石首吧里就出现了近500个主贴。政府的漠然态度最终导致约7万民众走上街头,与数千名武警对峙,成为新中国成立以来最严重的街头骚乱[15]。相比之下,成都"6.5"公交车燃烧事件中,成都市政府处理得就比较得当。距事发仅两小时,成都市政府就召开了新闻发布会,不断公布现场情况。在第二天发布会中,主动回应了市民们的疑问,使质疑声减弱。第三天发布事件原因后,民众的情绪放缓,最终这一场恶性突发事件平稳落幕[16]。这种情况下,相关部门应快速行动,一方面安抚舆论的情绪;另一方面避免突发事件进一步恶化,造成更大的社会损失。

4 结语

利用信号分析方法不仅可以防控突发事件在网络中的恶性扩散,还有可能阻止突发事件的发生,且信号分析方法立足于不完全信息条件下,更符合现实生活中的实际情况,与其他分析方法相比更具有现实意义。现有突发事件网络舆情预警研究多根据已制定的指标体系来判断预警,对事态发展中偶发、单独的信号不甚敏感,而忽视这些信号恰恰会引起突发事件的发生或恶化,希望本文基于信号分析的突发事件网络舆情预警模式的探索能引起相关研究者和实务部门的关注。

参考文献:

[1] 腾讯科技. 第25次中国互联网网络发展状况统计报告. [2010-05-21]. http://tech.qq.com/zt/2010/cnnic25/.

[2] Lavrenko V, Allan J, DeGuzman E, et al. Relevance models for topic detection and tracking//Proceedings of the Human Language Technology Conference (HLT). San Francisco: Morgan Kaufmann Publishers Inc., 2002: 104-110.

[3] 刘毅. 突发性群体事件中舆情信息的汇集与分析. 学术交流, 2005 (10): 131-135.

[4] 王来华, 温淑春. 论群体性突发事件与舆情问题研究. 天津社会科学, 2006 (5): 63-65.

[5] 彭知辉. 论群体性事件与网络舆情. 上海公安高等专科学校学报, 2008 (1): 46-50.

[6] 柯健. 和谐社会视野下建立公安机关网络舆情预警机制初探. 公安研究, 2007 (12): 62-66.

[7] 沈国权, 马海兵, 张煜. 建议构建军队网络舆情分析系统. 南京政治学院学报, 2007 (3): 105-106.

[8] 徐楠, 戴媛. 面向高校网络舆情安全的监管与预警研究. 信息系统工程, 2009 (7): 62-66.

[9] 吴绍忠, 李淑华. 互联网络舆情预警机制研究. 中国人民公安大学学报, 2008 (3): 38-42.

[10] 李季梅, 陈宁, 陈安, 等. 突发事件的网络舆情监测与恐慌度量系统. 中国科技资源导刊, 2009 (2): 62-67.

[11] 曾润喜, 徐晓林. 网络舆情突发事件预警系统、指标与机制. 情报杂志, 2009 (11): 52-55.

[12] 沈固朝. 情报预测和预警研究要关注信号分析. 图书情报工作, 2009, 53 (20): 10.

[13] 沈固朝. 信号分析: 竞争情报研究的又一重要课题. 图书情报工作, 2009, 53 (20): 11-14.

[14] 云南信息报. 谣传钴60爆炸杞县群众忙逃离. [2010-05-20]. http://news.163.com/09/0718/04/5EFRRJHC000120GR.html.

[15] 网易新闻. 湖北石首群体性事件. [2010-05-21]. http://news.163.com/special/00013FJU/shishou.html.

[16] 祝华新, 单学刚, 胡江春. 2009年中国互联网舆情分析报告. [2010-05-22]. http://yq.people.com.cn/htmlArt/Art392.htm.

作者简介

　　许　鑫，男，1976年生，讲师，博士，发表论文50余篇，出版学术专著1部。张岚岚，女，1985年生，硕士研究生，发表论文5篇。

网络舆情监测及预警指标体系构建研究[*]

1 现有舆情监测与预警指标体系

CNKI 检索结果显示，自 2006 年起，谢海光、陈中润、金兼斌、吴绍忠、李淑华、戴媛等先后提出了各有特色的网络舆情指标体系（见表1）。这些指标体系在传播层面对舆情传播的主题、受众、过程等要素进行了全面的揭示，在内容层面从内容识别、内容分析等角度对舆情价值进行了深度挖掘，基本上涵盖了从主题、内容到传播过程、舆情受众等大部分网络舆情监测点。不过，由于受研究方法所限，这些指标体系各有不足，存在诸如部分指标缺乏深度、难以评估，指标体系不完整，对受众倾向缺乏深入分析等不足。

表1 指标体系间共性比较

指标类别	指标体系	作者	指标特点
面向传播	网络舆情安全评估指标体系	戴媛[1-4]等	基于传播主题，从安全角度对目标主题进行分析
	网络口碑综合指数	IRI 口碑咨询机构[5]	基于传播受众，以受众参与程度衡量舆情影响力
	5 维舆情监测指标体系	金兼斌[6]	基于传播过程，针对单个网站/论坛内舆情传播状况，侧重传播过程中的特征规律
	网络舆情预警等级指标体系	吴绍忠，李淑华[7]	综合了舆情传播的所有关键要素
面向内容	标准的互联网舆情指数	赵旭东[8]	基于内容识别，对照关键词/主题词所属类别确定其舆情影响力
	"十度"指标体系	谢海光，陈中润[9]	基于内容分析，通过内容分析确定需关注的主题

基于此，本文拟基于 E-R 模型对于网络舆情的出现、发展和消亡具有明

---

[*] 本文系国家社会科学基金项目"中文学术信息检索系统相关性集成研究"（项目编号：10CTQ027）和教育部人文社会科学研究规划基金项目"面向用户的相关性标准及其应用研究"（项目编号：07JA87006）研究成果之一。

显、重要影响的因素进行归纳、整理，使之成为能够广泛应用于各种网络舆情监测与预警的指标体系，从而能更准确地把握舆情的生长点，更客观地对舆情状态做出评价，更有效地预测其发展趋势，在纷杂的网络舆情中提炼出需要特别关注的舆情信息，以便及时处理。

本文中，舆情主题指舆情的主题信息；主题舆情指某一主题下的舆情；舆情专题指某一特定主题的舆情信息的集合。基本指标指反映单篇新闻/主贴/博文及评论/回帖属性等在单个网站内可完成统计的指标，也称基本统计指标；必要指标指反映舆情专题属性，可由基本统计指标提炼获得的指标；完备指标指反映舆情专题属性尤其是主题关键词特性，不能由基本统计指标直接提炼获得但又是网络舆情监测与预警所必须的指标。

2　舆情系统的 E–R 分析

对整个舆情系统进行 E–R 分析可以获得舆情系统中的所有实体以及相关属性，基于此，构建出的舆情监测与预警指标体系可以满足系统性的要求。

目前，网络舆情的监测手段，多以全网搜索、定向搜索、专业数据库搜索为主。本文把网络舆情的监测点分为在单个网站内可获得的基本统计指标和需纵观全网才能实现的分析指标两大类（见图1）。前者针对某一舆情主题下的单篇新闻/主贴及网友评论/回帖，后者研究整个舆情主题的内容强度、传播特性及生长规律。当然，单个网站或论坛内主题舆情的内容强度、传播特性及生长规律等也具有一定的分析价值。

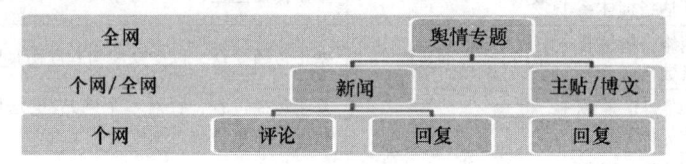

图1　舆情主题构成

不管是针对新闻网站还是博客、论坛，也不论采取何种监测方式，一个完备的主题舆情应包含以下几个部分：舆情专题、新闻/主贴、评论/回帖。一般情况下，一篇新闻或主贴发布后会有 n 个评论或回帖，而一个舆情专题包含 n 篇新闻或主贴。在监测过程中，对某一目标主题，首先接触到的就是与该主题相关的或符合该舆情主题的新闻/主贴和网友评论/回帖。

除主题关键词外，针对单篇评论/回帖的基本统计指标主要有：评论/回帖时间、评论/回帖人 ID、评论/回帖人 IP、评论/回帖站点、评论/回帖人倾向等；针对单篇新闻/主贴的基本统计指标应包含以下几个方面：发布者名称/ID，发布者特性（年龄，职业、等级、贡献值等影响其权威度的信息）、发布站点、发布时间；浏览人数/人次数（总量、均量、增量）、评论/回复贴数（人数、人次数）（总量、均量，增量）、倾向分布、发布站点特征等。单篇新闻或主贴的转载数（转发数、链接数）/时间/站点（总量、均量，增量，站点分布）等无法在单个网站实现的特征指标也应属于基本统计指标范畴。

把监测范围扩大到全网，对基本统计指标进行适当的整合、处理即可形成针对某一舆情专题的必要指标。如主题舆情的倾向分布、站点分布、地域分布、趋势分析等用以反映一个舆情专题的传播规律及生长状态的分析指标。一个完整的舆情监测指标体系除必要指标外还应包括反映该主题舆情内容强度的完备指标，该指标从另一侧面反映了舆情的生长特征，一般难以量化，如舆情主题对目标客户的重要程度及目标客户对舆情主题的敏感程度等。

基于上述分析，结合网络舆情的传播环境及特征，可以认为，网络舆情的传播热度、内容强度、受众倾向及生长规律是网络舆情专题最主要的属性特征。

对舆情要素进行系统分析，可以画出该系统的 E-R 图，如图 2 所示：

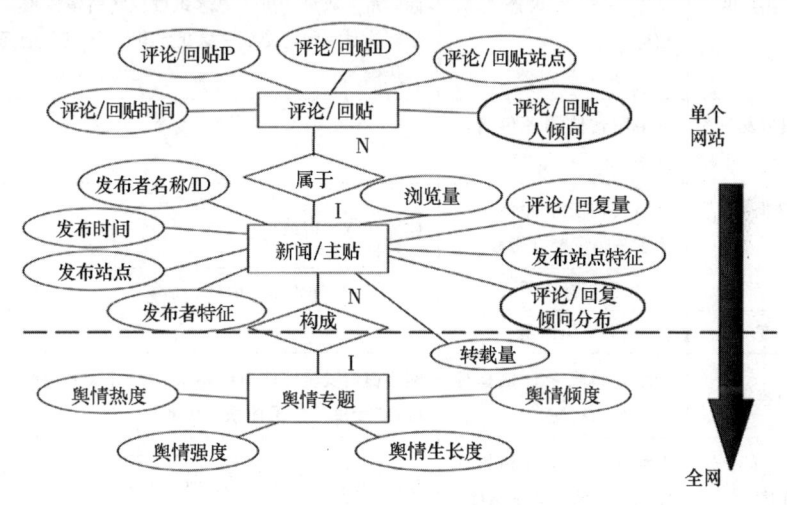

图 2　舆情主题属性

3 网络舆情监测预警指标体系的构建

3.1 现有网络舆情监测预警指标分析

对现有指标体系中的具体指标进行归纳整理发现,其舆情监测指标大致可分为舆情主题热度、舆情内容强度、舆情生长规律及受众倾向四个类别,如表2所示:

表2 舆情监测指标类别

类别	具体指标	所属体系	类似指标
舆情热度	网络分布度	网络舆情安全评估指标体系-舆情流通量指标	IRI网络舆情指数体系-网络口碑波及度;网络舆情预警等级指标体系-舆情传播-舆情的传播媒体、舆情的传播方式
	地理分布度	网络舆情安全评估指标体系-舆情流通量指标	网络舆情安全评估指标体系Ⅱ-传播扩散-网络地理分布
	聚焦热度	网络舆情安全评估指标体系-舆情状态趋势指标	网络舆情安全评估指标体系Ⅱ-民众关注;IRI网络舆情指数体系-网络口碑参与度;5维舆情监测指标体系-数量为度、显著维度;网络舆情预警等级指标体系-舆情受众-受众数量;"十度"指标体系-热度
	舆情发布者指标	网络舆情监测评价指标体系	
舆情内容强度	舆情内容指标	网络舆情安全评估指标体系-舆情要素指标	标准互联网舆情指数
	重度	"十度"指标体系	"十度"指标体系-敏度、粘度
	频度	"十度"指标体系	
	内容敏感	网络舆情安全评估指标体系Ⅱ	网络舆情安全评估指标体系-舆情要素指标-关注度;"十度"指标体系-焦度
舆情生长状态	时间分布度	网络舆情安全评估指标体系-舆情流通量指标	5维舆情监测指标体系-时间维度
	传播速度	舆情预警等级指标体系-舆情传播	网络舆情安全评估指标体系Ⅱ-传播扩散;舆情预警等级指标体系-舆情传播-传播阶段
	拐度	"十度"指标体系	
	散度	"十度"指标体系	

续表

类别	具体指标	所属体系	类似指标
受众倾向	态度倾向	网络舆情安全评估指标体系Ⅱ	5维舆情监测指标体系-意见维度；网络舆情预警等级指标体系-舆情受众-受众的倾向性
	发展度	网络舆情安全评估指标体系-舆情状态趋势指标	IRI网络舆情指数体系-网络口碑评价度
	集中程度	5维舆情监测指标体系	
	疑度	"十度"指标体系	"十度"指标体系-难度

3.2 网络舆情监测与预警指标体系构建

通过本文第二部分的E-R分析以及对表2的分析与归纳，可以构建出具有层次结构的网络舆情监测与预警指标体系。该指标体系包括基本指标、关键词指标、必要指标以及完备指标。如图3所示：

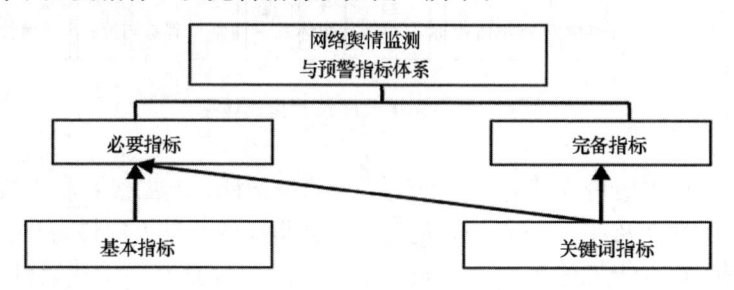

图3 指标体系结构

- 基本指标。根据E-R分析的结果可知现有的舆情系统存在评论/回帖、新闻/主贴以及舆情专题三个实体，每个实体都有n个属性，比如发布者/评论者名称/ID、发布/评论站点、发布/评论时间、浏览量、回复量等，这些属性可以形成网络舆情监测与预警指标体系的基本统计指标，具体内容见图2，不再赘述。
- 关键词指标。主要描述主题舆情的内容，通过自然语言处理之后获得的一组关键词进行描述。
- 必要指标与完备指标。通过表2的分析与归纳，可以得到现有舆情监测与预警指标系统的大部分必要指标与完备指标，同时，针对现有指标体系缺乏深度、难以评估，指标体系不完整，缺乏受众倾向分析等不足，本文拟

171

在以下几方面进行改进：①提出以刊载媒体影响力、发布者影响力、主题下舆情信息署名程度等反映舆情权威程度的指标以增强对主题舆情热度的评估；②增加反映主题舆情向相关主题渗透扩张程度的主题扩散度指标以增强指标体系的预警能力；③引入测算当前时段主题舆情在其生命周期中所处位置的时效度指标；④强化对受众倾向离散或集中程度及倾向分布发生重大转变的信息点的分析。

综合现有指标体系以及针对现有指标体系不足的改进思考，在充分考虑舆情传播的要素、规律及特点的基础上，本文选取、设计了以下必要以及完备指标完成新的舆情监测与预警指标体系的构建，如图 4 所示：

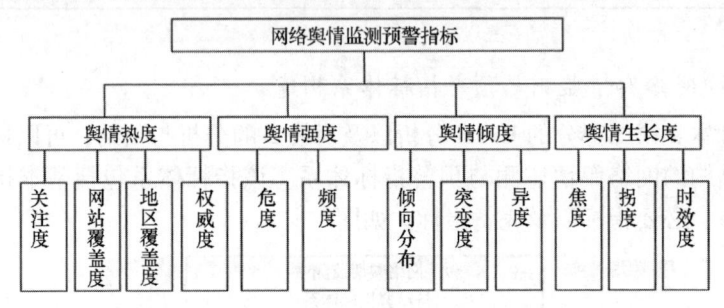

图 4 网络舆情监测预警指标体系

本文把网络舆情专题的特征属性作为一级指标，其二级指标在反映单篇新闻/主贴/博文及评论/回帖属性的基本统计指标的基础上提炼得出。该指标体系参考了现有指标体系中应用较多、易于实现且具有一定代表性的指标，如舆情关注度、舆情网站/地区覆盖度、舆情频度等等，并对其进行归纳整理；舍弃了缺乏深度的指标，如网络舆情安全评估指标体系中舆情主题指标下的发布者信息，难以评估的指标体如网络舆情预警等级指标体系中舆情受众的心理状况指标（受众心理状态）等；在基本统计指标的基础上重新提炼设计了舆情权威度、舆情倾向突变度、异度、舆情时效度等指标，保证了指标体系的可靠性与可操作性。

3.2.1 舆情热度 舆情热度是衡量舆情传播范围，是舆情监测分析的主要指标，也是最常用的指标。舆情热度包含舆情关注度、舆情网站覆盖度、舆情地区覆盖度、舆情权威度四个二级指标。舆情关注度一般用主题下相关网页的数量来衡量（关注热度）。舆情网站覆盖度是指包含该主题舆情信息的网站占样本网站的比重（主题舆情的站点分布）；样本网站是经过精心选取的，能在一定程度上代表整个网络状态和水平的网站集合；由于各网站的规模级别不同,通常要对其进行加权处理。舆情地区覆盖度用主题舆情的地区分布表示,在突发舆情的监测中作用尤为突出。舆情权威度包括来源权威度(刊载媒体的权威性)、舆情署名度(舆情主题下署名信息所占比重)、发布者影响度(可设置为循环累计指标)等。

3.2.2 舆情强度 舆情强度是衡量舆情信息本身质量的一个指标。舆情强度包括危度和频度两部分。舆情危度是一个完备指标,由主题扩散度、主题敏感度、主题重要度三个三级指标构成。主题扩散度是用来衡量当前状态下本主题舆情向其他相关主题舆情扩散转移的可能性或扩展转移程度的指标。在舆情监测预警中,主题扩散(见图5)[10]的问题应该得到足够的重视,可以参考社会网络分析方法,评估该主题舆情向另一相关主题扩散的原因、扩散强度、扩散趋势以及可能造成的影响。主题敏感度反映该舆情主题下敏感词的数量水平。主题重要度是一个由用户设定的参数,用户根据自己的需求设定若干关键词,并按其重要程度为其添加权重,主题重要度的计算可通过该舆情主题下关键词权重的累加实现。

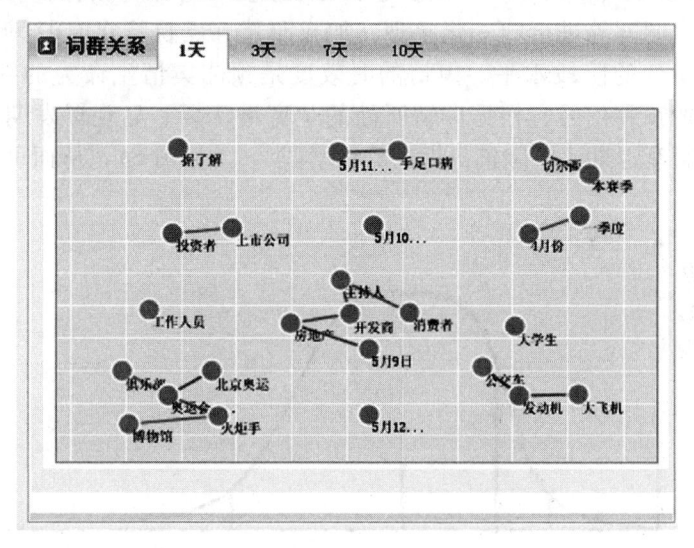

图5 主题扩散度示例[10]

舆情频度也可作为热度指标,但本文认为一个舆情主题被浏览、回复、转载(含转载、转发、链接)频率在更大程度上反映的是信息强度的变化,与主题热度主要决定于舆情发布来源不同,频度指标反映了舆情主题本身的魅力,故在本文中更倾向于视其为一个强度指标。但不同于舆情危度在伴随舆情主题生长的过程中会保持不变或越来越强，舆情频度在生长后期会逐渐减弱，代表这一个舆情周期的结束，舆情频度的这一特性使其在网络舆情监测预警中被格外关注，甚至有独立出热度或强度指标的趋势。

3.2.3　舆情倾度　舆情倾度是指舆情受众的态度分布。受众倾向分析是舆情分析中不可或缺的一部分，倾向分析也从另一个角度反映出受众的规模、结构及心理状况，是舆情预警及处理的决定因素之一。舆情倾度包括倾向分布、突变度、异度三个指标。倾向分布是指受众的数量在针对某一主题舆情不同倾向（正面、负面、中立）上的分布情况；突变度是指反映受众倾向突然发生变异的状态参数；异度反映受众倾向的集中或离散水平。

3.2.4　舆情生长度　舆情生长度是指舆情在传播过程中体现出来的某些规律性指标，包括焦度、拐度、时效度三个二级指标。焦度是指舆情生命周期中焦点（最受关注点）所处的状态。拐度是指舆情生命周期中拐点（主题热度发生转变的点）所处状态。时效度是一个累计指标，利用主题热度、强度、倾度等进行归一化整理，加权测算，反映特定时段舆情在其生命周期中所处的阶段水平。舆情的时效度是预测舆情生命力的综合指标，是最主要的预警信号，根据舆情所处的孕育潜伏期、显现爆发期、持续演进期、缓解衰退期、解除消失期的具体阶段[11]（见图6），从而可以采取相应的决策。

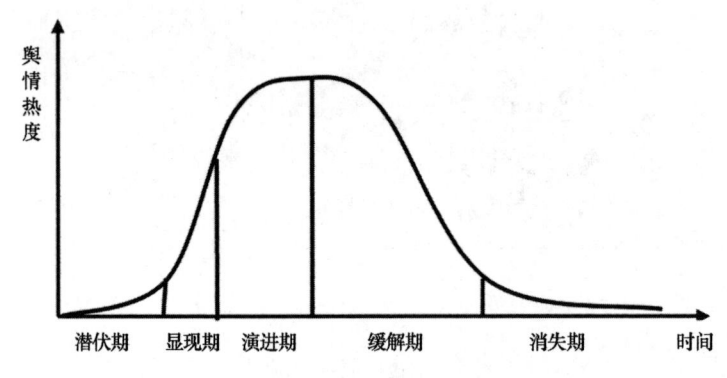

图6　网络舆情生命周期[11]

对本文提出的四个一级指标，既可共同构成舆情指数，也可根据实际情况对其设定阈值，超出阈值即发出舆情预警信号，具体的二级指标以及三级指标如表3所示：

表3 网络舆情监测预警指标体系

一级指标	二级指标	三级指标	指标来源	指标类型
舆情热度	关注度	关注热度	1、2、5、6、7、9	必要指标
	网站覆盖度	舆情网站分布	1、5、7	必要指标
	地区覆盖度	舆情地区分布	1、2	必要指标
	权威度	来源权威度	创新	必要指标
		舆情署名度	创新	必要指标
		发布者影响度	创新	必要指标
舆情强度	危度	主题扩散度（粘度）	创新	完备指标
		主题敏感度	2、9	完备指标
		主题重要度	创新	完备指标
	频度	点击频率	2	必要指标
		回帖频率	2	必要指标
		转载频率	2	必要指标
舆情倾度	倾向分布度	受众倾向分布	1、2、5、6、7、9	必要指标
	突变度	突变参数	创新	必要指标
	异度	倾向离散程度	创新	必要指标
舆情生长度	焦度	焦点状态值	9	必要指标
	拐度	拐点状态值	9	必要指标
	时效度	舆情时效值	创新	必要指标

4 结论

本文在现有的网络舆情监测预警指标体系研究的基础上，依据系统性、科学性、可靠性及可操作性原则，参考并借鉴现有指标体系优点，构建了更为系统科学的网络舆情监测与预警指标体系，该指标体系包括图2的基本指标以及表3的必要与完备指标。

本研究通过对主题舆情属性进行E-R分析，保证了指标体系的科学性与系统性，从舆情热度、舆情强度、舆情倾度、舆情生长度四个维度来诠释主题舆情的传播范围及程度、舆情主题本身内容强度、舆情受众意见分布、主题舆情生长规律及状态等网络舆情监测预警要素，在整体架构上有所改进，在具体指标的设计方面更为合理，在舆情强度、舆情倾度的分析上有所创新。

参考文献：

[1] 戴媛,姚飞.基于网络舆情安全的信息挖掘及评估指标体系研究.情报理论与实践,2008(6):873-876.

[2] 戴媛,郝晓伟,郭岩,等.我国网络舆情安全评估指标体系的构建研究.信息网络安全,2010(4):12-15.

[3] 戴媛,郝晓伟,郭岩,等.基于多级模糊综合评判的网络舆情安全评估模型研究.信息网络安全,2010(5):60-62.

[4] 戴媛.我国网络舆情安全评估指标体系研究［学位论文］.北京:北京化工大学,2008.

[5] 网络舆情指数体系介绍.［2010-10-12］.http://www.iricn.com/index.php?option=com_content&view=article&id=44&Itemid=4.

[6] 金兼斌.网络舆论调查的方法和策略.河南社会科学,2007(4):118-121.

[7] 吴绍忠,李淑华.互联网络舆情预警机制研究.中国人民公安大学学报(自然科学版),2008(3):38-42.

[8] 赵旭东.互联网舆情指数挖掘方法研究［学位论文］.哈尔滨:哈尔滨工业大学,2007.

[9] 谢海光,陈中润.互联网内容及舆情深度分析模式.中国青年政治学院学报,2006(3):95-100.

[10] TRS互联网舆情管理系统白皮书.［2010-10-12］.http://www.trs.cn/servpport/pdf/trsomwhite.pdf.

[11] 张维平.关于突发公共事件和预警机制.兰州学刊,2006(3):156-161.

作者简介

王青,女,1985年生,硕士研究生;成颖,男,1971年生,副教授,发表论文30余篇,出版著作6部;巢乃鹏,男,1972年生,副教授,发表论文30余篇,出版著作6部。

企业竞争情报系统建设中的舆情监控研究

1 引言

竞争情报（competitive intelligence）是指竞争主体为保持竞争优势所搜集并经分析与加工的一切有关竞争对手、竞争环境、竞争态势和竞争策略的信息和研究，既可以将之看作一个过程，也可以将之看作这一过程中所产生的结果。而企业竞争情报系统（competitive intelligence system）从通常意义上来讲是指由人工组织和计算机信息网络组成的战略决策支持和咨询系统。

企业建立竞争情报系统的目的之一，就是辅助管理人员预见危机，避免危机，防止突发事件给企业造成重大危害。在竞争情报系统中，为了对危机进行预警，其分析内容包括确定预警目标、寻找警源、构建分析指标、情报监测以及针对预警报告所采取的管理行为。预警目标是大前提，是预警研究的基础，而寻找警源，分析预警征兆属于对警情的因素分析及规律分析，发布预警度则是预警的目的所在和危机管理的依据[1]。

因网络舆情造成或加剧企业危机的情况不在少数，如富士康"跳楼事件"、肯德基"秒杀门"、俏江南"回锅油事件"等，均是由网络新媒体推动的，甚至越来越多的事件是直接由网络引发。因此，如何了解与企业相关的具有聚焦效应的观点、情绪、态度和意见等并加以分析，已成为竞争情报系统中进行企业危机预警的越来越重要的部分。

如何捕捉和识别危机征兆，并在恰当的时机发布警讯，是舆情监控子系统要解决的难题之一。目前的竞争情报系统在危机预警方面的研究，大多数在搜集数据、统计数据、呈现信息、反映管理中的弊病等方面发挥了一定的作用，但其多停留在大量数据和信息层面，这加重了处理和分析人员的认知负担，危机征兆的自动发现、警讯预报等关键技术问题还没有很好地解决。

本文首先在分析企业网络舆情监测特点的基础上，提出一种通用的竞争情报系统中网络舆情监控子系统的功能结构，较之以前的研究成果[2-4]，本文提出的功能结构一方面能发挥竞争情报系统信息收集、处理与分析及情报服务三个过程的原有各功能模块的效能；另一方面又能较好地通过对网络舆情的监控加强企业危机预警的能力。其次，本文还提出了企业舆情监控子系统的6个方面的关键技术，只有在这些关键技术得到突破时，企业网络舆情监控子系统才能为企业提供高准确度的危机预警。最后，本文提出了使用舆情监控子系统进行企业危机预警或舆情监测的工作流程，进一步对舆情监控子系统的应用进行了探讨，以期企业能更好地发挥企业舆情监控子系统的功能。

2 企业网络舆情监测的特点

网络舆情之所以成为企业危机的主要原因、推手和放大器，究其原因，大致在于如下几个方面：

2.1 传播主体的隐蔽性和距离性

目前互联网上网民的身份基本上都是匿名的，网络身份也基本上是虚拟的。同时，网民发言不像现实中的面对面发言，理论上可在数以万计的论坛里发言，但是在实际空间上却有相当的距离。这两个特点使得网民可以比较自由地表达自己对企业的观点和意见，而不受身份、环境等因素的制约。因此，企业需要时刻了解网络上针对企业的言论，一方面要应对可能而来的危机，另一方面也可以积极了解企业存在的问题。

2.2 传播形式的直接性和公开性

借助这种隐蔽性和距离性的特点，网民可以自由选择诸如微博、论坛、博客等方式且无需经过复杂的手续或第三方媒介就可以畅快而直接地表达自己的意见。因此网络舆情中的观点或情绪具有真实性，这种真实性不仅能唤起具有同样情感的网民的参与和反应，而且能借助网络空间的开放性得到迅速传播，造成更大的影响。

2.3 传播的突发性和迅疾性

据调查，2011年博客/个人空间的使用率为62.1%，微博用户达到网民比例的48.7%，社交网站用户占网民比例的47.6%，论坛/BBS用户占28.2%，上述渠道成为网民获取网络数据的主要渠道[5]。因此网络事件的形成和扩散往往很突然，一个事件成为热点事件往往只需要很短的时间。同时当网民的个体意见和个体情绪得到共鸣时，可以迅速地汇聚成公共意见。这使得一个人挑战一个企业的事件有可能发生，如何制止因此而产生的负面效应的扩散成为企业舆情监控需要时刻关注的问题。

2.4 传播内容的偏差性

由于传播主体具有隐蔽性，并且目前对网络媒介还缺乏有效的限制和监督，网络容易成为网民发泄情绪的空间，其在现实生活中遭遇的挫折，对社会问题的片面认识等，都可能利用网络予以宣泄。从这个意义上来说，并不都是企业出现错误和问题才会有危机，竞争对手、网民的恶意或无意中伤都会将企业推向预料不到的危境。

2.5 传播方式的交互性

在互联网上，网民普遍表现出强烈的参与意识。针对企业的问题或事件，常有许多网民参与讨论，网民之间经常形成互动局面，持正面观点和负面观点者会同时出现，相互探讨、争论，甚至出现意见交锋。这种实时互动性，使各种观点和意见能够快速地表达出来，讨论更广泛、更深入，也使得企业可以在掌握早期舆情的情况下进行干预和处置。

基于上述特点，企业在商业竞争中，不仅应关注从舆情中发现商机或危机，而且应特别警惕舆情在放大危机效应方面的作用。如何通过完善的功能结构、工作流程设计以及关键技术，发现和跟踪事件链产生后的舆情动向、通过研究警兆和警度以控制其放大效应就成为竞争情报系统设计的重要任务。

3 舆情监控子系统的功能结构

根据上述网络舆情的特点，企业要实现对舆情实时、准确的监测、跟踪、评估和预警，以便发现危机信号并进行处理，需要建立一套完善的企业舆情监控子系统。经过对网络竞争情报系统的结构和网络舆情的特点研究，并结合为某飞机公司进行竞争情报系统研究和开发的实际经验，本文提出了一种通用的企业舆情监控子系统的功能结构，主要包括舆情规划、数据采集处理、信息存储、信息分析和报告生成等模块，其具体结构见图1，其中带阴影部分的模块是可以借用或共用企业竞争情报系统的模块。

舆情规划管理模块的功能主要是根据企业的情报和舆情需求，确定数据收集的主题、来源、确定参与舆情工作的工作人员及其工作任务和权限等。此模块包括分类管理设置、数据采集来源管理、用户及角色管理、系统管理、关键词和Url管理等。此模块中用户管理和系统管理子模块沿用竞争情报系统相关模块，需要在其中增加舆情用户和任务、角色和权限管理功能。

数据采集模块的功能主要是根据企业舆情规划的任务需求，从多种渠道来收集舆情信息，并进行有效的处理和储存，包括链接分析、正文抽取、标引、信息分类、干扰信息识别、元数据抽取、视频信息抽取、信息排重等。由于功能相似，此模块中的链接分析、正文和元数据抽取、标引、分类、排重等子模块沿用企业情报系统中的相关算法。而干扰信息识别主要指水军、

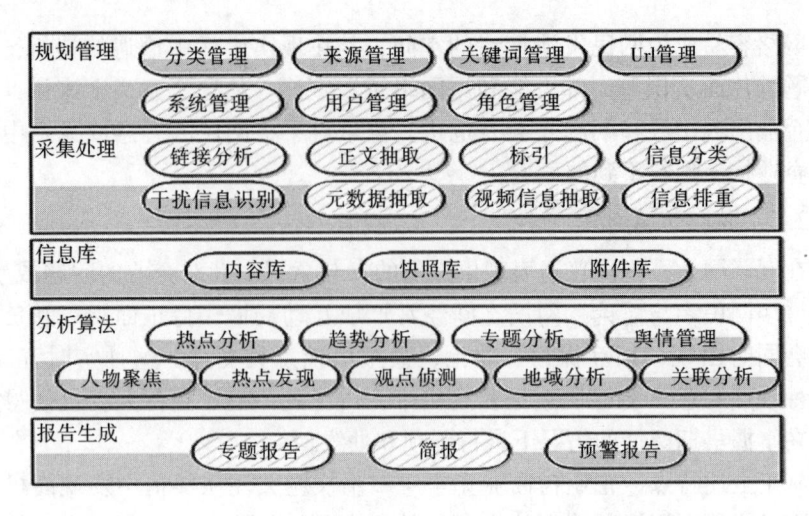

图1 舆情监控子系统的功能结构

自动发帖机等产生的数据识别；视频信息抽取，指视频的主题信息抽取。需要指出的是，与一般的网络舆情监控系统不同的是，企业情报系统的舆情采集还要包括对竞争对手的舆情采集。充分掌握竞争对手的舆情信息，也是竞争情报工作的一个重要内容。

信息库模块的功能主要是存储舆情监控子系统获取的内容、快照和附件，此模块可借用企业情报系统的存储子系统。

舆情分析模块是指将采集并处理好的数据按主题重新组织，生成舆情信息，包括热点分析、趋势分析、专题分析、舆情管理、人物聚焦、热点发现、观点侦测、地域分析、关联分析。关联分析指的是将多个弱焦点关联起来成为一个完整的事件，地域分析指的是针对事件发生和影响的网络区域进行分析，以便企业针对性地处理。经过上述流程处理过的信息便生成可用于决策的情报，其产品的形式有简讯、报告等。

舆情报告模块的功能是指针对某些专题形成专题报告的原型，并提供人工辅助编写报告的功能，同时还包括各类自动或人工辅助简报的功能以及针对预警信息的预警报告功能等。舆情报告模块可共用竞争情报系统的情报报告、简报的功能模块。

4 企业舆情监控的关键技术

4.1 舆情规划

包括设定舆情工作的目标，研究企业内的舆情组织架构、各成员的责任、确定竞争对手和可能的舆情共同体和舆情对立面，确定舆情监控流程、确定舆情采集源、确定舆情报告呈现的方式和内容，确定舆情工作的时间和成本等。通过舆情规划，可以对舆情工作进行比较准确的界定，当然此界定是在企业竞争情报工作整体规划下的子规划，是从属于企业竞争情报工作规划的。

4.2 企业舆情分类体系的建立

企业须根据自身的需求，设计符合企业特点的分类体系，这也是整个企业竞争情报分类体系的子分类。分类体系建设是舆情信息采集和分析的基础，一个好的分类体系，一方面便于采集来的信息的处置，另一方面也便于舆情分析等。同时，随着环境等因素的不断变化，企业舆情分类体系也需要进行相应的调整。

4.3 企业舆情指标体系的建立

指标是在评价某些研究对象时确定的评价依据和标准，包括指标名称和数值[6]。舆情指标体系是对舆情信息的若干个相互联系的指标所组成的有机体，包括舆情信息采集指标、舆情信息分析指标和舆情信息预警指标。舆情信息采集指标主要从网络舆情信息载体、舆情信息的发布者两个角度考虑。舆情信息的分析指标包括主题的热度、主题的内容倾向、主题的权威度三个方面。舆情信息的预警指标包括舆情的受众和舆情的发展两个方面。具体如图2所示：

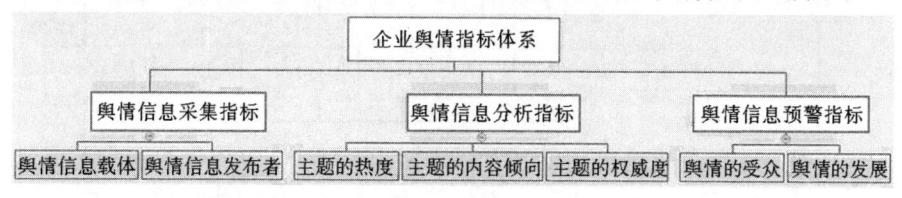

图2 企业舆情指标体系

企业舆情指标体系的建立还包括企业舆情指标体系的权重评定。确定了指标体系后，还需要确定指标权重，其方法包括德尔菲（Delphi）法、经验性权数法、因子分析权数法、模糊评价方法、灰关联分析法、秩和比法和层次分析权数法等[7]。企业应根据自身的特点和需求选择适当的权重确定方法。

一个设计好的指标体系可以指导网络舆情监控工作，并指导舆情采集源的评估，有助于全面客观地了解网络舆情的发展状况，并可通过预警指标判断企业网络舆情的潜在问题。

4.4 舆情采集源的评估

目前网络舆情采集源主要包括各类新闻、论坛、博客、微博、视频网站等,对于企业来说,要根据地理位置、行业、影响力范围等企业自身的特点对舆情采集源进行针对价值、采集耗费、采集效果和效率等采集指标的综合评估,以确定舆情系统需要采集的数据源以及各个数据源优先级或权值。

4.5 舆情分析算法的确定

企业舆情子系统中包括的人物聚焦、热点发现、观点侦测、水军识别、地域分析、关联分析等功能,具体要使用聚类算法、情感识别算法、事件关联算法、观点识别算法等,企业建设舆情子系统需要针对企业的特点,设计、研发适合的算法。目前已经有很多研究成果[8-11]部分地解决了上述问题,但是还有很多不足,需要作进一步的研究。

4.6 警讯预报

警讯预报是指企业舆情子系统通过对已有信息进行评估和学习,并产生新的模式,开始新的舆情监控,结合多角度聚焦等算法,形成一个具有生命特征的企业舆情反馈模块。舆情预警是舆情子系统中一个非常重要的模块。本文提出一个警讯预报的基本流程框架,如图3所示:

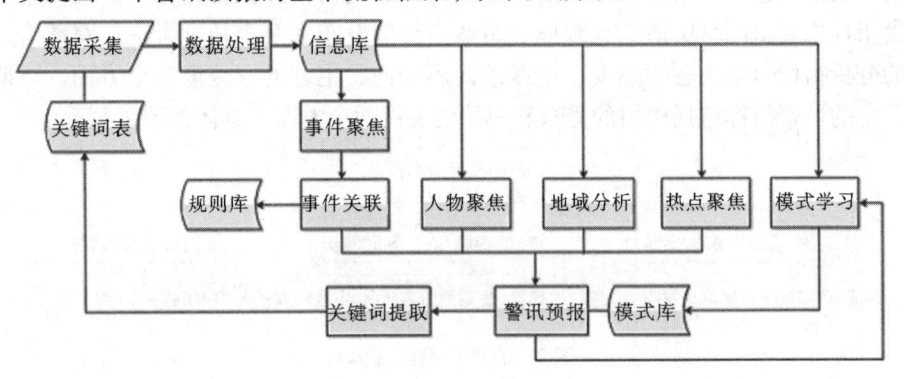

图3 警讯预报流程框架

通过这个框架,系统将通过企业舆情子系统进行信息采集,进行规则设定和优化建设规则库,通过事件关联、人物聚焦、地域分析、热点聚焦、模式学习等算法进行警讯预报,并根据警讯预报的结果进行关键词提取和模式学习分别对数据采集的关键词表和警讯预报的模式库进行优化。

5 企业舆情监控工作流程

要使用企业竞争情报系统中的舆情监控子系统进行企业舆情的监控,需要设置好一系列的工作流程,见图4。

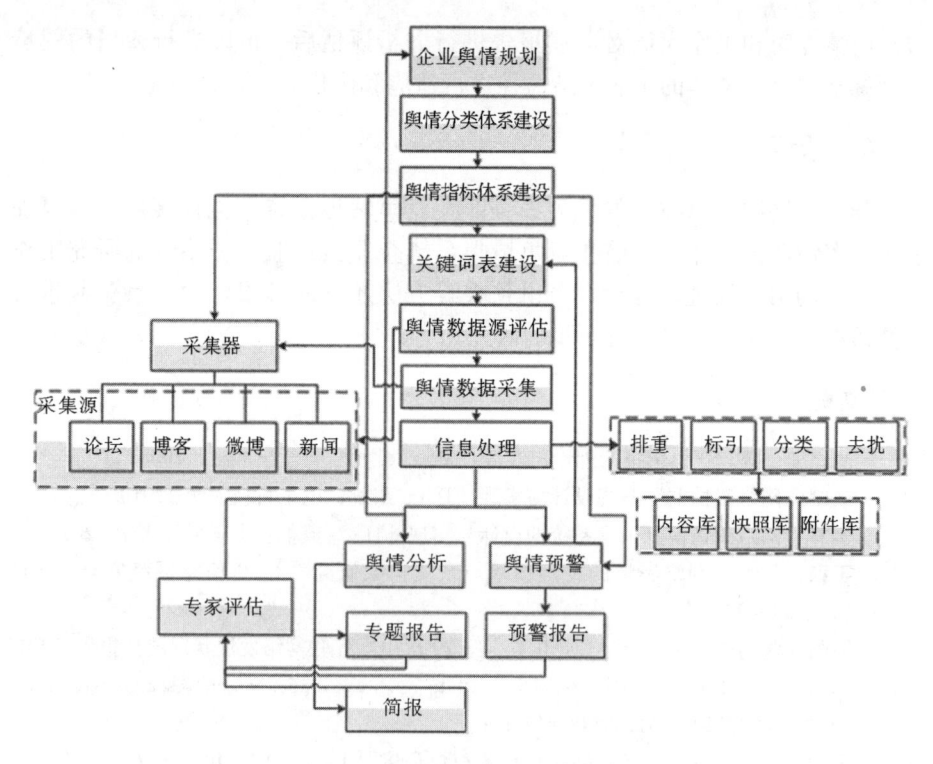

图4 企业舆情监控的工作流程

首先，企业要根据自己的需求，进行舆情规划，此步骤对舆情组织架构和责任、舆情监控流程、采集源、舆情报告、舆情工作的时间和成本等进行确定，可使用舆情子系统中规划管理模块进行用户、角色等配置；其次，要进行分类体系和指标体系建设，确定舆情的分类和舆情采集、分析、预警的指标体系，并输入到舆情采集、分析、预警等模块中；最终需要进行企业舆情监控的关键词表和数据源评估，并通过规划管理模块输入到系统的关键词表和数据源表中。

做好上述系统运行前的准备工作之后，舆情监控子系统首先通过采集器对论坛、博客、微博、新闻等数据源进行采集，并经过排重、标引、分类、去扰等处理后，将信息存入内容库、快照库和附件库中以备进一步的分析。

信息采集之后就要进行舆情分析和舆情预警工作。舆情分析和警讯预报，既有重叠和交叉，又有同时性。舆情预警工作需要舆情分析的部分结果，同时舆情预警的结果又可以充实关键词表，丰富舆情的采集和分析结果。最终，根据预告设置的报告模板，分别生成舆情专题报告、舆情简报和舆情预警报

183

告。舆情专家和工作人员对上述报告进行分析评估后，可以进行适当的舆情规划调整，以对整体的企业舆情监控进行适应和优化。

6 结语

随着网络和信息技术的发展，企业在竞争情报系统危机预警中，需要加强企业舆情监控工作。目前在竞争情报系统企业舆情监控子系统的研究工作中，已有的信息处理、分析、警讯预报等方法还不能够很好地支持企业进行舆情监控的工作，还需要进一步的研究。

参考文献：

[1] 沈固朝，等．竞争情报的理论与实践［M］．北京：科学出版社，2008．
[2] 项斌．网络舆情监测系统设计与实现［D］．成都：电子科技大学，2010．
[3] 吴静．网络舆情信息采集系统的设计与实现［D］．成都：电子科技大学，2011．
[4] 于淼，李远．网络舆情的关键技术与系统构架研究［J］．信息网络安全，2011（1）：21–22．
[5] 中国互联网络信息中心（CNNIC）．第 29 次中国互联网络发展状况统计报告［EB/OL］．［2012 – 01 – 16］．http：//www.cnnic.net.cn/research/bgxz/tjbg/201201/P020120118512855484817.pdf．
[6] 吴绍忠，李淑华．互联网络舆情预警机制研究［J］．中国人民公安大学学报：自然科学版，2008（3）：38–42．
[7] 李雯静，许鑫，陈正权．网络舆情指标体系设计与分析［J］．情报科学，2009（7）：986–991．
[8] 王伟，许鑫．基于聚类的网络舆情热点发现及分析［J］．现代图书情报技术，2009（3）：74–79．
[9] 盛江涛．网络论坛话题发现与跟踪技术研究［D］．哈尔滨：哈尔滨工业大学，2010．
[10] 林达真，李绍滋，曹冬林．基于时间分布特征的博客突发事件检测［J］．计算机工程与科学，2010（10）：145–149．
[11] 李纲，陈婧，程明结，等．基于意见挖掘的城市形象网络监测系统初探［J］．现代图书情报技术，2010（2）：56–62．

作者简介

石进，男，1976 年，讲师，博士，发表论文 20 余篇。
胡广伟，男，1975 年，教授，博士，发表论文 20 余篇。

主题追踪在医药卫生体制改革舆情监测系统中的应用*

1 背景

网络时代的来临导致了信息过载，用户无法在海量的信息环境中找到自己所需要的信息资源。对于科学研究，数量庞大的信息资源使得研究人员无法准确把握研究领域的整体现状和发展趋势，阻碍了科学研究的发展进程；对于决策人员，为数众多的信息充斥在网络中，决策人员无法从宏观角度了解行业的整体态势以及未来发展趋势，影响了决策制定的科学性，最终影响政策的实用性。近年来，随着经济社会发展和居民健康需求的日益增长，卫生事业的发展愈来愈受到政府与公众的重视。

为方便决策者和研究者及时了解与医药卫生体制改革有关的舆情信息，推动医药卫生体制改革和卫生事业发展，中国医学科学院医学信息研究所开发研制了"医药卫生体制改革舆情监测系统"。该系统利用互联网采集和文本挖掘技术，快速发现和收集500余个网站上与医药卫生体制改革有关的信息，采用互联网采集和文本挖掘技术，实现自动采集、自动分类、智能过滤、自动聚类、主题发现和主题追踪、观点倾向性识别、热点统计分析等功能，为决策者了解医药卫生体制改革动态提供及时、有效的知识服务。医药卫生体制改革舆情监测系统的主要功能分为：信息检索、主题识别、主题追踪以及倾向性分析。其中主题追踪是假定用户通过一个或多个报道样本已经确定了一个主题，系统就要识别出其后关于此主题的进一步报道[1]，如图1所示：

本文仅针对主题追踪环节的流程及关键技术进行分析，希望通过自动分类技术的改进，提高主题追踪效率，从而加强医药卫生体制改革舆情监测系统的使用效果。

---

* 本文系中国医学科学院中央公益性基本科研业务费项目"卫生政策研究领域知识管理与知识服务模式研究"（项目编号：2007X001）研究成果之一。

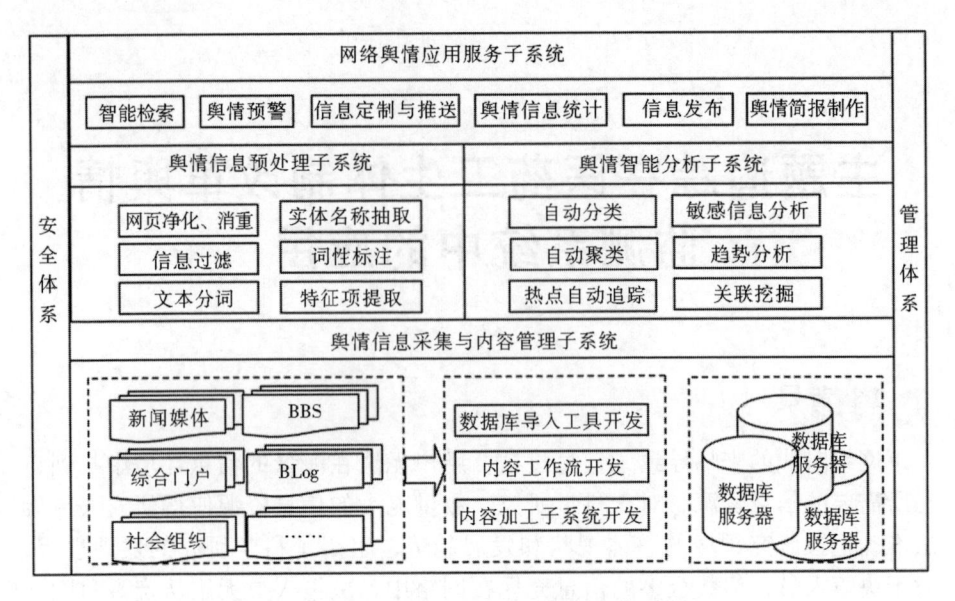

图1 医药卫生体制改革舆情监测系统框架

2 医药卫生体制改革主题追踪流程及关键技术

在医药卫生体制改革的舆情监测系统中，主题追踪分为两个部分：语料训练过程和新闻追踪过程，其关键技术涉及了预处理、特征项提取、向量表示、主题模型构建、相似性判断等，如图2所示：

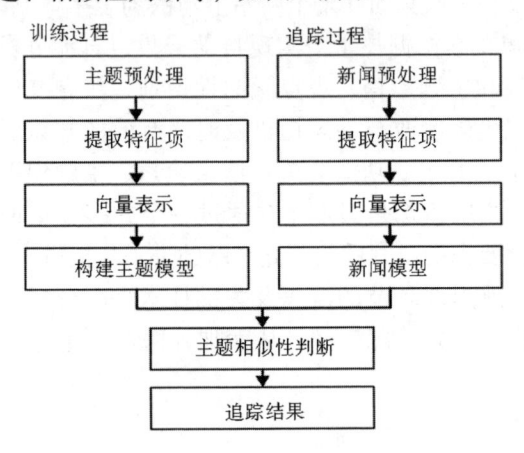

图2 主题追踪流程

根据《中共中央国务院关于深化医药卫生体制改革的意见》[2]中明确的五项重点改革任务,将医药卫生体制改革的追踪主题设置为基层医疗卫生服务体系、基本药物制度、公立医院改革、基本公共卫生服务体系以及基本医疗保障制度。本系统为每个主题分别选择一定数量的语料进行训练,形成主题模型,在新闻追踪过程中,将每篇新闻报道与生成的主题模型进行相似性判断,从而确定每篇新闻报道的主题类别。

2.1 预处理

医药卫生体制改革舆情监测系统中采集信息后的第一个环节就是对语料进行预处理,以形成主题模型,用于追踪特定主题的新闻,预处理主要包括:分词、词性标注以及命名实体识别。

在分词处理过程中,本研究采用基于字符串匹配的分词方法中的双向扫描法,按照某种分析策略将网络新闻信息中的字符串与"卫生政策研究词典"中的词条进行匹配。这种方法分别采用正向最大匹配法和逆向最大匹配法进行扫描匹配,并将两者初步切分的结果进行比较,如果两种结果相同,则分词正确,如果两者存在差异,则再利用一定的规则进行消歧。在分词过程中所采用的卫生政策研究词典是在《卫生政策研究主题词表》的基础上,结合网络用语加工而成。《卫生政策研究主题词表》由中国医学科学院医学信息研究所开发完成,主题词表内的主题词均进行了严格的词义规范、词类规范、词形规范和同义规范,明确词的含义与所涉及的范围,使每一个主题词在词语形式和语义上只能表达一个概念,杜绝一词多义和一义多词现象,减少实际应用中的人为歧义与误差。

在词性标注和命名实体识别方面,主要采用了中国科学院的 ICTCLAS 系统的相关算法。在"卫生政策研究词典"的支持下,对卫生政策研究的相关信息的预处理得到了较好的效果。例如:卫生部 2010 年 10 月 26 日发布一条信息"卫生部要求做好农村居民基本公共卫生服务工作",预处理结果如下:

卫生部/nt 要求/v 做好/v 农村/n 居民/n 基本/a 公共卫生/n 服务/n 工作/n

各标记符号[3]为:名词 n,动词 v,形容词 a,机构名称 nt。

2.2 特征项提取

由于医药卫生体制改革是近期我国医药卫生领域一项非常重要的工作,受到各部委、地方政府、媒体和社会大众的广泛关注,因此每天产生的医药卫生体制改革相关信息量较大,因此为了方便处理数据,将动态信息中的重要特征提取出来。文档的内容特征利用基本语言单位(字、词或短语)来表示,这些基本语言单位被称为文档的特征项[4]。特征项的权值反映了一个特征项在文档集合中的贡献程度。目前,经常采用的方法为 tf*idf 方法。

本研究充分考虑网络新闻信息的特点,在特征项权重计算时充分考虑特征项的位置信息,不同位置的特征项对主题的区分度是有一定差异的,因此对出现在文本标题、首句、段首、段尾和正文五个不同位置的特征项赋予不同的权重,具体计算如下:

对于给定文档 D =(t_1,t_2,t_3,…,t_n),t_n 为构成文档 D 的特征项。W (t_n, D) 表示第 n 个特征项的综合权重。$w_m \in \{w_1, w_2, w_3, w_4, w_5\}$,且 w_1,w_2,w_3,w_4,w_5 分别为在文本标题、首句、段首、段尾、正文中出现的特征项的位置权重,tf_{nm} 为第 n 个特征项在不同位置出现的频次。在本文中位置权重设置为 5,2,2,1,1。

$$w(t_n, D) = \sum_1^m W_m * tf_{nm} * idf_{nm}$$

2.3 主题模型构建

KNN 方法是一种基于实例的文本分类方法[5]。对于一个测试文本,计算它与训练样本集中每个文本的相似度,依文本相似度找出 k 个最相似的训练文本,然后在此基础上给每一个文本类打分,分值是 k 个训练文档中属于该类的文本与测试文本之间的文档相似度之和,按分值进行排序,依分值指定测试文本的类别。为了分类合理,可以选定一个阈值,指定测试文本属于越过阈值的所有类[6]。KNN 的实质就是以特征属性权值作为特征空间的坐标系测度,先计算测试文本与训练文本之间在该坐标系中的余弦距离,然后依据测试文本与训练文本的距离远近来确定类别。计算公司及各参数说明见公式 (1) 及表1:

$$f(d_x, c_i) = \begin{cases} 1, & \text{if } \sum_{d_j \in KNNDoc} sim(d_x, d_j) \cdot g(d_j, c_i) - b \geq 0 \\ 0 & \text{其他} \end{cases} \quad (1)$$

表1 式(1)中各参数说明

$f(d_x, c_i)$:为1,表示 d_x 属于类 c_i;为0,则不属于类 c_i	$sim(d_x, d_j)$:d_x 和 d_j 之间的相似度,用余弦距离表示
$g(d_j, c_i)$:为1或0,当训练文本 d_j 属于 c_i 类时取1,否则取0。	KNNDoc:指在训练集中依文本相似度找出与文本 d_x 最相似的 k 个训练文本所组成的训练文本子集
d_j:训练文本子集 kNNDoc 中的一个训练文本	b:阈值,它是一个有待于优化选择的值

KNN 算法没有非常显式地考虑特征属性关联及共现等因素对文本相似度的影响,因此适当地考虑关联与共现等因素,KNN 的效果会更好。从语言学的角度,一组词汇按照一定的逻辑组配关系构成了复杂的语义链。在构成语

义链的要素中，不仅仅有词汇，而且有词汇之间的相互顺序。在判断表示文本内容的语义链之间的相似性的时候，共现的特征项越多，两个文本向量表达同一语义性的可能越大[7]。文本向量空间中，每一个元素对应一个经过特征提取之后的文本向量，可以认为它就是语义链的一个组成部分。一个文本中的所有特征，构成了文本的整个语义，特征之间的相互关联和共现，对于文本相似度来说是很有意义的。然而，传统向量空间模型中相似度的计算没有很好地考虑到特征项之间的相互关联与共现，使分类结果不甚理想。

针对存在的这些不足，本文对 KNN 算法进行改进：主要考虑到文档间特征词的属性关联与共现对相似度的作用，用两文档之间的匹配系数进行调整，从而确定文档的类别，计算公式及各项说明见式（2）和表2：

$$f(d_x, c_i) = \begin{cases} 1, & \text{if } \sum_{d_j \in kNNDoc}(a + \frac{n}{|d_x|} + \frac{n}{|d_j|}) \\ & \cdot sim(d_x, d_j) \cdot g(d_j, c_i) - b \geq 0 \\ 0 & \text{其他} \end{cases} \quad (2)$$

表 2 式（2）中各项说明

n：文档向量 d_x 与 d_j 共现的特征词的个数；	a：常量，其值反映关联与共现的重要度，该值有一个优选范围；
$\vert d_x \vert$：文档 d_x 中的中特征词总数；	$\vert d_j \vert$：文档 d_j 中的中特征词总数。

3 实验测试

3.1 测试数据

在上述关键技术的基础上，初步搭建了基于主题追踪的医药卫生体制改革舆情监测系统，如图3所示：

为了验证改进主题追踪算法在医药卫生体制改革舆情监测系统中的应用效果，选择2009年4月1日至2010年11月21日医药卫生体制改革舆情监测系统从500余个网站采集的约6万条数据，经过去重处理，约有2 357条与医药卫生体制改革相关的新闻。对2 357条信息进行人工标识之后，将90%用于训练集，10%用于测试集。

3.2 评价指标

为了更加准确地评价主题追踪的效果，本文利用准确率、召回率以及两者的结合 F1 – measure 来表示追踪系统的性能。

图3 基于主题追踪的医药卫生体制舆情监测系统

$$准确率\ P = \frac{系统识别出的相关报道数}{系统找出的所有报道的总数}$$

$$召回率\ R = \frac{系统识别出的相关报道数}{所有相关的报道总数}$$

$$F1-measure = \frac{2PR}{P+R}$$

3.3 测试结果

测试结果如表3所示：

表3 测试结果及评价指标

主题	语料集	测试集	分类结果数	正确数	准确率%	召回率%	F1-measure
基层医疗卫生服务体系	524	58	68	55	80.88	94.83	87.30
国家基本药物制度	474	52	47	43	91.49	82.69	86.87
公立医院改革	470	52	51	44	86.27	84.62	85.44
基本公共卫生服务体系	227	25	19	18	94.74	72.00	81.82
基本医疗保障制度	428	47	52	45	86.54	95.74	90.91

说明：测试的总样本数：234篇；测试花费的时间：1.063000秒；测试的总识别率：86.324786%

在医药卫生体制改革舆情监测系统中，本文对主题追踪环节中的特征项提取以及主题模型构建方面进行了改进，实验结果表明：在五个主题类目上的准确率均达到80%以上，但是基本公共卫生服务体系主题类目的召回率仅72%，经过数据的详细分析，导致召回率较低的原因有可能因为训练样本较小,生成的主题模型会产生偏差,从而导致召回率较低。

4 结语

本文在医药卫生体制改革舆情监测系统中,针对主题追踪环节的关键技术进行了详细的阐述,并且尝试利用改进KNN算法提升主题追踪的效率和效果。主题追踪主要借助"卫生政策研究主题词表"的知识组织体系来描述网络动态信息中的各种知识单元,并对相关知识单元进行自动的抽取和发布,强调不同位置的特征词的权重,在主题模型构建过程中从共现的角度改进了KNN方法,形成了关于医药卫生体制改革的主题模型,为实时追踪医药卫生体制改革信息动态、帮助卫生决策人员制定相关政策法规提供了新的途径。实验分析结果表明,这种主题追踪模型具有较好的主题追踪效果,能够进一步提高医药卫生体制改革舆情监测系统主题信息自动获取、自动分类的效率,以便更好地服务于医药卫生决策人员。

参考文献:

[1] Allan J, Papka R, Lavrenko V. On-line new event detection and tracking//Proceedings of SIGIR 98: 21st Annual International ACM SIGIR Conference on Research and Development in Information Retrieval. New York: ACM Press, 1998, 37 – 45.

[2] 张茅:深化医药卫生体制改革 尽快实现人人享有基本医疗卫生服务. [2009 – 05 – 20]. http://www.hxzg.net/html/qswx/2009/0423/511.html.

[3] 俞士汶,段慧明,朱学峰等. 北京大学现代汉语语料库基本加工规范. 中文信息学报, 2002 (5): 49 – 64

[4] 刘海娟,张佳骥,陈勇. 基于改进权重计算的话题跟踪. 无线电工程, 2008 (4): 21 – 24.

[5] Cover T M, Hart P E. Nearest Neighbor Pattern Classification. IEEE Transactions on Information Theory, 1967, 13 (1): 21 – 27.

[6] He Ji, Tan Ah-Hwee, Tan Chew-Lim. A comparative study on chinese text categorization methods. PRICAI Workshop on Text and Web Mining Melbourne, 2000: 24 – 35.

[7] 孙丽华,张积东,李静梅. 一种改进的kNN方法及其在文本分类中的应用. 应用科技, 2002, 29 (2): 25 – 28.

作者简介

钱庆,男,1970年生,副研究员,发表论文10余篇;安新颖,女,1978年生,助理研究员,发表论文10余篇;代涛,男,1969年生,研究员,所长,发表论文70余篇。

MNPOS：军事网络舆情分析系统研究

1 引言

在军事情报搜集和处理中，公开情报资料搜集是一个很重要的方面。美国中央情报局80%的情报来源于公开材料，德国新闻情报局每天将搜集和处理后的公开情报资料汇总成《每日新闻简报》呈送，以色列情报机关公开承认其所获情报65%来自报刊、广播、电视和学术研究论文等公开渠道[1-2]，其他许多国家也设立了专门的公开情报搜集机构。网络舆情作为一种新形式的公开情报资料，由于其开放性、及时性以及便捷性等特点，越来越受到情报工作者的重视，甚至很多情报工作者纷纷将网络舆情作为其公开情报资料搜集的第一来源。

军事网络舆情主要是指国内外互联网络媒体中关于军事事件的评论和观点。军事网络舆情作为一种特殊的网络舆情，除了网络舆情所拥有的特点外，还有其自身特殊性[3]。评论和观点往往都集中在一些敏感和焦点问题上，例如中国军费问题、中国军事威胁等。在进行舆情分析与监控时，军事网络舆情将会是最为重要的部分。同时，由于国外一些媒体往往对其民众进行错误引导，军事网络舆情中的许多看法可能偏向负面，在进行分析和监控时就必须注重对这一部分舆情的判别，这对于做好军事情报分析工作至关重要。本文以开发军事网络舆情分析系统MNPOS（Network Public Opinion System in Military）为背景，在分析国内主要舆情系统基础上，研究舆情采集、舆情处理和舆情服务的系统架构及其关键技术的实现方法。

2 网络舆情系统比较及军事网络舆情系统特点

2.1 国内舆情系统的主要功能与应用

网络舆情系统中的关键技术，一方面与信息分析的具体功能和解决方案密切相关；另一方面又随网络舆情内容、范围和传播应用不断推陈出新。这些技术包括各种信息采集、特征抽取、数据挖掘、文本分析、自动分类、自动聚类、自动摘要、智能检索等技术。当前的新形态信息交互模式有网络新闻、论坛、博客、维基等，其信息采集技术从早期的静态页面信息获取发展到动态数据库数据获取，从传统的网络蜘蛛发展到可自主调整的高效搜索，从字符串匹配的检索实现发展到知识环境下的智能检索；相应的信息运用多元统计等方法进行分析，其基础聚类分析方法有概念语义空间与相似度、基于支持向量机与无监督聚类相结合的网页分类等；技术上采用决策树、神经网络、朴素贝叶斯、组合分类器、遗传算法、粗糙集、最近邻技术等多种分类方法。

国内一些较典型的网络舆情系统概述分析如下：

● 谷尼国际 Goonie 互联网舆情监控系统。该系统通过对互联网海量信息自动获取、自动聚类、主题检测和专题聚焦，实现用户的网络舆情监测和新闻专题追踪，形成简报、分析报告等结果。运用内容抽取识别、相似性去重等技术获取网络中的热点和敏感话题，根据统计等策略分析不同时间内的主题关注程度和预测发展趋势。该系统在国内的用户有待进一步增加。

● 中科点击军犬网络舆情监控系统。它使用强大的采集软件对数千网站进行监控，自动获取舆情信息的热度，并生成报表；同时可获取热点主题的浏览量、回复数，并跟踪发帖人，对舆情信息进行管理、标注和分类，并根据重要性对舆情信息进一步筛选和过滤。其采集性能比较好，但分析处理功能有待进一步提高。

● 北京拓尔思 TRS 网络舆情监控系统。该系统采用多种技术，实现对舆情信息的精准和全面采集，同时综合运用大规模文本智能挖掘技术，实现对海量舆情信息的准确、高效分析和管理。其舆情功能从用户角度来看较为全面。

● 北大方正智思网络舆情监控分析系统。该系统整合互联网搜索及信息智能处理等技术，通过对网络信息自动抓取、自动分类聚类、主题检测、专题聚焦等方法，实现网络舆情监控和新闻专题追踪等功能。其开发比较早，应用也较多，但相关的更新功能相对较少。

2.2 军事网络舆情系统的特点和相关研究

相比较当前市场上通用的网络舆情分析系统，军事网络舆情系统 MNPOS 对军事类突发事件的网络舆情相关研究更为关注，快速的专题聚焦、敏点发现追踪和倾向分析规则都具有新的特点。而目前的网络舆情分析还没有一个完整的解决模型，研究主要是获取网络舆情话题的一般信息和主题信息，注重获取舆情话题的主题内容，例如作者、发表时间、话题类型等，缺乏对话题评论焦点、情感倾向、事件关系等深层舆情信息的发现，忽视从事军事的群体对话题的情感、事件关系及变化趋势的分析。

传统研究方法没有对大规模军事网络数据进行分析,使得网络舆情系统无法适应网络环境下海量军事数据的特点;只利用简单的统计方法给出话题变化趋势直接作为预警信息,缺少基于知识的推理。在军事领域,网络舆情系统不提供完整的军事类突发事件网络舆情传播理论,大都以管理者需求为牵引而采用具体针对性的技术进行解决,造成技术整体上不具有连续性和系统性,很难形成一套完整的军事网络舆情解决方案,势必影响到军事网络舆情应对策略和方法的实用性、先进性和可靠性。因此,无论是社会科学领域还是工程技术领域,对军事网络舆情的基础理论研究都处于起步阶段,大多数研究成果属于方法上的研究范畴,军事网络舆情的监测与预警工作不够全面和系统化,军事网络舆情的应对策略还不够科学和规范。

3 军事网络舆情系统 MNPOS 功能及其体系架构

在 MNPOS 军事网络舆情分析系统中,运用军事知识语料对网络信息采集与提取,提高网络舆情监测分析的智能化程度,解决网页的灵活性和复杂性、内容的动态性和多态性、信息的庞杂性和不完整性所给系统提取军事网络舆情信息带来的困难;运用军事类话题发现与跟踪技术识别出给定时间段内上网媒体的热门话题,分析热门军事话题在不同时段内媒体所关注的程度,对突发事件进行跨时间、跨空间综合分析,获知事件发生的全貌并预测事件发展的趋势,对涉及内容安全的敏感话题及时发现并报告,为网络舆论引导提供支持;运用军事知识倾向性分析技术挖掘出网络文本内容蕴含的深层军事观点、态度等信息,对媒体言论倾向进行符合军情的分析;运用多文档自动文摘技术对军事网络论坛等信息进行提炼概要。

本系统采用模块化的软件设计方法,共分为网络舆情采集、网络舆情处理和网络舆情服务三个功能层面,系统体系架构见图 1。

3.1 网络舆情采集

网络舆情采集主要是利用网络蜘蛛的原理进行网页采集,按照预先设定好的军事主题和网址对网络上的军事数据进行定点、定主题的抓取,例如新闻、论坛、博客等主题网站。最后将抓取的结果以 XML 文件格式保存在本地。网络舆情采集是舆情分析处理和提供舆情服务的基础,只有高质量和高效率的网络舆情采集才能保证数据的可靠性和及时性。

3.2 网络舆情处理

网络舆情处理是整个系统的核心,它对所有采集到的数据进行相关处理,

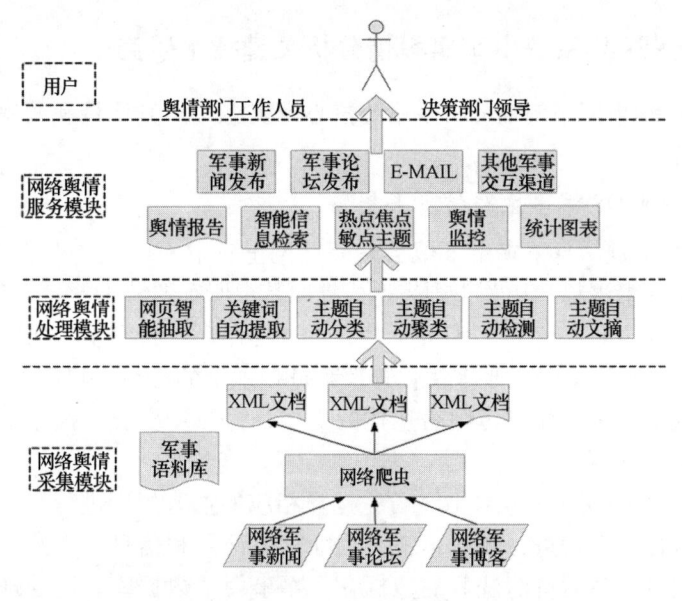

图1 军事网络舆情分析系统 MNPOS 三层架构

主要由网页智能抽取、关键词自动提取、主题自动分类、舆情倾向性分析和敏点舆情标注等组成。首先，基于军事主题和分类知识将采集模块抓取到的 XML 文件中的主题、内容、作者、发布时间、来源等存入网络舆情信息库，通过关键词自动提取和主题自动分类将每条记录的关键词和主题分析出来，进行倾向性分析和敏点舆情标注，最后生成自动文摘。另外，在主题分类过程中，若文档不属于任何预设军事主题则进行主题自动聚类处理，自动分析出新的军事主题。

3.3 网络舆情服务

分析结果进入网络舆情服务，并最终展示，包括舆情报告的生成、热点和敏点军事主题的列表显示、统计图表等，供舆情部门的工作人员和决策部门的领导随时进行军事舆情的监控。

MNPOS 系统在设计和实现过程中遵循软件工程原则，使用 .NET Framework 作为基础类库，在此基础上综合运用 VB 和 C#以及 ASP 技术进行开发，保证技术上的先进[4-6]。另外，为保证系统的可靠性和可扩展性，采取数据层、事务层和表现层分离的模块化设计原则，分为舆情采集、舆情处理和舆情服务子系统分别进行实现。

4 MNPOS 系统中军事舆情分析关键技术研究

MNPOS 军事网络舆情分析是系统核心模块[7-10]，其质量和效率直接影响到整个系统。

4.1 MNPOS 军事主题信息采集

MNPOS 主题信息采集由下载器从互联网上读取军事网页并保存到本地，分析器运用军事语料和相关正则表达式提取其中所有超链压入一个 URL 队列，之后从该队列中顺序读取 URL 并下载，该过程循环进行直至将指定网站的网页抓取完毕。程序关键在于多线程管理和链接地址的分析，目前 C#提供了良好的多线程管理机制和对正则表达式的支持，为开发多线程程序提供了极大的方便。

MNPOS 军事网页信息抽取，首先选择相应的抽取规则进行智能抽取，将相应的内容抽取出后进行数据清洗，去除重复记录和信息，合并相同标题不同内容的信息，最后将清洗后的数据存入军事舆情数据库。该处理过程包含在包装器中，对于用户来说是透明的。另外，在规则生成部分采用军事专家模式，即对网页的结构进行分析，然后手工进行规则的提取，因此，所生成的规则比较精确，对于相应军事网页的抽取质量和精确度较高。

4.2 MNPOS 军事舆情分类和倾向分析

将处理后的信息分入预先设置好的军事分类，对于网络舆情服务具有至关重要的作用。分类模块主要采用 KNN 和 SVM 分类法，其中的特征选择结合了信息增益、互信息和 α2 统计等方法和军事主题分类概念库，采用目前分类质量较高的一些开源程序进行改造，将其集成到系统中保证分类质量。

MNPOS 军事舆情文本分类分为两个过程：①训练过程，决定分类机的质量。首先由军事专家完成训练集的挑选，然后在预处理过程中进行参数选择、训练后进行参数调整等。②根据训练过程所生成的分类机进行分类，其中最重要的是预处理和分类进程，预处理是对待分类文本进行数据清洗和特征表示的过程，本系统的训练和分类进程采用 SVMCLS 2.0 开源程序。

舆情倾向性分析是根据舆情内容判断该舆情是正面还是负面的一个过程。常用的方法有基于机器学习和基于语义理解等，目前 MNPOS 系统采用基于机器学习的方法。系统中设计有六个类别（美国对台军售、中国反导试验、中美军事关系、中印关系、中国航天发展、中国武器装备），以其中的"中美军事关系"举例，可以将该类的文本根据其内容分为正面和负面两类，然后再训练出两个分类器："中美军事关系正面"和"中美军事关系负面"，六个类别即可生成12个分类器,然后对这些待分类文本进行分类,并且在数据库相应字段内用1和0来分别标注正面和负面信息。这种方法实现起来较为简单,而且准确率较高,不足是在构建训练集时需要大量军事专家进行手工编制,实现中充分利用军事信息管理学科的优势和成果来构建倾向性分类训练集。

4.3 MNPOS军事敏点舆情标注

军事敏点舆情标注主要是根据军用敏点词表对舆情信息进行敏点识别。MNPOS系统主要采用了舆情关键词和敏点词表进行匹配的方法来实现。首先选择敏点词表,然后将数据库中未进行敏点标注的舆情信息逐条读取出来,之后用舆情的关键词和敏点词表中的词汇进行逐条匹配判断,若匹配则将该信息标注为军事敏点信息,若没有一个关键词和敏点词汇匹配,则继续读取下一条舆情信息,直到所有未标注的舆情信息都标注完成。该模块中的关键就是军用敏点词表的构造,MNPOS系统中针对"中国军费"、"中国威胁论"以及"西藏维稳"等问题构造了专题敏点词表,这样就提高了军事敏点舆情标注的准确性;并且将该军用敏点词表和军事舆情动态分类库进行交叉关联,能够对军事敏点舆情进行细分。

军事网络舆情是一种特殊的公开情报,人民网"强国论坛"、新华网"发展论坛"和中国军网"国防论坛"等以其独特的议程设置吸引了众多军事网民的眼球。针对军事网络舆情的特点,本文构建并实现了一个基于.NET Framework平台、以XML为数据交换格式的MNPOS军事网络舆情分析系统,对军事网络舆情的信息采集与抽取、舆情分类与敏点标注、倾向性分析等技术作了研究改进。下一步的工作包括:在话题检测与追踪中研究基于自然语言理解的增量文本聚类,在突发事件网络舆情状态分析中研究文本情感倾向性识别的军用评测语料库及舆情态势知识库,在军事舆情预警中研究舆情分析的多级指标体系及预警等级评估方法。军事网络舆情分析监控系统的开发,必须遵循软件工程的设计规范,实现过程中涉及的工作量大、技术复杂、适用性要求高,只有通过不断的研发实践,才能推进军事网络舆情分析系统理论和方法研究的深化。

参考文献:

[1] 刘毅. 网络舆情研究概论. 天津:天津人民出版社,2007:53-54.

[2] 谢海光,陈中润. 互联网内容及舆情深度分析模式. 中国青年政治学院学报,2006(3):95-100;

[3] 白牧川. 军网的舆情监测和舆论引导. 军队政工理论研究,2006(6):77-78.

[4] Eikvil L. Information extraction from world wide web a survey. [2010-07-17]. ht-

tp：//citeseer. nj. nec. com/ eikvi199- information. html，2008 - 05 - 06.
[5] Wayne W. Multilingual topic detection and tracking：Successful research enabled by corpora and evaluation//Proceedings of the language resources and evaluation conference，2000：1487 ~ 1494.
[6] Seo Y W, Sycara K. Text clustering for topic detection. ［2010 - 07 - 17］. http：//www. ri. cmu. edu/pub_ files/pub4/seo_ young_ woo_ 2004_ 1/seo_ young_ woo_ 2004_ 1. pdf.
[7] 彭知辉. 论群体性事件与网络舆情. 上海公安高等专科学校学报，2008（1）：46 - 50.
[8] 雷震，吴玲达，雷蕾，等. 初始化类中心的增量 K 均值法及其在新闻事件探测中的应用. 情报学报，2006（3）：289 - 295.
[9] 赵华，赵铁军，张姝，等. 基于内容分析的话题检测研究. 哈尔滨工业大学学报，2006（10）：1740 - 1743.
[10] 王会珍，朱靖波，季铎，等. 基于反馈学习自适应的中文话题追踪. 中文信息学报，2006（3）：92 - 98.

作者简介

王兰成，男，1962 年生，教授，博士生导师，发表论文 160 余篇。

传播篇

网络舆情信息传播视域中传播效果理论的嬗变与思考[*]

"网络舆情"是"舆情"在互联网的普及和发展大环境下的必然产物。中共中央宣传部舆情信息局将其定义为：网民借助互联网，对社会公共事务特别是社会热点焦点问题所表现出的有一定影响力、带倾向性的意见或言论[1]。西方传播学经典理论是以报纸、广播、电视等传统媒体为研究论证对象、逐渐发现并形成的，在网络舆情传播领域中，传播载体已由传统媒体转变为互联网，这导致西方经典理论长期赖以生存的土壤发生了根本性改变。这种改变给传播效果理论研究既带来了挑战，也带来了机遇。早在1996年美国学者就提出："如果大众传播研究者仍旧完全不理会潜在的互联网的研究，他们的传播理论将会变成无用的东西。""互联网是一种多层面的大众媒介，传播学需要新的理论模式，创造信源、信息和接受者的新的结构形式[2]"。

国内网络舆情信息的研究探索随着对网络传播的研究逐步展开。从朱佳佳对 CNKI、万方、维普等数据库中关于网络舆情文献的检索统计（见表1)[3]来看，国内对网络舆情信息的研究总体呈现出逐年上升的态势。

表1 2005－2010 年网络舆情文献检索统计[3]

发表时间（年）	2005	2006	2007	2008	2009	2010	合计
文献数量（篇）	3	4	21	28	33	32	121
所占百分比（%）	2	3	18	23	27	27	100

这些研究是就当前国内对网络舆情信息传播研究的总体状况而言的，有梳理和批判，也有误读和争论。网络舆情信息传播领域的研究主要可分为两大类：一类是对早期经典传播理论和假说在网络舆情信息传播中的新变动或适用性所进行的分析，如提出把关人、议程设置、沉默的螺旋等理论；另一

---

[*] 本文系国家社会科学基金重点课题"基于信息共享的网络舆情信息工作机制建构与服务内容研究"（项目编号：12ATQ005）研究成果之一。

类则侧重于对理论的脉络梳理或深入探究,包括框架、发展传播、使用与满足等方面的研究。这其中,刘毅编写的《网络舆情研究概论》是我国第一部全面研究网络舆情的专著,该书对于网络舆情的形成、变动等重要理论以及网络舆情信息工作机制进行了深入的探讨。此外,还有许多值得关注的学术研究:

• 对网络舆情信息的传播过程进行研究。如赵瑞华认为,网络舆情的传播形成过程大致可分为8个步骤:①平面媒体的采访与报道;②网络媒体转载;③网友留言或在论坛发帖;④形成民意体验;⑤概念化的网络舆论;⑥网络媒体与平面媒体互动作用;⑦具体化的网络舆论(提升观点化的民意);⑧影响政府决策[4]。

• 对网络舆情信息的传播特征进行研究。如赵子剑等人认为,在Web 2.0环境下,SNS、微博、RSS等网络工具流行,"自由、共享、互动"的理念深入人心,网络舆情传播呈现出个人媒体的崛起、舆情危机的常态化和舆情扩散的难控性等特点[5]。

• 对网路舆情信息的网民主体进行研究。如毕宏音认为,在网络舆情的信息交流过程中,集体心理的存在使网民个体的舆情表达受到群体影响而发生变化甚至扭曲。通过对群体压力、群体极化、集体无意识、群体互动等的研究,展示了网络舆情形成和变动中的群体影响力[6]。

总而言之,国内当前对于网络舆情信息传播的研究还处于初级阶段,研究成果相对零散、不够深入。但是我们要看到,互联网步入Web 2.0时代以来,随着微博、微信等社交平台在舆情信息传播中的广泛运用,当下网络舆情信息传播的相关理论研究已成为热、难点课题。互联网区别于传统媒体的一系列显著特征,正在对经典的传播效果理论构成严重的冲击和挑战。这其中受影响最大的有"把关人"、"议程设置"、"沉默的螺旋"以及"使用与满足"等理论,它们有的得到了印证和强化,有的则出现了严重背离和不相适应,亟待我们去重新审视和分析。

1 传播模式的网状化对"把关人"理论的挑战

传播学奠基人库尔特·卢因提出了著名的"把关人"理论,认为什么样的信息能够进入大众传播渠道,是由传媒组织,即传播者来决定的。这一理论在以往的大众传播活动中被广泛运用,因为大众传播是一种单向性很强的传播活动,传媒与受众的关系模式主要是"传送者→接受者"。传媒组织单方面提供信息,受众只能在媒体提供的范围内进行选择和接触,尽管受众可以通过读者来信、热线电话等形式对媒体进行意见表达或信息反馈,但这种反馈也是间接和滞后的，在传播中所产生的效果十分有限。

而对于网络传播而言，它兼容了大众传播（单向）和人际传播（双向）的特征，形成一种散布型网状传播结构。其中，任何一个网结都能够生产、发布信息，所有网结生产、发布的信息都能够以非线性方式流入网络之中[7]。这种全新的传播模式使得网络舆情信息能够通过点对点的人际交流方式进行随意传播，任何人都拥有选择写什么、怎么写的自由。这一突出特征也使得传统媒体中得到普遍运用的"把关人"理论，在网络舆情信息传播"去中心化"的大环境下看似乏力，没有指导意义。

然而，事实并非如此简单。我们应看到：一方面，在网络舆情信息传播中，宏观意义上的"把关"现象逐渐消失，而微观意义上的"把关"现象却在不断凸显。以微博为例，网民需要在海量信息中选择自己关注或者感兴趣的信息进行转发，他们往往会链接一些有影响力、自己感兴趣的博主（加V用户），而这些博主（加V用户）披露哪些信息，隐藏哪些信息，都是经过其本人"把关"的，体现出了浓厚的个人意愿、态度和观点，尤其在热点舆情信息的传播中。正如王煜全在《新媒体的四个改变》一文中所指出的，"随着SNS、微博的兴起，中间渠道的转发者决定了后面接受的人能看到什么。"而Cho Youngsang等人研究指出，在一些突发事件中，网民习惯从"意见领袖"那里寻找诚恳的解读、深刻的剖析、犀利的批判[8]。由于这些民间"把关人"的出现，网络舆情信息传播转而由原先的"去中心化"开始向"再中心化"的方向发展。

另一方面，在网络舆情信息传播中，被削弱的主要是政府或官方的"把关"功能，对于专业新闻机构而言，"把关"功能依然存在。目前在网络舆情信息传播中最积极、最活跃、最拥有力量的传播主体依然是通讯社、报社、广播电台、电视台等专业的媒体组织。比如，自2011年起，新华社开通新华通讯社@新华视点、@新华社中国网事等一系列账号，已成为有影响的媒体微博；《人民日报》开通新闻新浪微博法人账号@人民日报，该微博粉丝量超过了《人民日报》的订阅量[9]。这些微博"国家队"的异军突起，在努力主导网络"微话语权"的过程中，因为他们所一贯坚持的立场、方针和价值观念不会发生根本性改变，使得他们在网络舆情信息传播中也具有"把关"功能，只是方法手段都发生了深刻变化。

这也启示我们，对于政府或官方机构更容易实施"把关"的传统媒体而言，在网络舆情信息传播中失去的话语垄断权，可以通过媒体转型，借助"媒介融合"，或通过传统媒体与网络媒体、博主（加V用户）的互动等途径，继续抢占网络舆情信息传播的"把关权"。当然，要想真正拥有"把关权",除了将网络技术手段充分运用到传统媒体的舆情信息传播中外,更要适应网络传播模式,转变"把关"思路,调整"把关"策略,提高"把关"效果。正如罗昕所认为的,网络时代把关对象从沉默到挑战,把关关系从训示支配到协商协作甚至对抗,把关机制从单一到多元[10]。针对这些传播特征的变化,"把关人"理论研究必须进行结构性调试,由以往报纸、电视、广播等传统媒体所主导的相对固定、隐蔽和单一的"把关"模式向网络舆情信息传播中动态、透明、复杂的"把关"模式转变。

2 传播内容的开放化对"议程设置"理论的影响

在传统媒体的舆情信息传播中,处于被动地位的受众只能在大众传媒为他们"设置"的有效"议程"或"菜单"中,进行有限的挑选。而媒体通过赋予各种"议题"不同程度的显著性的方式,可以影响受众对周围世界"大事"及其重要性的判断。大众传媒的这种"议事日程"功能,最早见于美国传播学家 M. E. 麦库姆斯和 D. L. 肖在 1972 年发表的论文《大众传播的议程设置功能》,近年来随着实证研究和理论探讨的展开,"议程设置"理论也在不断趋于细致化和明确化。

而对于开放化的网络传播而言,由于不受地域、时空等限制,网民可以轻而易举地进行意见交流和个人态度表达,普通公众对舆情信息的传播享有了更多的选择权、主动权,他们既可以随心所欲地从媒体"拉"出所需的舆情信息,也可以参与媒体的传播活动,这也导致传统的"议程设置"在网络传播中很难引起舆论聚焦并产生预设的效果。对此,有人认为"议程设置"理论已逐渐消弭或者失去指导作用。事实上,网络舆情信息传播中的"议程设置"依然存在。大量研究表明:网络媒体与网民之间、网络媒体之间以及网络媒体和传统媒体之间都依然存在着"议程设置"。只是以往媒体为受众所设置的"议程",在网络舆情信息传播中并不见得会为网民所接受,相反,能够成为真正"议程"的往往是那些网民最关心和热衷讨论的话题。这也使得网络舆情信息传播中的"议程"需要在受众与媒体双向互动中进行设置。通过双向互动,能够促使网络舆论场中的各类观点和意见快速表达出来,在各个独立受众间的探讨、争论下,网络舆情信息能够快速得到集中的反映。

面对网络舆情信息传播对"议程设置"理论提出的新要求,只有贴近网络传播特点和网民接受心理选择"议程",采取全新的方法手段进行"设置",才能有效影响受众,实现传播目标。比如,围绕特定"议程",充分利用网络不受周期和版面限制,具有超文本链接功能等优势,通过安排大量不同内容、不同角度的消息和言论,转而将网民的注意力维持在特定的"议程"

上。再如，有选择地对舆论"议程"进行排序发布，对于预先设定的"议程"可以按照时间顺序排在最前面或网页最显著的位置，从而提高网民对该"议程"的关注度。此外，可建立与网络舆论"意见领袖"的良性互动，通过他们在潜移默化中对公众进行"议程设置"，进而影响社会舆论，等等。有研究显示，如果网站突出的是能够与网络受众产生共鸣的"议程"，那么网站就可能具有较强的"议程设置"效果[11]。

值得关注的是，网络舆情信息传播具有极强的时效性。研究显示，网络传播中"议程设置"效果的"时滞"性大大缩短，从传统媒体的数周缩减为短短的一周之内[12]。此外，由网络媒体设置的"议程"，往往只有经过传统媒体的深入跟进和证实，所形成的社会舆论才会更加权威和具有影响力。针对这些新特点、新变化，在网络舆情信息传播中，"议程设置"必须具有前瞻性，体现时效性。要充分重视网络媒体与网民、网络媒体与传播媒体之间的良性互动，因为只有把互联网中具有浓厚民间性或者草根性的"舆论场"与传统媒体长期所形成的主流"舆论场"结合起来，二者互相推动、互相激荡，才能产生 1＋1＞2 的传播效果。

3 传播主体的隐匿化对"沉默的螺旋"理论的改变

"沉默的螺旋"理论认为，舆论的形成不是社会公众"理性讨论"的结果，而是"意见环境"的压力作用于人们惧怕孤立的心理，强制人们对"优势意见"采取趋同行动。提出"沉默的螺旋"理论的德国传播学家诺依曼从社会传统、道德和行为规范的视角认为，"舆论是为使自己不陷于孤立而必须公开表明的意见"。这种以个人"从众心理"为重要理论前提而提出的假说，曾经被认为是大众媒介下社会舆论形成的一般规律。

而在网络舆情信息传播中，"劣势意见的沉默"和"优势意见的大声疾呼"的螺旋式扩展依然存在，但是网络舆情信息传播主体的隐匿性和信息发布的随意性等特点，使得发表意见的人能够摆脱外界的干扰所带来的心理压力，在不必表明真实身份的情况下，不加掩饰地表达自己的见解。这也使得人们不再简单地充当他人意见的附庸，相反，很多时候会逆潮流而动，使处于劣势的意见发生逆转，进而影响多数。这就是所谓的"反沉默的螺旋"现象。有研究认为："通过网络，在大众传播中处于劣势地位的信息，绕过大众传播的环节而有可能在网民乃至网外产生一定的影响[13]。"也有研究认为，在网络传播中，"沉默的螺旋"仅仅是社会舆论形成的一种形式，而不是全部。"向上循环的螺旋"、"上下反复循环的螺旋"、"发散式螺旋"和"聚焦式螺旋"等多种"变幻的螺旋"都是社会舆论形成的真实写照[14]。

在网络舆情信息传播中,随着"沉默的螺旋"的不再沉默和发生变幻,原本在舆论生成、发酵的过程中,受众的意见观点所呈现出的集中性、趋同性、附和性,逐渐被分散性、逆反性、抵触性所替代,从而导致互联网"群体极化"现象频发,大量"语不惊人死不休"、"标新立异"的言论出现,这些言论往往具有极强的煽动性和破坏性,很容易得到众人的响应,加之互联网"裂变式"高速传播的特点,使得网民个人的情绪与意见能够在很短的时间内被迅速放大,引发大量造谣诽谤、煽动是非、拜金炫富、低俗恶搞和攻击谩骂的有害言论,并不断成为公众舆论场的热点和焦点,给正常的社会环境造成严重影响。据人民网舆情监测室统计,2012年1月至2013年1月的100件热点舆情案例中,出现谣言的比例就超过1/3[9]。

我们要看到,正是基于网络舆情信息传播的隐匿性、随意性等显著特点,导致传统媒体环境下"沉默的螺旋",失去了原有的"从众心理"这个根本前提,舆论变得异常复杂、多变。按照诺依曼的理论,舆论是社会的皮肤,舆论的极度混乱甚至可能带来社会的崩溃。当前,如何正确引导网络舆论已成为全社会高度关注的话题。从宏观操作层面上讲,这既需要通过信息监管、立法管理和道德约束等多种途径强化网络舆情信息管理,也需要依赖传统媒体在网络中继续扮演好社会"意见气候"主要营造者的角色,贴近网民心理特点,突出对网络舆情信息的引导和管控。从微观操作层面上讲,还需要通过方法手段更新,让网络舆论尽量回归理性。比如,网易放弃了著名的"无跟贴,不新闻"的口号,代之以"文明上网,登陆发贴"的叮咛。再如,人气旺盛的天涯社区遇到敏感话题后,通常采取锁帖或把跟贴控制在5页以内的办法实施管控等[15]。

当然,在网络舆情信息传播中,适应"沉默的螺旋"已经深刻变化的现实,采取措施遏制网络"群体极化"现象的频发,需要研究探索的问题还有很多。这其中,怎样去除网络舆情信息传播的隐匿化特点,如微博采取实名注册等,使网民的意见观点回到公众社会传统、道德和行为规范的视野监督下,再次引发网民的"从众心理",进而使复杂多变的网络舆论"螺旋"向传统媒体时代回归,也是一个值得探讨和商榷的话题。

4 传播手段的个性化对"使用与满足"理论的强化

在大众传播效果研究史上产生重要影响的"使用与满足"理论认为,人们之所以会发生媒介接触行为是因为其具有对特定信息的需求或对某些信源的期待,而这种媒介接触行为可能会导致需求的满足和其他后果。它的研究把能否满足受众的需求作为衡量传播效果的基本标准。正如施拉姆所言:"受众的行为很大程度上是由个人的需求和兴趣来决定的,人们使用媒介是为了满足个人的需求和愿望。"当前,搜索引擎、门户网站、新闻网站、社交网站与视频网站正在日趋构成网络舆情信息传播的主流,它们使得海量舆情信息能够在第一时间传播至广大受众,人们根据自己的需要、喜好和价值观,通过自主的"选择性注意"来避免被淹没在庞大的网络舆情信息海洋中。

随着 Web 2.0 技术对于网民"个性化"需求的进一步满足,"使用与满足"理论得以进一步强化。这是因为,网络舆情信息传播打破了传统大众传媒的单向传播模式,使舆情信息发送具有了双向交互和点对点的特点。这决定了受众获取舆情信息的方式具有两个特点:①主动性。受众可以根据个人需要随时随地进行舆情信息搜索、收藏、复制、传递。中国互联网络信息中心(CNNIC)发布的《中国网民搜索行为研究报告》显示,2012 年搜索引擎的使用率高达 79.7%,搜索视频网站的使用率高达 75.6%,仅低于综合搜索网站的使用比率。②个性化。随着 Twitter、Facebook、人人网、开心网等社交网络的广泛使用,以及论坛、博客、微博等网络传播平台的普及,受众不仅可以随时随地"关注"自己感兴趣的个人或机构,获得他们所发布的舆情信息,还可以随心所欲地使用网络社交媒体进行舆情信息的交流、汇集,个人需求得到了极大的满足。有学者对著名的 YouTube 网站进行研究后认为,该网站的成功缘于其恰好把自己放到两个传播路径的交集点,即视觉化表达与分享式提供,这也正是网络不同于传统媒体之处,它更倾向于从传播平台向分享平台的转变,从而更好地满足了受众对舆情信息的个性化需求。

我们要看到,正是这种"使用与满足",使得网络成为当今社会生活的重要组成部分,在舆论大环境中形成了日益庞大、有影响力的"民间舆论场"。同时也要看到,网络传播"使用与满足"功能的进一步强化,也持续加深了这个"民间舆论场"的发展变化。在网络舆情信息传播中受众日益呈现出碎片化趋势,他们不再满足于传统媒体你说我听或你播我看的旧模式,而是一个个有着不同愿望和需求的个体。对于有效的网络舆情信息传播而言,一方面需要细化受众群体,尽可能地实施"小众化"或"窄众化"传播;另一方面,还需要综合运用文字、图片、视频等多种呈现形式,尽可能地满足每个受众获取信息的个性化需要。

值得关注的现象是,网民在舆情信息"使用"中得到极大"满足"的同时,他们"使用"网络舆情信息的方法、手段也越来越呈现出新变化,最典型的就是出现"马太效应",即出现多的越多,少的越少的一种现象[7]。有调查显示,尽管网民越来越多,但是,他们经常访问的网站却越来越集中到少数几个网站上。据统计，50% 的欧洲人使用一种社交网络，且大部分选择 Facebook，而 Facebook 的全球每月用户目前已超过 10 亿[16]。这种"马太效应"对于热门网站或某种网络传播手段在舆情信息传播中扮演绝对的"主角"，无疑具有很强的推动作用。这也启示我们，在海量的门户网站和层出不穷的网络传播手段中，可以通过打造拥有庞大受众群体的重量级网络媒体平台，主导网络"话语权"，引导舆论走向。

著名传播学者麦克卢汉曾断言，媒体革命的后果是所有个人和社会生活都为适应新技术建立起来的新感觉模式进行调整。随着"第四媒体"互联网的异军突起，截至 2012 年 12 月底，我国网民规模已达 5.64 亿，互联网普及率为 42.1%[17]。如此庞大的网民群体所带来的舆情信息已成为当下社会生活的重要内容，研究网络舆情信息传播的相关理论已然是时代赋予我们的重要课题。我们必须充分认清网络舆情信息传播与传播学经典理论不相适应的现实矛盾，科学审视前人研究的理论成果，在实践中不断探索、总结和论证与网络舆情信息传播相适应的新理论、新观点，从而更好地认识和把握网络舆情信息传播的内在规律。

参考文献：

[1] 中共中央宣传部舆情信息局，天津社会科学院舆情研究所. 舆情信息汇集分析机制研究 [M]. 天津：学习出版社，2006：15 – 19.

[2] Morris M, Ogan C. The Internet as mass medium [J]. Journal of Communication, 1996 (winter)：39 – 41.

[3] 朱佳佳. 浅析网络公共领域中的网络舆情——以强国论坛为个案的分析 [D]. 北京：北京邮电大学，2011.

[4] 赵瑞华. 网络舆论的特征及功能研究 [D]. 广州：暨南大学，2005.

[5] 赵子剑，王森. Web 2.0 时代大型企业网络舆情监测机制探讨——舆情监测在网络危机处理中的应用 [J]. 电子商务，2010 (5)：12 – 13.

[6] 毕宏音. 网络舆情形成与变动中的群体影响分析 [J]. 天津大学学报（社会科学版），2007 (5)：270 – 274.

[7] 匡文波. 网路传播学概论 [M]. 北京：高等教育出版社，2009：15.

[8] Cho Youngsang, Hwang Junseok, Lee Daeho. Identification of ef- fective opinion leaders in the diffusion of technological innovation：A social network approach [EB/OL]. [2013 – 11 – 01]. http：//wenku. baidu. com/link? url = 7K – ED4rEos1_ oy_ LM – ge3sQrNXAfsjMUp3vLNSNoaG_ AjQ_ rFki2bKd2f9 – RoOlOtStKXhLIA6tN0tM – fNtH0Xc6tCffh8jvGgzZ9EeBBUa.

[9] 唐绪军. 中国新媒体发展报告 [R]. 北京：社会科学文献出版社，2013：18.

[10] 罗昕. 结构性缺失——网络时代把关理论的重新考察 [J]. 新闻与传播研究, 2011 (3): 69 – 77.

[11] 蒋忠波, 邓若伊. 网络议程设置的实证研究——以提升网络舆论引导力为视阈 [J]. 新闻与传播研究, 2011 (3): 101 – 106.

[12] 蒋忠波, 邓若伊. 国外新媒体环境下的议程设置研究 [J]. 国际新闻界, 2010 (6): 41 – 47.

[13] 陈红梅. 试析网络传播对受众接近权的突破 [J]. 新闻记者, 2001 (12): 39 – 41.

[14] 原源. 社会舆论形成的复杂性与多样性——网络时代"沉默的螺旋"面临的挑战 [J]. 山西师大学报, 2011 (3): 152 – 154.

[15] 中国社会科学研究院. 2009 年中国互联网舆情分析报告 [R]. 北京. 社会科学文献出版社, 2009.

[16] 胡元军. 欧洲新媒体发展特点及启示 [J]. 对外传播, 2013 (10): 54 – 55.

[17] 中国互联网络信息中心. 中国互联网络发展状况统计报告 [R/OL]. [2013 – 10 – 05]. http: //www. cnnic. net. cn/hlwfzyj/.

作者简介

孙亦祥, 南京政治学院新闻传播系讲师, 博士研究生, E - mail: 1422919679@qq. com。

微博个体信息传播影响力评价指标分析

1 引言

微博已成为网络舆情产生的重要媒介，及时发现、有效监测、合理引导微博舆情不论对政府还是企业都具有重要的意义。

从传播学角度来看，140字微博信息得以成为网络舆情的热点是信息在微博网络上持续传播的结果。微博网络是信息传播的平台，而微博个体传播行为是信息持续传播的动力。研究发现[1]，微博网络中存在一些具有强传播影响力的个体，当信息被其转发后能够引起持续的、更大规模的传播。这些强传播影响力个体对网络舆情的演变产生了巨大影响，如果能及时介入和干预到这些个体，有利于网络舆情监测预警、引导管控等工作的开展。如何评价微博个体传播影响力，发现影响力强的微博个体成为研究的核心问题。

2 相关研究

一般认为，影响力是以一种为别人所乐于接受的方式，改变他人所乐于接受的方式，或改变他人的思想和行动的能力。微博个体信息传播影响力是指微博个体在微博网络信息传播中发挥的作用力大小。从不同角度定义微博个体信息传播影响力，存在不同的评价指标。

较早的研究主要利用粉丝数对影响力进行评价，主观地认为关注个体的人越多，个体影响力越大，但粉丝数实际上只能说明个体的"吸引力"大小，并不能直接反映个体信息传播影响力。M. Cha 等[2]聚焦被关注、被转发和被提及3种个体行为，分别使用粉丝数、被转发次数、被提及次数指标对传播影响力进行评价，发现粉丝数仅能够代表个体受关注的程度，不能完全决定其影响力，被转发次数和被提及次数更能反映个体影响力。S. Ye 等[3]将社交影响力分为粉丝数影响力、评论影响力、转发影响力，按照粉丝数、评论和转发数、评论者和转发者数对个体传播影响力评价后排序，然后利用相关系数计算方法获得指标之间的相关性，发现除粉丝数外，剩余评价指标相关性较高。最近，不同于大多研究中利用指标间相关性来分析指标优劣，马俊等[4]直接将传播特征作为传播影响力强弱的评价标准，但传播特征选择过于简单化，一定程度上影响到分析结果的可靠性；研究中发现微博被转发平均次数、被提及率以及平均每天发布微博数是显著的能够预测传播影响力强弱的因子，但文中微博被转发平均次数、平均每天发布微博数是从微博建立时间开始计算的，而个体信息传播影响力会随着时间而变化，因此指标无法真实反映个体最新的传播影响力。此外，H. Kwak[5]等人利用粉丝数、转发数和PageRank方法分析个体影响力并进行了相关性分析，发现两个指标之间具有较强相关性，而二者与转发数指标弱相关。

上述研究中粉丝数、转发数、评论数等评价指标对个体信息传播影响力均具有一定的表征能力。但在选取研究个体时，研究者或是选择参与某个话题的所有个体[1,4]，或是大量随机选取[2-3,6]。这些方式获取的个体在类型上具有多样性，包含了人、机构和组织等不同类型的个体。目前，不论对单一指标还是组合型指标，其评价过程中均忽视了个体类型对指标表征能力的影响。同一评价指标对不同类型个体的信息传播影响力表征能力是否相同，目前少有研究。本文结合已有研究，选取确定了5种传播影响力评价指标，对3种不同类型的微博个体的信息传播影响力进行评价，通过分析不同样本下指标之间的相关性及影响因素，考察评价指标的适用性。

3 微博个体信息传播影响力评价

3.1 样本集合

新浪微博是国内目前用户最多、最有影响力的微博平台。本文研究利用网络爬虫和新浪提供的API接口，从新浪微博中获取数据作为研究样本。

为了避免传播影响力评价结果受到主题的影响[2]，选取以发布军事信息为主的微博个体作为样本，共计382位。个体类型包括官方媒体、专业网站和军事人物3类。部分微博个体如表1所示：

表1 微博个体基本信息

微博类型	微博名	
官方媒体	中国军网官方微博	军事读者网
	军报记者	青年军事
	国防社区	军事纪实

续表

微博类型	微博名	
专业网站	米尔军事网	铁血军事网
	飞扬军事	空军之翼网
	中国防务	鼎盛军事
军事人物	戴旭	马鼎盛
	罗援	宋忠平北京
	宋晓军	洪源

为了避免传播影响力评价结果受到时间的影响[2]，同时保证数据统计结果的稳定性，采集样本数据的时间范围固定在2013年8月，获得各类型微博个体1个月的相关数据，主要包括：①状态数据，如微博名、粉丝数、关注数等；②行为数据，如被转发数、被评论数、发布微博数等。部分微博尽管以发布军事信息为主，但里面掺杂了一些非军事类信息，为了防止这些微博内容影响分析结果，在数据采集完成后对其进行了剔除。

3.2 评价指标选取

对微博个体的信息传播影响力评价，本文直接采用了已有研究中3种代表性的评价指标[2-3]：粉丝数（Fn）、被转发数（Rn）和被评论数（Cn）。

同时，考虑到在微博网络中存在热衷于发布信息的"话唠型"个体，若简单采用被转发数或被评论数进行评价，可能会影响评价结果的可靠性。因此，这里定义平均被转发数（ARn）和平均被评论数（ACn）两个评价指标。其中，平均被转发数不同于马俊等[4]的定义，它为近一段时间内个体微博被转发数与发布微博数的比值；而平均被评论数为近一段时间内个体微博被评论数与发布微博数的比值。

3.3 指标相关性计算方法

目前，衡量微博个体信息传播影响力评价指标的好坏没有统一标准。本文基于不同评价指标之间的相关性进行分析。为了量化任意两个传播影响力评价指标之间的关系，通常使用斯皮尔曼排序相关系数（Spearman's rank correlation coefficient）计算，即计算两个评价指标下个体排名序列之间的相关性，其计算公式如下：

$$\rho = 1 - \frac{6\sum_{i=1}^{N}(x_i - y_i)^2}{N^3 - N} \quad (1)$$

其中，x 和 y 为两个评价指标下个体排名序列，N 为序列数目，x_i、y_i 分别为序列 x 和 y 的第 i 个元素。ρ 取值范围为 [-1, 1]，1 代表两个指标完全正相关，-1 代表完全负相关，0 代表完全无关。

此外，为了考察排序结果前 K 个最有传播影响力的个体，分别对不同指标下排序前 10 位、100 位和 200 位结果进行相关性分析。计算方法如下：

（1）选取一个指标 x 下的排序结果的前 K 位，编号 1 至 K；
（2）对 K 位中每个个体，得到其在另外一个指标 y 中的排序值；
（3）对所得到的排序值进行重排序并从 1 开始编号，获得新的排序序列 z；
（4）计算序列 x 与 z 之间的相关系数，即以 x 为基准指标下，x 和 y 中前 K 位排序的相关系数，记为 $\rho_K(x,y)$；以 y 为基准指标，计算获得 $\rho_K(y,x)$；
（5）计算相关系数，公式为：

$$\rho_K = \frac{\rho_K(x,y) + \rho_K(y,x)}{2} \quad (2)$$

4 传播影响力评价指标相关性分析

4.1 整体样本下指标相关性分析

利用公式（1）和（2）计算 5 种传播影响力评价指标下整体样本排序结果之间的相关性，K 值分别取 10、100、200 以及所有个体数，计算结果见表 3。其中，Corr（Rn, ACn）、Corr（Cn, ARn）没有太大参考价值，不予计算。

表 3 5 种传播影响力评价指标之间的相关性

相关性	Top 10	Top 100	Top 200	Top All
Corr（Fn, Rn）	0.461 3	0.205 6	0.481 6	0.637 6
Corr（Fn, Cn）	0.380 5	0.231 6	0.509 7	0.672 8
Corr（Fn, ARn）	0.097 3	0.127 3	0.401 3	0.623 5
Corr（Fn, ACn）	0.024 6	0.158 1	0.392 2	0.659 3
Corr（Rn, Cn）	0.399 6	0.476 5	0.593 2	0.873 3
Corr（Rn, ARn）	0.455 6	0.392 8	0.627 8	0.791 2
Corr（Cn, ACn）	0.107 2	0.491 2	0.786 5	0.906 4
Corr（ARn, ACn）	0.513 5	0.672 7	0.728 6	0.851 3

对表3数据分析可得：①相对于Rn、Cn、ARn、ACn指标之间的相关性，Fn指标与上述4种指标之间相关性在所有K值下均较低，尤其是与ARn、ACn指标相关性最低，这表明了Fn较多的个体并不一定能获得更多的Rn和Cn，特别是ARn、ACn，验证了M. Cha等[2]的结论；②Rn、Cn、ARn、ACn 4种指标之间的相关性从整体上看，Cn与ACn，Rn与ARn之间相关性较弱，表明若仅以被转发数或被评论数作为影响力评价指标显然不合理，二者值越大并不能代表个体传播影响力越大。

4.2 指标相关性的影响因素分析

一般来说，两个评价指标的相关性对K值越不敏感，说明两个指标越相关。由表3数据得到5种评价指标间的相关性随K值变化的情况，如图1所示：

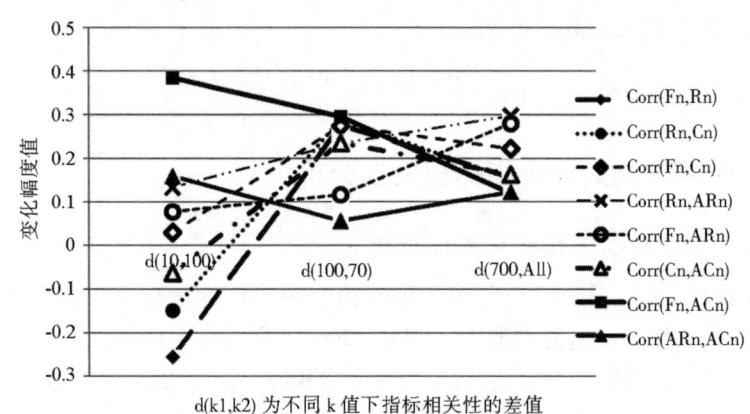

图1 指标相关性随K值变化趋势图

结合图1和表3可见，同一对指标之间的相关性在不同k值下呈现不稳定状态，变化幅度明显。整体上，随着k值的增大，指标之间的相关性趋于变大。对整体样本在各种评价指标下排序结果进行分析发现，该趋势与个体类型在不同排序中所占数目有关，排序靠前的多以军事人物类型个体为主，随着K值增大，专业网站以及官方媒体逐渐出现在排序中，这时相关性逐渐增大。上述现象表明微博个体的类型对指标相关性大小存在影响。

为了进一步了解各指标之间相关性对K值变化的敏感程度，分别计算表3中相邻K值下两指标相关性差值的绝对值，结果见表4。其中，D（10，100）代表Top 10与Top 100下两指标相关性差值的绝对值。

表4 指标相关性随K值变化幅度值

相关性差值的绝对值	(Fn, Rn)	(Fn, Cn)	(Fn, ARn)	(Fn, ACn)	(Rn, Cn)	(Rn, ARn)	(Cn, ACn)	(ARn, ACn)
D (10, 100)	0.255 7	0.148 9	0.03	0.133 5	0.076 9	0.062 8	0.384	0.159 2
D (100, 200)	0.276	0.278 1	0.274	0.234 1	0.116 7	0.235	0.295 3	0.055 9
D (200, All)	0.156	0.163 1	0.222 2	0.267 1	0.280 1	0.163 4	0.119 9	0.122 7
均值	0.229 2	0.196 7	0.175 4	0.211 5	0.157 9	0.153 7	0.266 4	0.112 6

由表4数据分析可得，大多数指标之间的相关性对K值变化表现敏感。两个指标的相关性对K值变化越敏感，说明对整体样本而言二者相关性越弱，即使其在某一个K值下具有强相关性。表4中，Cn与ACn相关性受K值变化影响最大，说明Cn与ACn在不同类型微博个体下的相关度差别明显，即二者至少存在一个不适合作为整体样本下传播影响力评价指标；Fn与Rn、Cn、ARn、ACn之间相关性对K值变化也较为敏感；ARn与ACn相关性受K值变化影响最小。上述情况表明，同一评价指标对不同类型个体信息传播影响力的表征能力是不同的。若要精准地评价微博个体信息传播影响力，需要分析每一种评价指标对不同类型个体表征能力的强弱。

4.3 分类样本下指标相关性分析

为了考察不同类型个体下评价指标之间的相关性，使用5种指标分别对3类微博个体的影响力进行评价排序，然后利用公式（1）和（2）对不同指标之间的相关性进行计算。计算结果如表5所示：

表5 3种类型微博个体传播影响力评价指标之间的相关性

相关性	官方媒体	专业网站	军事人物
Corr (Fn, Rn)	0.653 1	0.192 3	0.322 6
Corr (Fn, Cn)	0.601 9	0.313 5	0.162 9
Corr (Fn, ARn)	0.552 3	0.289 3	0.109 1
Corr (Fn, ACn)	0.498 2	0.332 6	0.127 6
Corr (Rn, Cn)	0.854 6	0.910 9	0.461 5
Corr (Rn, ARn)	0.885 8	0.887 2	0.411 2
Corr (Cn, ACn)	0.743 5	0.954 3	0.350 5
Corr (ARn, ACn)	0.878 6	0.902 4	0.523 8

对表 5 中的数据进行分析发现，同一指标对在不同类型微博个体中的相关性均不相同，从整体上看，所有指标对相关性中人物类型最弱，其次为专业网站类型，最强的为官方媒体类型。

对于人物类型的微博个体，不同指标间相关性均非常低，这一结果表明在选择该类型个体传播影响力评价指标时，不能简单使用某一种或两种评价指标，必须综合考虑多种指标进行评价。

对于专业网站类型的微博个体，可以得到与表 3 数据分析①中相同的结论，但与其②得到不同的结果，R_n、C_n、AR_n、AC_n 4 种指标具有强相关性。因此，在评价该类型个体传播影响力时，可以单一使用上述 4 个指标中的任意一种。

对于官方媒体类型的微博个体，虽然 F_n 与 AR_n、AC_n 相关度较低，但有趣的是 F_n 与 R_n、C_n 相关度却很高，无法得到与表 3 数据分析①相同的结论。但通过对样本数据深入观察发现，官方媒体类型的个体微博中常会出现一条或少数几条微博 R_n、C_n 较高的现象，这些奇异点将 R_n、C_n"拉高"，受到"噪音"干扰的 R_n、C_n 不能真实表征个体的传播影响力，这也再次验证了平均被转发数、平均被评论数两个指标更为合理。

5 结语

本文以 3 种类型微博个体 2013 年 8 月数据作为研究对象，利用 5 种评价指标对不同类型个体的信息传播影响力进行评价发现：

不论以往研究中随机获取的样本，还是本文限定主题（军事主题）获取的样本，利用评价指标对整体样本进行评价时，粉丝数对个体信息传播影响力的表征能力都表现较弱；以往研究认为转发数和评论数为两个有效评价指标，而本文分析中发现其值的高低并不能代表个体信息传播影响力大小，本文对平均被转发数、平均被评论数两个指标的设计则更为合理。

对整体样本下指标相关性的影响因素分析发现，评价指标对个体信息传播影响力的表征能力受微博个体类型的影响。进一步结合分类样本下指标相关性分析结果发现，当个体为人物类型时，粉丝数与其他评价指标同等重要，与整体样本评价下所认为粉丝数指标表征能力弱的结论并不一致；评价官方媒体、专业网站类型的个体时，除粉丝数外，其余 4 种指标之间均表现出了强相关性，表明 4 种指标间具有趋同性和同价性，因此若构建新的尤其是组合型评价指标时不能同时选取。

在实际应用中，多数时候需要同时评价不同类型个体的信息传播影响力。为了获得更加精准的评价结果，下一步将在本文研究基础上设计自适应个体信息影响力评价模型,模型能根据评价的个体类型自动调整其中各指标的权重。

参考文献:

[1] 谢耕耘,荣婷. 微博传播的关键节点及其影响因素分析——基于30起重大舆情事件微博热帖的实证研究 [J]. 新闻传播与研究,2013 (3): 5 - 15.

[2] Cha M, Gummadi K P. Measuring user influence in Twitter: The million follower fallacy [J]. Artificial Intelligence, 2010, 146 (1): 10 - 17.

[3] Ye S, Wu S F. Measuring message propagation and social influence on Twitter. com [C] //Proceedings of the Second International Conference on Social informatics. Heidelberg: Springer Berlin Heidelberg, 2010, 6430: 216 - 231.

[4] 马俊,周刚,许斌,等. 基于个人属性特征的微博用户影响力分析 [J]. 计算机应用研究, 2013, 20 (8): 2483 - 2487.

[5] Kwak H, Lee C, Park H, et al. What is Twitter, a social network or a new media [C] //Proceedings of the 19th International Conference on World Wide Web. New York: ACM Press, 2010: 591 - 600.

[6] 王君泽,王雅蕾,禹航,等. 微博客意见领袖识别模型研究 [J]. 新闻与传播研究, 2011 (6): 81 - 88.

作者简介

林琛,南京政治学院上海校区军事信息管理系讲师,南京政治学院上海校区博士后流动站军队政治工作学博士后,E- mail: linchen_ ai@163.com。

网络意见领袖舆论引导能力的评判体系研究[*]

——基于灰色统计与层次分析法的模型构建

意见领袖作为人际传播网络中经常为他人提供信息、意见、评论、对他人施加影响的"活跃分子",在大众的观念形成与价值判断中起着重要作用。近年来,随着互联网的普及,网络意见领袖在舆论形成中扮演的角色越来越重要,几乎每一个重大事件背后都可以找到网络意见领袖的身影。他们针对社会热点及公共事件发表言论,与网民、媒体形成互动,是网络舆论的推动者、引导者,甚至影响着公共事件在现实中的走向。他们既是社会监督中的"无冕之王",也会成为谣言传播的集散地。准确识别网络意见领袖,并评判他们的舆论引导能力,对于把握舆论走向、构建公民有序参与的社会体系具有重要意义。基于此,本文拟构建一套网络意见领袖舆论引导能力的评判体系,为识别网络意见领袖以及发挥其积极作用提供理论依据。

1 相关研究综述

"意见领袖"这一概念最早由美国哥伦比亚大学传播学者 Paul F. Lazarsfeld 于 20 世纪 40 年代提出,他发现多数选民获取信息并接受影响的主要来源并不是大众传媒,而是意见领袖。来自媒介的消息首先抵达这些意见领袖,再由意见领袖将其传递给同事、朋友或其追随者[1]。在此后的研究中,他又进一步证实意见领袖不仅存在于政治生活领域,而且也存在于时尚、购物等诸多社会生活领域[2]。此后,一些学者分别从政治参与、市场营销等方面对意见领袖进行了研究[3-4]。

随着互联网进入 Web 2.0 时代,社区、论坛、博客、微博、微信等大量社交网络兴起,人们对网络的依赖性越来越强,网络意见领袖也越来越成为

---

[*] 本文系国家自然科学基金资助项目"基于互联网网民言论信息的口碑监测、分析与管理研究"(项目编号:71073006)研究成果之一。

影响公众价值判断与行为决策的重要力量,在社会舆论形成中起到了关键性的作用。与现实社会中的意见领袖不同,网络意见领袖的影响力并不来源于现实社会中的权力、地位与声望,而主要来源于网民的关注、喜好、信任,因此,这种影响力具有不稳定性,会随着网民偏好的变化而减弱甚至消失;同时,这种影响力也具有较强的时空限定性,此话题的意见领袖在彼话题上未必有影响力,此平台的意见领袖在彼平台上可能一文不名。基于此,实时监测与准确评判网络意见领袖的舆论引导能力具有重要意义。

目前,对网络意见领袖的识别及其舆论引导力评判方法大致有三种:①推选法。目前大多数网站都有投票功能,根据得票多少来判断网络意见领袖的影响力,这是一种最简便的方法。然而,由于这种方法在数据的信度和效度上差强人意,因此,一些网站综合专家评审与网民投票两方面的数据来评判意见领袖的影响力,如强国论坛运用这种方法从 2001 年起组织了"十大网友评选"活动。②基于网络图论及机器学习的方法。如 N. Matsumura 等运用数据挖掘技术,基于文本重复度的分析,提出了"影响力扩散模型"(IDM)[5];Jianshu Weng, Ee-peng Lim 等借鉴 PageRank 算法思想,设计了 TwitterRank 算法来衡量一个用户在某一主题内的影响力[6];Zhang Jun 等采用 HITS 等多种算法对网络论坛的用户权威度进行了评价[7-8];Zhai Zhongwu 等发现基于兴趣的 PageRank 算法最能准确评判意见领袖的存在与影响力[9];高俊波和杨静利用图论中的网络平均路径长度算法对在线论坛的意见领袖进行了评判[10]。③基于指标设计的统计学方法。早在 20 世纪 50 年代,E. Katz 就用这种方法从个性、能力、社会地位三个方面构建了现实社会中意见领袖的评判体系[11];此后,E. M. Rogers 等从社会背景、媒体使用、人口特征及个性等方面进行了完善[12]。这种方法也被广泛应用于网络意见领袖的评判中,如丁汉青和王亚萍以豆瓣网为例构建了 SNS 社区意见领袖的评判指标体系[13];刘志明和刘鲁从用户影响力和用户活跃度两个角度构建了微博意见领袖评判指标体系[14];丁雪峰等提出基于网络话题参与者属性矩阵的意见领袖特征及其评价方法[15]。

以上方法对于评判网络意见领袖的舆论引导能力各有优、劣势,目前也更多地被综合起来使用:推选法较为简便、易行,但仅能以活动方式发起,不适合实时性的跟踪与监测;基于网络图论及机器学习的方法适用于网络海量信息的挖掘和实时监测,是目前学界和业界主要的研究方向,但不容易进行多维度、多方位的比较,且各种算法仍在不断的优化中;基于指标设计的统计学方法是一种基础性方法,能够从多个维度对网络意见领袖进行全面、系统比较,但如何设计出一套科学、可行的指标体系,目前还存在一定分歧。

因此，本研究以公认性和可行性为原则，提出一个指标设计的思路，并通过专家群决策，构建一套较为系统且易于数据采集的评判指标体系。

2 网络意见领袖舆论引导力的评判指标体系构建

2.1 初始指标集的构建

网络意见领袖的舆论引导能力，是指网络意见领袖依靠自身知名度、可信度和说服力，通过话题设置、深度剖析、态度表达等方式，影响并带动其他人进行价值判断和行为决策的一种领导能力。这意味着网络意见领袖不仅要有大量人关注（影响力），更要有大量的追随者和支持者（认同度）；此外，他还要经常发帖、回帖（活跃度），并通过专业知识或语言魅力等持续地塑造自己的形象（自塑力）。基于此，本文设定从活跃度、影响力、认同度、自塑力4个方面衡量网络意见领袖的舆论引导力。

2.1.1 活跃度 从网络意见领袖自身来看，他们首先是活跃的，在网络中经常发帖、回复，或经常组织、参与各种网络活动，加入较多网络圈子。这是其获得知名度的基础。活跃度可以从以下几个方面衡量：①发帖数，即在网上发帖的总数，包括原创、转载，从总量上反映其参与网络活动的程度。②发言频次，即最近一周内网民发帖、回复的总数，从时间上反映其参与网络活动的活跃度。③回复数，即对其他人发言进行回复、跟帖的总数，表明其介入话题讨论的程度。④会员等级，各网站都会制定一系列晋级制度，根据用户的登录时间、发帖数、回复数、贡献值等，将用户分为不同的等级。用户的会员等级越高，其活跃程度也越高。⑤参加圈子数，加入的圈子、群组越多，则表明其网络社交活动越活跃，对网络舆论的影响越大。

2.1.2 影响力 网络意见领袖要有一定的知名度，要能够对较多人的认知、判断与决策产生影响，当然，这种影响可能是正向的，也可能是逆向的。可以从以下几个方面衡量：①被回复数，即在网上发布的言论被别人跟帖、评论的总条数，说明其言论的传播力与影响范围。②平均被回复长度，即所收到的回复内容的平均长度。一般来讲，如果回复者对发布的内容更感兴趣，则会写下较多的评论内容。这一指标用于反映回复者对用户所发布内容的感兴趣程度以及话题讨论的参与程度，可以用所有回复内容长度的总和除以回复的总条数来测度。③浏览量，即在网上发布的言论被别人点击与阅读的总次数。在网上仅浏览阅读而不发言的潜水者占绝大多数，他们尽管没有回复、评论或转载等行为，但仍然会受到发言者的观点、态度、价值倾向的影响。④精华帖数，即发布的言论被推荐、置顶、加色、加闪烁标识等操作的总次数，精华帖有更多的阅读量，因此影响力要大得多。⑤被提及数，在微博中被更多的人提及，则说明有更多的人希望与自己进行信息分享，也说明自己具有较强的影响力。⑥创建圈子数，创建的圈子、群组越多，则表明创建者可以在多个群体施加影响，其影响力也越强。

2.1.3 认同度 如果说"影响力"这一指标是从数量上来测度意见领袖影响范围，这种影响可能会得到公众支持，也可能会遭到公众反对。"认同度"这一指标就是用于测度公众支持、跟随、响应网络意见领袖号召的程度的。可以从以下几个方面衡量：①支持率，即对网络意见领袖持有支持、认可、赞同态度的回帖、投票数占总回帖、投票数的比例。②转发数，转发也代表着一种态度，一般来讲，人们会对认同的内容进行转发，因此，转发数可以反映认同度。③被关注数，人们如果对某位发言者有较强的认同度，便会长期关注其言论，如在新浪微博中成为其粉丝、在腾讯微博中成为其听众，或者对其进行收藏、订阅等。因此，可以通过统计粉丝数、听众数、被收藏数或被订阅数，来反映其被认同的程度。④好友数，被关注数代表着一种单向的认同程度，而好友数是一种双向的认同程度，只有双方相互关注才能成为好友。如微博中的互粉数、互听数，即时通讯工具、博客、SNS中的好友数等。双向关注比单向关注的认同程度高。

2.1.4 自塑力 指描述发言者有意识地进行自我塑造的能力，自我塑造的能力越强，则会拥有更好的网络品牌形象，进而会得到更多人的信任和认同，其舆论引导能力越强。可以从以下几个方面衡量：①原创率，即原创帖占总发言数的比例，原创率高表明发言者是一个有观点、有思想的人，其被认同的程度会较高。②贡献力，在网络社区中积极地帮助其他人解决问题者，会获得更多人的信任，从而积累更多的人气，获得更多的支持。这一指标可以用在社区论坛中的答题积分（或答题数、贡献值）来测量。③管理权限，会员通过申请可以成为论坛版主、网站管理员，他们通过"加精、推荐、置顶"等方式来管理网络言论，是网络言论的引导者和把关者。不同级别的论坛版主、管理员会在网站管理上拥有不同的权限，权限越高，对网络舆论的引导、管理的能力越大。④说服力，用户所发表的言论越具有逻辑性、语言文字越具有感染力和深刻性的内涵，就越具有较强的说服力和影响力。一般来讲，这样的帖子其篇幅较长，为了简化起见，我们认为原创内容篇幅越长，则影响力、说服力越强。这一指标可以用原创内容（包括原创发帖、回复）的字数占发布言论总字数的比例来测量。

上述各指标及其测度标准见表1。网络意见领袖具有较强的空间局限性，这一指标体系作为一套通用的指标体系，在使用时需要根据各平台的具体规则来确定测度标准。

表1 网络意见领袖舆论引导能力评判的初始指标集

一级指标	二级指标	测度标准
活跃度	发帖数	网上发帖（原创、转载）的总数，包括原创、转载
	发言频次	最近一周内发帖、回复的总数
	回复数	对其他人发言进行回复、跟帖的总数
	会员等级	登录用户的级别
	参加圈子数	加入各种圈子、群组的数量
影响力	被回复数	被别人跟帖、评论的总条数
	平均被回复长度	所有回复内容长度的总和除以回复的总条数
	浏览量	被点击与阅读的总次数
	精华帖数	被推荐、置顶、加色、加闪烁标识的帖子总数
	被提及数	在微博中被更多的人提及的次数
	创建圈子数	创建的圈子、群组的数量
认同度	支持率	持有支持、认可、赞同态度的回帖及投票数除以总回帖、投票数
	转发数	发布的言论被转发的次数
	被关注数	粉丝数、听众数、被收藏数或被订阅数的总和
	好友数	互粉数、互听数、好友数的总和
自塑力	原创率	原创帖占总发言数的比例
	贡献力	在社区论坛中的答题的积分（或答题数、贡献值）
	管理权限	论坛版主、网站管理员的等级
	说服力	原创内容（包括原创发帖、回复）字数占发布言论总字数的比例

2.2 评判指标的筛选

上述评判指标来自于对前人研究的总结和经验假设，是否合理，还需要进一步征求专家的意见进行筛选，通过专家群体决策的检验，才具有公认性和实用性。由于专家评判存在着主观性、模糊性等问题，本文采用灰色统计法对专家意见进行处理。灰色理论在20世纪80年代由邓聚龙教授创立，是用于研究不确定性信息的理论和方法[16]。灰色统计方法是以灰类的白化函数生成为基础，将调查或统计数据按照某种灰类所描述的类别进行归纳整理，从而来加强对事物认识的一种方法。利用白化函数处理数据，可以避免调查结果受异常值的影响，或因各位专家的意见差异较大所造成的折中现象。具体步骤如下：

2.2.1 调查方案设计 对以上初始标的重要性和可获得性进行专家问卷调查，调查指采用邮寄及电子邮件两种方式。问卷调查内容主要包括两大部分：一是让专家评价各指标的重要性程度，评价采用7级量表，1-非常不重要，7-非常重要；二是指标数据的可获得性调查，采用二分变量，0-不易获得，1-易获得，计算频数和频率。专家选择上兼顾了行业、年龄、性别、专业、学历、地域、体制内和体制外等各方面，尽量做到覆盖面较为广泛。共发放问卷调查表50份，收回28份，其中有效问卷26份。表2是专家调查意见的汇总。

表2 网络意见领袖评判指标的重要程度和易获得性调查数据

序号	指标	重要性程度 1	2	3	4	5	6	7	总分	平均值	易得性 是	否	占比
1	发帖数	0	1	0	2	3	4	16	161	6.19	22	4	84.62%
2	发言频次	1	2	3	4	3	1	12	135	5.19	23	3	88.46%
3	回复数	2	4	9	5	1	2	3	95	3.65	25	1	96.15%
4	会员等级	0	1	3	2	3	2	15	152	5.85	24	2	92.31%
5	参加圈子数	2	4	4	5	4	2	5	109	4.19	20	6	76.92%
6	被回复数	0	1	3	3	7	1	11	141	5.42	23	3	88.46%
7	平均被回复长度	0	2	5	5	3	2	9	129	4.96	6	20	23.08%
8	浏览量	1	1	2	2	5	1	14	149	5.73	25	1	96.15%
9	精华帖数	0	2	3	5	1	1	14	142	5.46	23	3	88.46%
10	被提及数	1	3	4	5	5	2	6	118	4.54	24	2	92.31%
11	创建圈子数	1	3	4	4	7	1	6	118	4.54	23	3	88.46%
12	支持率	0	1	1	3	6	1	14	151	5.81	22	4	84.62%
13	转发数	1	2	1	1	4	1	16	150	5.77	22	4	84.62%
14	被关注数	1	1	3	1	2	3	15	149	5.73	23	3	88.46%
15	好友数	2	3	4	5	4	2	6	114	4.38	23	3	88.46%
16	原创率	0	1	2	2	5	1	15	151	5.81	23	3	88.46%
17	贡献力	0	1	0	3	1	1	20	165	6.35	21	5	80.77%
18	管理权限	1	1	2	2	2	1	17	152	5.85	25	1	96.15%
19	说服力	0	1	1	3	1	1	19	161	6.19	2	24	7.69%

223

2.2.2 构造灰类白化函数 将指标按照重要性程度分为高、中、低三类，由此构造各等级灰类白化函数。设 $f_k(ij)$ 为第 j 个指标的重要程度为 i 的白化函数值，K 为灰类数，K=1，2，3。d_{ij} 为第 j 个指标重要程度为 i 的值。$f_k(ij)$ 的计算公式如下。其中，i=1，2，…7。j=1，2，…19。

第一类"高"，K=1，其白化函数

$$f_1(ij) = \begin{cases} 1 & d_{ij} \geq 7 \\ \dfrac{d_{ij}-4}{7-4} & 4 \leq d_{ij} < 7 \\ 0 & d_{ij} \leq 4 \end{cases} \tag{1}$$

第二类"中"，K=2，其白化函数

$$f_2(ij) = \begin{cases} 1 & \\ \dfrac{d_{ij}-4}{4-1} & 1 < d_{ij} < 4 \\ 1 & d_{ij} = 4 \\ \dfrac{7-d_{ij}}{7-4} & 4 < d_{ij} < 7 \\ 0 & d_{ij} > 7 \end{cases} \tag{2}$$

第三类"低"，K=3，其白化函数

$$f_3(ij) = \begin{cases} 0 & d_{ij} \geq 4 \\ \dfrac{4-d_{ij}}{4-1} & 1 < d_{ij} < 4 \\ 1 & d_{ij} \leq 1 \end{cases} \tag{3}$$

2.2.3 计算灰类决策系数及决策向量 将专家对各指标重要性程度的评价数据进行整理，根据式（4）计算灰类决策系数 $\eta_k(j)$：

$$\eta_k(j) = \sum n(ij) f_k(ij) \tag{4}$$

上式中，$\eta_k(j)$ 为第 j 个指标属于第 K 个灰类的决策系数；$n(ij)$ 为评价第 j 个指标重要程度为 i 的专家数量；$f_k(ij)$ 为第 j 个指标重要程度为 i 的白化函数值。

每个评价指标的灰类决策向量均由 $\{\eta_3(j), \eta_2(j), \eta_1(j)\}$ 三个灰类的决策系数经过式（4）计算构成，决策向量代表重要程度高、中、低三种类别。运用这种方法可以对调查数据进行整理计算，从而得到各评价指标的重要性程度，如表3所示：

表3 网络意见领袖评判指标重要性程度灰色统计分析与易得性评价

一级指标	二级指标	决策向量 $\eta^3(j)$	决策向量 $\eta^2(j)$	决策向量 $\eta^1(j)$	重要程度	易获得性	是否选取
活跃度	发帖数	0.67	5.67	19.67	高	84.62%	是
	发言频次	3.33	9.00	13.67	高	88.46%	是
	回复数	7.67	13.67	4.67	中	96.15%	否
	会员等级	1.33	7.33	17.33	高	92.31%	是
	参加圈子数	6.00	12.33	7.67	中	76.92%	否
影响力	被回复数	1.67	10.33	14.00	高	88.46%	是
	平均被回复长度	3.00	11.67	11.33	中	23.08%	否
	浏览量	1.33	8.33	16.33	高	96.15%	是
	精华帖数	2.33	8.67	15.00	高	88.46%	是
	被提及数	4.33	12.67	9.00	中	92.31%	否
	创建圈子数	4.33	12.67	9.00	中	88.46%	否
认同度	支持率	1.00	8.33	16.67	高	84.62%	是
	转发数	2.67	5.33	18.00	高	84.62%	是
	被关注数	2.67	5.67	17.67	高	88.46%	是
	好友数	5.33	12.00	8.67	中	88.46%	否
自塑力	原创率	1.33	7.67	17.00	高	88.46%	是
	贡献力	0.67	4.33	21.00	高	80.77%	是
	管理权限	2.33	5.33	18.33	高	96.15%	是
	说服力	1.00	5.00	20.00	高	7.69%	否

由表3可见,"回复数、参加圈子数、平均被回复长度、被提及数、创建圈子数、好友数"这6个指标的重要性程度处于"中",说明专家认为这些指标的重要性相对于其他指标来讲较弱。"说服力"这一指标的重要性程度处于"高",但是易获得性为7.69%,过低,说明专家认为这一指标的数据不容易获得。由此,我们将这7个指标从指标集中删除,被专家群体决策认同的网络意见领袖舆论引导能力的评判指标见表4。

表4 网络意见领袖舆论引导能力的最终评判指标

一级指标	二级指标	测度标准
活跃度 u_1	发帖数 u_{11}	网上发帖（原创、转载）的总数，包括原创、转载
	发言频次 u_{12}	最近一周内发帖、回复的总数
	会员等级 u_{13}	登录用户的级别
影响力 u_2	回复数 u_{21}	被别人跟帖、评论的总条数
	浏览量 u_{22}	被点击与阅读的总次数
	精华帖数 u_{23}	被推荐、置顶、加色、加闪烁标识的帖子总数
认同度 u_3	支持率 u_{31}	持有支持、认可、赞同态度的回帖及投票数除以总回帖、投票数
	转发数 u_{32}	发布的言论被转发的次数
	关注数 u_{33}	粉丝数、听众数、被收藏数或被订阅数的总和
自塑力 u_4	原创率 u_{41}	原创帖占总发言数的比例
	贡献力 u_{42}	在社区论坛中的答题的积分（或答题数、贡献值）
	管理权限 u_{43}	论坛版主、网站管理员的等级

2.3 指标权重的确立

本文运用层次分析法（analytical hierarchy process，简称 AHP）来为各指标赋权。AHP 的基本观点是构造出一个层次结构模型，将复杂问题分解为若干个元素，将这些元素按其属性分成若干组，形成不同层次[17]。通过向专家咨询同一层次中各组成元素两两之间的相对重要性，获得两两比较判断矩阵，矩阵的最大特征根对应的特征向量即为同一层次中各个指标的权重，通过这种方法实现定性分析和定量分析相结合。将上节筛选出的指标模型化，建立评价指标集：

• 第一层权重集 A = (a_1, a_2, ……, a_m)，其中，a_i (i = 1, …, m) 是第一层中第 i 个元素 u_i 的权数；

• 第二层权重集 A_i = (a_{i1}, a_{i2}, ……, a_{in})，其中，a_{ij} (i = 1, 2, …, m; j = 1, 2, …, n) 是第二层中决定指标 u_i 的第 j 个因素 u_{ij} 的权数；

• 第三层权重集 A_{ij} = (a_{ij1}, a_{ij2}, ……, a_{ijp})，其中，a_{ijk} (i = 1, 2, …, m; j = 1, 2, …, n; k = 1, 2, …p) 是第三层中决定因素 u_{ij} 的第 k 个因素 u_{ijk} 的权数。

根据萨蒂提出的 1-9 标度法，建立评价标度，将思维判断定量化。运用问卷调查方法邀请相关专家 26 名进行群决策。数据集结的方法采用对判断矩阵进行算术加权平均的方法，计算总判断矩阵的最大特征根及对应的特征向量，并进行一致性检验，综合计算结果，如表 5（a）- 表 5（e）所示：

表 5（a） u_i 指标权重的判断矩阵

U	u_1	u_2	u_3	u_4	a_i
	\multicolumn{5}{c}{$U - u_i$ ($i=1, 2, 3, 4$)}
u_1	1	1/3	1/4	1/4	0.083 5
u_2	3	1	1	2	0.344 1
u_3	4	1	1	1	0.310 9
u_4	4	1/2	1	1	0.261 5

$\lambda_{max} = 4.096\,3$, $CR = 0.036\,1 < 0.10$

表 5（b） u_{1j} 指标权重的判断矩阵

$u_1 - u_{1j}$ ($j=1, 2, 3$)

u_1	u_{11}	u_{12}	u_{13}	a_{1j}
u_{11}	1	4	3	0.614 4
u_{12}	1/4	1	1/3	0.117 2
u_{13}	1/3	3	1	0.268 4

$\lambda_{max} = 3.073\,5$, $CR = 0.070\,7 < 0.10$

表 5（c） u_{2j} 指标权重的判断矩阵

$u_2 - u_{2j}$ ($j=1, 2, 3$)

u_2	u_{21}	u_{22}	u_{23}	a_{2j}
u_{21}	1	1/6	3	0.171 3
u_{22}	6	1	7	0.750 4
u_{23}	1/3	1/7	1	0.078 2

$\lambda_{max} = 3.099\,9$, $CR = 0.096\,1 < 0.10$

表 5（d） u_{3j} 指标权重的判断矩阵

$u_3 - u_{3j}$ ($j=1, 2, 3$)

u_3	u_{31}	u_{32}	u_{33}	a_{3j}
u_{31}	1	1	1/3	0.2
u_{32}	1	1	1/3	0.2
u_{33}	3	3	1	0.6

$\lambda_{max} = 3.000\,0$, $CR = 0.000\,0 < 0.10$

表 5（e） u_{4j} 指标权重的判断矩阵

u_4	u_{41}	u_{42}	u_{43}	a_{4j}
u_{41}	1	1	2	0.3874
u_{42}	1	1	3	0.4434
u_{43}	1/2	1/3	1	0.1692

$\lambda_{max} = 3.0183$，$CR = 0.0176 < 0.10$

综上所述，各指标的权重集为 A = {a_i} = (0.0835, 0.3441, 0.3109, 0.2615)；A_1 = {a_{1j}} = (0.6144, 0.1172, 0.2684)；A_2 = {a_{2j}} = (0.1713, 0.7504, 0.0782)；A_3 = {a_{3j}} = (0.2, 0.2, 0.6)；A_4 = {a_{4j}} = (0.3874, 0.4434, 0.1692)。具体如表 6 所示：

表 6 网络意见领袖舆论引导能力评判指标及权重

一级指标及权重	二级指标及权重
活跃度 u_1（$a_1 = 0.0835$）	发帖数 u_{11}（$a_{11} = 0.6144$）
	发言频次 u_{12}（$a_{12} = 0.1172$）
	会员等级 u_{13}（$a_{13} = 0.2684$）
影响力 u_2（$a_2 = 0.3441$）	回复数 u_{21}（$a_{21} = 0.1713$）
	浏览量 u_{22}（$a_{22} = 0.0782$）
	精华帖数 u_{23}（$a_{23} = 0.7504$）
认同度 u_3（$a_3 = 0.3109$）	支持率 u_{31}（$a_{31} = 0.2$）
	转发数 u_{32}（$a_{32} = 0.2$）
	关注数 u_{33}（$a_{33} = 0.6$）
自塑力 u_4（$a_4 = 0.2615$）	原创率 u_{41}（$a_{41} = 0.3874$）
	贡献力 u_{42}（$a_{42} = 0.4434$）
	管理权限 u_{43}（$a_{43} = 0.1692$）

3 模型应用举例

本文以猫扑论坛为例，从该论坛的精华帖作者中随机选取 5 位用户，计算其舆论引导能力。这 5 位用户舆情引导能力各指标的原始数据见表 7。由于原始数据量纲不同，必须要对其进行标准化处理。采用 Min – max 标准化方法，将原始值映射成在在区间\ [0，1\] 中的值，其公式为：新数据 = （原数据 – 极小值）/（极大值 – 极小值）。

表7 猫扑论坛5位精华帖作者舆情引导能力各指标原始数据

用户名	发帖数	发言频次	会员等级	回复数	精华帖数	浏览量	支持率（%）	转发数	关注数	原创率（%）	贡献力	管理权限
飘逸的眼角	711	10	8	1 346	156	8 120 000	0.33	25	124	0.86	1 422	0
梦醒薇露	492	7	8	4 666	42	3 091 320	0.45	68	280	0.91	8 280	0
大佳	1 482	13	9	1 049	931	432 134 583	0.52	326	453 1	0.89	4 157	5
仙女不流浪	701	9	9	6 939	37	832 105	0.37	22	407	0.62	13 176	0
我本善良	1 076	6	7	1 034	19	390 561	0.35	29	415	0.38	1 621	0

标准化数据经过加权求和后得到5位精华帖作者舆情引导能力指标值，见表8。可见，用户"大佳"舆论引导能力最强，其活跃度、影响力、认同度等都较强。实际上，该用户是猫扑论坛中的版主，这与我们通常所理解的版主有更强的舆情引导力这一认识是相符的。由此，也可以看出本文所构建的模型具有一定的可行性。

表8 猫扑论坛5位精华帖作者舆情引导能力

序号	用户名	活跃度	影响力	认同度	自塑力	舆论引导能力
1	大佳	0.083 5	0.285 3	0.310 9	0.168 7	0.848 4
2	仙女不流浪	0.037 4	0.064 1	0.025 1	0.161 8	0.288 4
3	梦醒薇露	0.012 6	0.042 9	0.055 3	0.169 0	0.279 8
4	飘逸的眼角	0.028 1	0.042 4	0.000 6	0.091 7	0.162 9
5	我本善良	0.030 3	0.000 0	0.020 3	0.002 0	0.052 5

4 结语

网络意见领袖作为网络舆论发展过程中的关键节点，对舆论走向及影响力起着重要作用，因此，测量网络意见领袖的影响力具有重要的意义。本研究通过4个方面、12个指标构建了网络意见领袖舆情引导能力的评判指标体系。评判指标体系的构建遵循以下几个原则：①公认性。为了保证指标体系的公认性与可靠性，先通过文献归纳和经验假设，建立了初始评判指标集，然后由专家对初始指标集进行了筛选；同时，在指标赋权上，也采取了专家群体决策方法。②科学性。考虑到专家意见具有不确定性和模糊性，运用灰色统计法对指标进行了筛选，并运用层次分析法为各指标赋权。③可行性。既要保证指标能够充分反映网络意见领袖的多方面特征，也要能够保证数据有效获取。因此，设计了两个层次的指标：一级指标为定性指标，能够充分反映出网络意见领袖的特征；二级指标具有可量化性，可以直接进行数据采集，或对采集数据进行简单计算即可得到，这样将定性与定量有机结合，使得指标体系更有效、更可行。

参考文献：

[1] Lazarsfeld P F. The people's choice：How the voter makes up his mind in a presidential campaign [M]. New York：Duell, Sloan & Pierce, 1944.

[2] Katz E, Lazarsfeld P F. Personal influence：The part player by people in the flow of mass communications [M]. New York：Free Press, 1955.

[3] Chan K K, Misra S. Characteristics of the opinion leader- A new dimension [J]. Journal of Advertising, 1990, 19 (7)：53 – 60.

[4] Van den Bulte C, Joshi Y V. New product diffusion with influentials and imitators [J]. Marketing Science, 2005, 26 (3)：400 – 421.

[5] Matsumura N, Ohsawa Y, Ishizuka M. Influence diffusion model in text- based communication [C] //Proceedings of the 11th International World Wide Web Conference. Hawaii, USA：ACM Press, 2002.

[6] Weng Jianshu, Ee- peng Lim, Jing Jian, et al. Twitterank：Finding topic- Sensitive influential twitterres [C] //Proceedings of the Third ACM International Conference on Web Search and Data Mining. Hawaii, USA：ACM Press, 2010：261 – 270.

[7] Page L, Brin S, Motwani R, et al. The PageRank citation ranking：Bringing order to the web [EB/OL]. [2013 – 06 – 18]. http：//wwwdb. stanford. edu/backrub/pagerank-sub. ps.

[8] Zhang Jun, Ackerman M, Adamic L. Expertise networks in online communities：Structure and algorithms [C] //Proceeding of the 16th International World Wide Web Conference. New York：ACM, 2007：221 – 230.

[9] Zhai Zhongwu, Xu Hua. Identifying opinion leaders in BBS [C] // Proceedings of the 2008 IEEE/WIC/ACM International Conference on Web Intelligence (WI – IAT). Sydney：IEEE/WIC/ACM, 2008：398 – 401.

[10] 高俊波, 杨静. 在线论坛中的意见领袖分析 [J]. 电子科技大学学报, 2007, 36 (6)：1249 – 1252.

[11] Katz E. The two – step flow of communication：An up- to- date report on an hypothesis

[J]. Public Opinion Quarterly, 1957, 21 (1): 61-78.

[12] Rogers E M, Shoemaker F F. Communication of innovations [M]. New York: Free Press, 1971.

[13] 丁汉青, 王亚萍. SNS 网络空间中"意见领袖"特征之分析——以豆瓣网为例 [J]. 新闻与传播研究, 2010 (3): 81-91.

[14] 刘志明, 刘鲁. 微博网络舆情中的意见领袖识别及分析 [J]. 系统工程, 2011, 6 (29): 8-16.

[15] 丁雪峰, 胡勇, 赵文, 等. 网络舆论意见领袖特征研究 [J]. 四川大学学报（工程科学版）, 2010, 2 (42): 145-149.

[16] 邓聚龙. 灰色系统理论教程 [M]. 武汉: 华中理工大学出版社, 1990.

[17] 赵焕臣. 层次分析法 [M]. 北京: 科学出版社, 1986: 15-22.

作者简介

谢新洲, 北京大学新闻与传播学院教授, 博士, 博士生导师, E-mail: xzxie@pku.edu.cn; 杜智涛, 中国青年政治学院新闻与传播系讲师。

网络社交现状及对现实人际交往的影响研究[*]

交往作为人与人之间互动的过程和行为，既构成个人生活世界重要的一部分，又对交往双方心理和行为产生感染和影响，从而成为推动个人和社会变迁的核心要素之一[1]。随着互联网的发展，人际交往也逐渐向网络迁移。网络社交是指网民以计算机、网络为中介，以数字化的符号为载体进行的人与人之间的交往方式。这不仅体现为一种媒介形态的变革，还带来了社会交往方式以及随之而来的个人社会心理的变迁，因此，互联网的使用是否会影响人们日常交往行为，甚至取代传统交往方式成为人们日常交往的主流方式，不仅是笔者此次研究所关注的问题，也是网络普及化过程中人们必须要面对的社会问题。基于此，笔者拟通过问卷调查数据，对网络社交现状、网络社交的基本特征等进行分析，研究网络社交对现实人际交往的影响，获得网络社交在人际关系影响方面更全面、客观的认识。深入探讨网络社交对人际交往的影响以及网络社交的主要特点，可以促进对自己和别人的进一步理解，产生正确的自我评价，进而更好地认识自己，增强传播能力。

本研究使用问卷调查的方法，问卷基于北京大学新闻与传播学院2011年第二次互联网影响力调查研究项目，调查采取网络邮件推送的方式，调查范围为中国大陆地区的网民，调查的有效样本量为3 000份。抽样方法为分层抽样与简单随机抽样相结合，根据CNNIC中国互联网络发展状况统计报告的最新结果，按照男女比例55∶45进行第一步分层抽样。数据分析采用SPSS 18、Excel等工具完成频次统计、比较分析、回归分析等一系列量化分析工作。

1 相关研究综述

网络交往是互联网出现后产生的一种新的交往方式。国内外学者对网络交往的定义有所不同。西方学者将网络交往研究置于互联网使用行为之下，

---

[*] 本文系国家自然科学基金资助项目"基于互联网网民言论信息的口碑监测、分析与管理研究"（项目编号：71073006）研究成果之一。

侧重对广义的网络交往进行研究，将"网络交往"等同于"网络沟通"、"计算机媒介互动"等概念，并在此范围下研究互联网用户的网络使用行为、信息交换和交往行为。也有一部分西方学者将信息的传递和互联网用户的沟通行为包含在内，将之归结为狭义的网络交往，即网络人际交往。

到目前为止，国内对于"网络交往"的概念没有统一界定，多数会从网络人际交往的主体、交往方式、载体等方面进行界定，将网络交往分为广义和狭义两方面。比较有代表性的定义有闫金山提出的"广义的网络交往是指一些与互联网使用行为有关的并且是以信息交换为基础的行为，而狭义的网络交往则是指网络人际交往，即在网络空间中进行的人与人之间的相互关心的信息交流，从而实现人与人之间信息、情感等方面的交流，达到相互影响、相互理解、并建立一定的人际关系的目的"[2]。在我国，多数研究者将网络交往的概念界定在狭义范围内。

对网络交往的研究多数建立在用户网络使用行为的基础之上，集中于对互联网交往形式、交往动机与交往特点的研究上。互联网交往形式主要有网络聊天、BBS、电子邮件、网络游戏、网络论坛、社会化网络等。主要网络交往动机包括情感需求、信息需求、打发时间、获得社会支持、娱乐休闲等。由于网民具有不同的身份特征、知识结构和行为需求，他们的网络人际交往动机也不同。综合已有文献，可以将网络人际交往的特点归纳为4点：①交往对象的匿名性、复杂性与平等性；②交往方式的多样性与便捷性；③交往内容的多样性；④交往关系的不确定性。

在网络交往的影响方面，研究者将其分为积极影响与消极影响，并提出了应对措施。L. Sproull等认为，人们使用互联网主要是为了交往，但并不代表着网络人际关系与传统社会人际关系一样[3]。S. Kiesler等研究者认为，网络人际关系是肤浅、不真实与不健康的，互联网不能建立起真诚和稳定的人际关系[4]。B. Cornwell等人研究了网络浪漫关系与现实社会的浪漫关系，得出通过网络发展起来的浪漫关系较少涉及严肃性话题，并且网络用户会不真实地呈现自己[5]。研究者们认为，造成以上结果的原因在于网络交往的匿名性、缺乏保证有效交往的准则以及网络交往"一次博弈"的特征。也有研究者提出了相反观点，M. T. Whitty认为网络人际交往能够扩大现实人际交往的范围，并且帮助用户以共同兴趣为基础建立人际关系，这种关系是稳定的[6]。J. B. Walther提出了信息社会加工的观点，他认为只要给予用户充足的时间，网络社交允许交往者之间人际关系的发展，甚至是亲密关系的建立[7]。

文献研究发现，我国网络人际交往的研究在内容方面比较宽泛，主要集中在网络人际交往的特点、动机和存在的问题等方面，仍旧在网络用户行为研究的框架内，大部分仅仅止于理论探讨。虽然有些文献结合了社会学、心理学等其他学科的理论和方法，或对小规模数据进行了分析，但缺乏实证研究和大规模的数据支撑。这种研究并不能够很好地解释网络人际交往背后的现实社会因素，得出的结论缺乏普适性。国外的研究定量与定性并重，注重用实证研究的方法分析网络人际交往中的新现象，但学科交叉性比较弱，数据受地域空间的限制，多数仅仅局限在大学或某一社区之内，结论缺乏代表性。因此，本研究以大规模网络调查数据为依托，结合多学科知识，描绘出当前互联网人际交往的现状特点以及对现实社会人际交往的影响。

2 网络社交现状

网络社交具有开放性、广泛性、自主性、平等性、间接性、匿名性等基本特征，深深吸引了具有不同交往动机的网民进行网上交往活动。调查发现，有46.8%的网民认为与面对面交流相比，他们更喜欢通过网络与他人沟通，如图1所示：

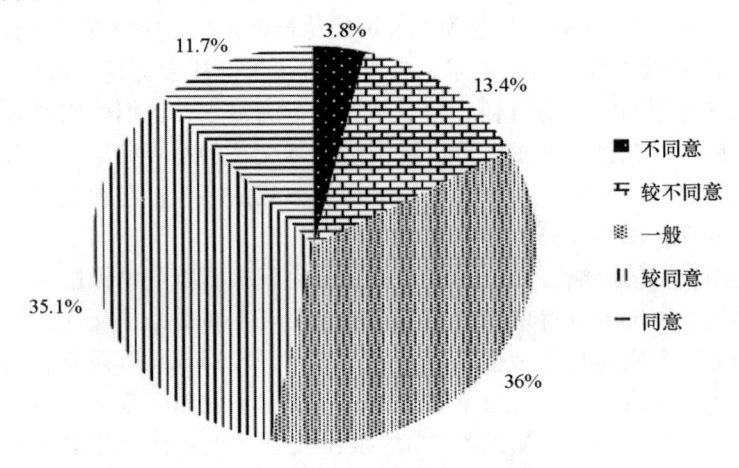

图1 网友对"与面对面交流相比，更加倾向通过网络进行交流"的态度分布

2.1 交往范围——以现实人际交往为基础，与陌生人交往有限

在网络社交对象结构方面，网民倾向于与现实生活中自己熟悉的人交往。可以说，网络社交在很大程度上还是现实世界中社交网络的移植。被访者与同事或同学、朋友进行网络社交的比例较高，分别达到86.1%和80%，与陌生人交往的比例最低，占被访者的22.6%，如图2所示：

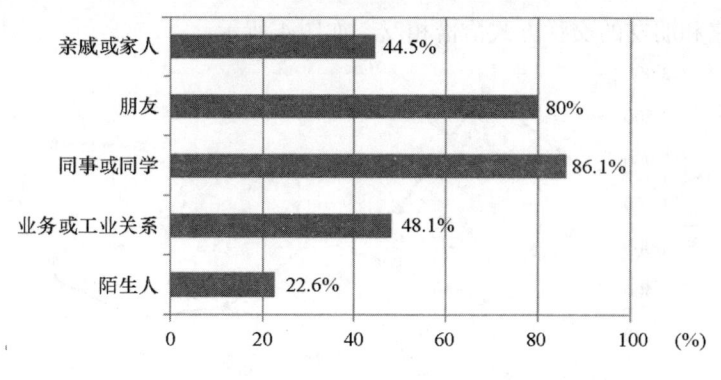

图2 被访者网络社交对象结构统计

统计网民在微博中关注人群的结构也能得出类似结论。微博中关注的用户身份74.1%集中在熟人群体，即朋友和同事，远远超过排在第二、三位的明星、歌手（46.3%）和记者、媒体官方微博（42.3%）（见图3）。

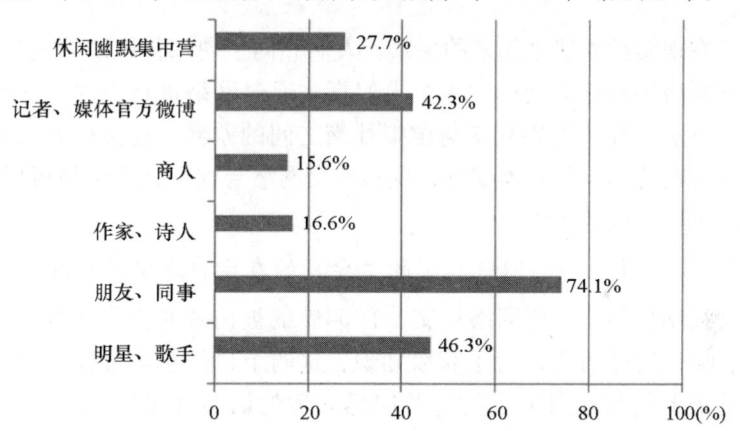

图3 被访者通过微博关注的用户身份统计

从数据可以看出，网络社交在相当大程度上是现实社交网络的翻版，而这种熟人之间的关系通过网络得到了进一步的加强。

2.2 交往方式——根据社交对象选择不同方式交往

被访者会根据交往对象选择不同的交往方式。与亲属和朋友交往时，被访者会比较多地选择电话、面对面和短信等传统人际社交工具，对即时聊天工具、电子邮件、社交网站、微博等以互联网为基础的工具使用相对较少；被访者与网友通过互联网应用进行交往的概率较大，较少使用传统交往方式，这与亲属和朋友的交往方式恰恰相反，如图4所示：

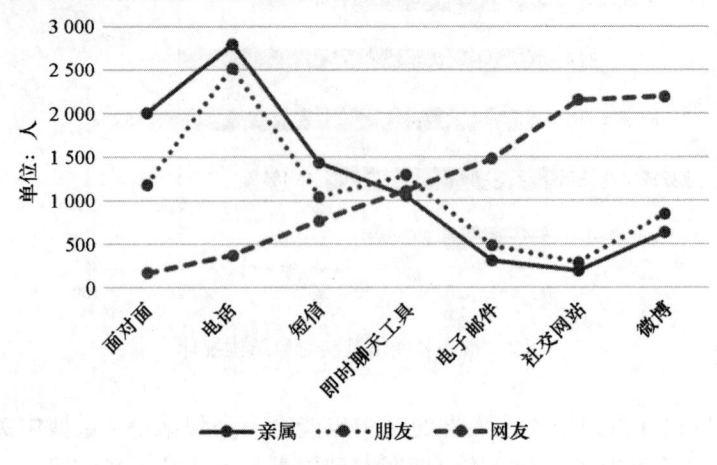

图4　不同类型人际关系交往方式统计

对于在现实世界建立起来的关系，人们倾向于使用传统的方式进行巩固，而对于在网络环境建立起的关系，人们喜欢通过网络进行交往。这种交往方式的不同显示了现实世界社交与虚拟社交之间的差异，在交往方式上，人们通常会区别对待网友与其他朋友，现实社交网络与虚拟社交网络可以有重合，但是融合到一起比较困难。

2.3　交往动机——网络社交的主要目的在于自我提升和发展共同兴趣

从交往动机角度分析网络社交，有54%的被访者的交往动机是与他人共享资源，68%的被访者是为了获取知识，这两个目的都与自我提升有关；有63%的被访者的交往目的是讨论共同感兴趣的话题（见图5）。数据结果显示，有超过半数的人进行网络社交的目的在于发展共同兴趣，实现自我提升，这验证了网络社交基于趣缘关系建立的特征。

3　网络社交的动机、态度及影响因素

根据鲁宾等人对受众使用媒介动机的研究，可将媒介使用动机分为仪式性使用（ritualized media use）和工具性使用（instrumental media use）两种。仪式性使用是指受众对媒介的使用是基于一种固定的或习惯性的行为，譬如打发时间、排遣郁闷等。这种使用注重的是媒介的使用过程或体验，受众通过仪式性使用获得过程的满足（process gratifications）。工具性需求是指网民偏重网络社交所带来的实际效用，譬如日常学习、自我提升等。工具性使用

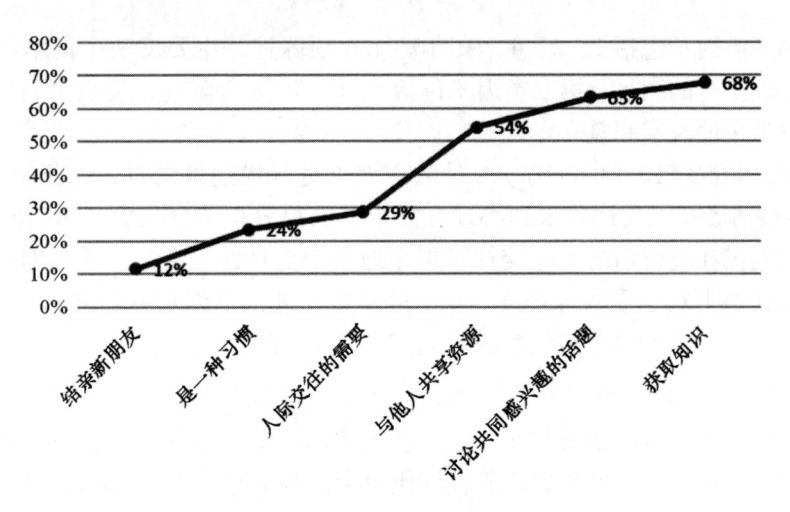

图 5 被访者交往动机统计

关注的是特定的媒介内容，受众可以获得内容的满足（content gratifications）。根据这一理论，笔者将五级量表中关于网络人际交往动机认同度的陈述做因子分析，通过陡坡检验将之归纳为两个因子：工具性需求与心理性需求。结果如表 1 所示：

表 1 被访者对网络社交动机的态度统计

序号	动机	均值	标准差
1	相对于现实中的社交活动而言，我在网络社交中表现得更加自信。	3.58	.920
2	通过网络与他人交流比面对面的交流更安全。	3.30	1.045
3	与面对面的交流相比，我更喜欢通过网络与他人沟通。	3.38	.982
4	通过网络更容易表达我的真情实感。	3.71	.932
5	网络社交能为我省钱。	3.57	.954
6	网络社交能让我更快捷地与他人联系。	3.92	.851
7	网络社交能够扩大我的交往圈。	3.84	.858
8	网络社交能够帮助我打发时间。	3.72	.921
9	网络上，我希望得到很多的关注。	3.45	.942
10	网络中，可以不被现实中的各种事情所束缚。	3.75	.898
11	网友并不比现实中的朋友更了解我。	3.62	.946
12	在网络中，可以做到特立独行。	3.64	.915
13	网络上的朋友比现实生活中的朋友要多。	3.25	1.104

第一类因子包括1、2、4、9、10、126项陈述，主要反映了网络社交对用户心理期待的满足。第二类因子包括5、6、7、8等陈述，反映了网络社交给用户带来的现实利益。

使用频次统计（frequency）对两个因子进行描述性统计，结果显示，3 000名被访者在工具性需求和心理性需求上的得分均值分别为3.76和3.54。这表明网民在进行网络人际交往时更多地出于工具性需求。下面分别引入性别、居住地类别、受教育程度、年龄等变量，进行单因素方差分析（One-way ANOVA），分析网络社交动机与态度的影响因素。

3.1 女性比男性更倾向网络社交的工具性需求

单因素方差分析结果显示，心理性需求因子得分在性别比较时不存在明显差异（0.901），工具性需求在性别比较时存在显著差异（0.014）。1 687名被访男性网民工具性需求因子得分均值为3.74，1 313名被访女性网民工具性需求因子得分均值为3.79，女性比男性得分高，由此可见，女性网民比男性网民更倾向于工具性需求。

3.2 城市居民更倾向网络社交的心理性需求

按照城乡标准，将被访者现居住地划分为两类：城市与农村。单因素方差分析结果显示，两个因子在居住地比较时都存在明显差异（0.000）。601名居住地处于县城及县城以下的被访网民在心理性需求因子上的得分为3.45，2 399名居住地处于县城以上的被访网民在该因子上的得分为3.6；在工具性需求因子方面，居住地处于县城及县城以下的被访网民得分均值为364，而居住地处于县城以上的被访网民得分均值为3.79。居住地处于县城以上的被访网民在心理性需求上得分均值明显高于居住于县城及县城以下的网民，这可能与大中城市的竞争较为激烈，人与人之间的隔膜与疏离较大，对现实生活存在较多不安全感有关。

3.3 受教育程度越高，工具性需求越大

将受教育程度与心理性需求做相关性分析发现，二者之间不存在显著相关关系，但与工具性需求存在显著的正相关关系。受教育程度越高，网民对网络社交的工具性需求认可程度越高。以大学本科为界，受教育程度在本科以下的用户对网络社交的心理性需求较大，但本科以上的群体工具性需求明显大于其他群体（见图6）。调查发现，这部分群体使用网络的主要目的是完成作业、查询资料、查询与工作有关的信息。互联网为他们提供了海量的信息资源，满足了他们的工具性需求。

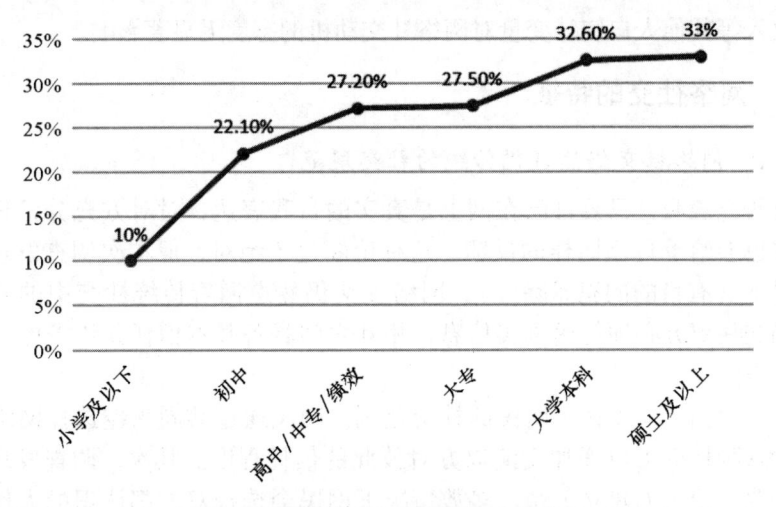

图6 受教育程度与工具性需求的关系

3.4 年龄越大，网络社交心理性需求越大

将心理需求与年龄做相关分析，两者之间存在着正向相关关系（R = 0.072，P < 0.01），即随着年龄的增长，对网络社交心理性需求的认可度越高（见图7）。以40岁为界，40岁以上的群体使用网络社交有着较高的心理性需求。进一步调查发现，40岁以上的群体使用网络社交最主要的目的是与外地的子女进行日常交流沟通，很多父母在子女的影响下开通了QQ、微博等网络社交工具与他们进行交流，这个群体是中老年人网络社交用户的主要组成部分。

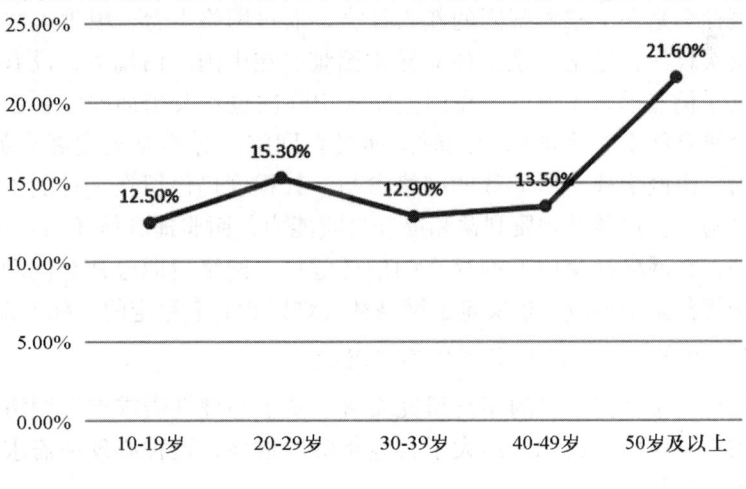

图7 年龄与心理性需求的关系

239

收入等其他人口统计变量对网络社交动机的态度无显著影响。

4 网络社交的特征

4.1 网络社交仍然遵循传统的社交规范

有研究表明,只要自己在网上是真实的自我表达,对对方充分信任,那么对方也会给予自己同样的反馈。这种论断过于绝对,但本次调查发现,多数情况下(有目的的犯罪除外),网络社交仍然遵循着传统社交中的基本规范。如交往双方必须传递真实信息,相互之间具备基本信任并给予的充足的时间、空间。

究其原因,首先在于网民的社交范围。网民通过共同兴趣选择网络社交对象,这种标准可以增加交流双方对彼此的信任程度。其次,调查发现,网络上若要与陌生人建立关系,多数情况下网民会选择双方都认识的人作为交往中介,交往双方对同一个人的信任保证了交往双方的相互信任。再次,我国网络社交管理规范的制定以传统社交规范为依据,结合了互联网的特殊性。社会化媒体管理的不断规范与完善,一定程度上保证了网民信息的真实性,为网络社交提供了健康可信任的环境。

4.2 仅仅通过网络难以建立稳定的人际关系

虽然网络社交遵循传统的社交规范,但是单纯通过网络建立起的人际关系的稳定性远远低于传统社交。通过对网络社交人群的特征进行分析发现,网络人际交往双方的身份构成中,熟人之间的交往占据了约2/3的比例。

我国社会是一个根深蒂固的熟人社会,通过网络平台,陌生人之间建立的关系层次较浅,稳定关系的建立异常困难。在中国的语境下,没有反馈到现实的关系仍然远远不够——在网上聊天100次也不及当面吃一顿饭,因此人们不会愿意耗费过多的精力和时间通过在网络上异质互动发展弱关系[8]。另一方面,由网络社交所导致的网络参与,其程度仍停留在一种弱参与——更多地是为了获得某种物质利益和提升自我能力,而非提升信任与互助能力。除此之外,在网络社交中普遍存在的信任危机、网络犯罪等社会问题,对现有的道德规范是个挑战,也决定了网络社交难以建立起稳定的人际关系。

4.3 中老年人网络社交群体不可忽视

通过对网络社交用户的年龄研究发现,基于心理性需求进行网络社交的中老年用户群体所占比例,远大于其他年龄段群体,这种心理性需求可以简化为与子女进行沟通。

社会节奏的加快、工作压力的加剧等因素,不断压缩着学生、白领等中青年群体的个人生活时间，减弱了他们与家人的日常联系。传统人际关系中，他们倾向于通过电话、手机等通讯工具与家人进行沟通。随着沟通时间的不断缩短，这个群体的家长们开始根据子女的生活、工作习惯尝试其他交流方式，网络社交成为他们的首要选择。首先，这种方式通过电脑完成，与现代人工作方式相同，沟通方便。其次，这种沟通属于延时性通讯，不需要对方做出及时反应。日常生活沟通对即时性要求不高，通过QQ、社会化媒体等社交方式，对方收到信息后做出回应，这种方式在时间上比较灵活，降低了时效性带来的交流压力。再次，通过社交媒体，可以帮助沟通双方充分了解。现代人更喜欢将自己的日常生活呈现给社交媒体，而非父母。通过网络社交工具，沟通双方可以获得有关彼此生活的更丰富的信息，便于他们从更多的侧面相互理解。在父母与异地求学、工作的子女之间，网络社交成为传统交往方式的一个有力补充。

4.4 异质性交往对于个体提升更有帮助

林南在《社会资本——关于社会结构与行动的理论》一书中将人们的互动界定为两类：同质互动与异质互动。前者以拥有相似资源——可以包括财富、声望、权力和生活方式——的两个行动者之间的关系为特征。后者描述的是拥有不同资源的两个行动者之间的关系。林南还指出了这两种互动行为之间存在的关系（见表2），"为了能够得到高回报（更好的社会资本），当出于维持资源动机的时候，人们更倾向于采用同质互动，因为相似的资源背景更能唤起共鸣；而当出于获得资源动机的时候，人们更倾向于采用异质互动"[9]。

表2 两种互动行为之间存在的关系

行为动机	互动参与者的资源	
	相似性（同质互动）	非相似性（异质互动）
维持资源（表达性）	低努力、高回报	高努力、低回报
获得资源（工具性）	低努力、低回报	高努力、高回报

前面已经讨论过，网络社交难以建立稳定的人际关系，通常通过网络社交可以建立一定数量的弱关系，这种弱关系不需要花费太多的时间和精力进行维护，而往往会给人带来意想不到的信息与资本。通过调查同样发现这个结论。异质性互动可以带来有用的社会资本，与自己兴趣爱好不同、交往群体不同的人交往，更容易获得有效信息，即"实质性的社会资本"，而非"形

式性的社会资本"。所谓实质性的社会资本可以简单理解为一种信任与互助能力，而形式性的社会资本体现为为了获得某种物质利益的好处或增长自我能力或舒缓生活和情感压力而参与活动，除此之外并不产生其他联系。

5 网络社交对现实人际交往的影响

5.1 网络社交基于共同兴趣，激发了人际交往的主动性

现实生活中，不同群体有不同的交往方式，不同地区之间有不同的交往习惯与特点，不同的社交网络之间很难实现融合与沟通，而网络打破了现实交往壁垒。人们可以根据自己的意愿与爱好选择交往对象，并且可以随时对之进行更换。网络的开放性，彻底改变了人际交往模式，提高了人与人交往的主动性。这种社交特征在网络小组中体现得尤为明显。网络小组是指在互联网上，一群地位平等的"节点"依靠共同的目标或兴趣自发聚合形成的组织，这种组织相互关联而没有中心。调查结果显示，小组专题与成员兴趣爱好是网民选择是否加入网络小组的两个最重要的原因（见图8），这两个原因可以总结为共同兴趣。互联网可以使人们基于共同兴趣选择社交范围和社交网络，可以极大程度地激发人们交往的主动性。

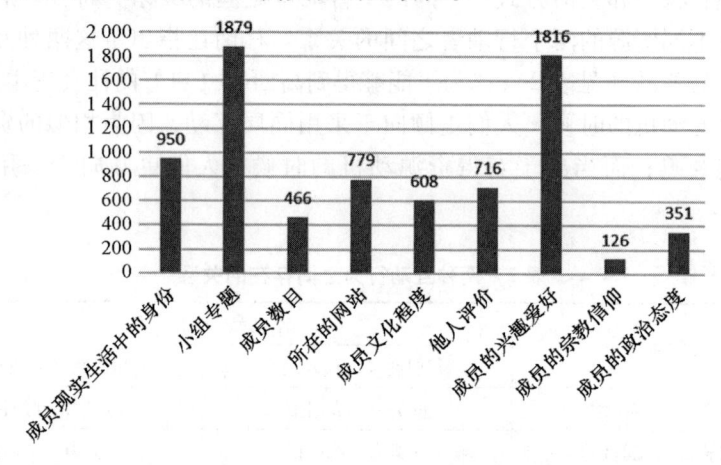

图8 被访者参与网络小组的原因统计

5.2 网络社交对已有的人际关系交往时间无显著影响

调查结果显示，互联网的使用丰富了人际交往的方式，但并未对熟人群体日常交往时间造成显著影响。网民与熟人的日常交往时间基本保持不变。

多数网民在使用网络后并没有减少他们与同事或同学、朋友、父母、兄

弟姐妹、亲戚或邻居、爱人或恋人的日常交往行为（见图9）。由此可见，传统交往方式在维系亲情、爱情、友情这些人类永恒的价值追求时具有得天独厚的优势，因此其主导地位在一定时期内不会发生动摇。尽管如此，仍有10.9%－33.1%的网友减少了与熟人群体的日常交往时间，其中对与亲戚或邻居的日常交往行为改变最大。随着生活水平的不断提高，高楼越建越多，越建越密集，邻居之间的物理距离越来越近，但心理距离却越来越远，一栋公寓里比邻而居了五六年，双方未曾说过一句话的事例比比皆是。

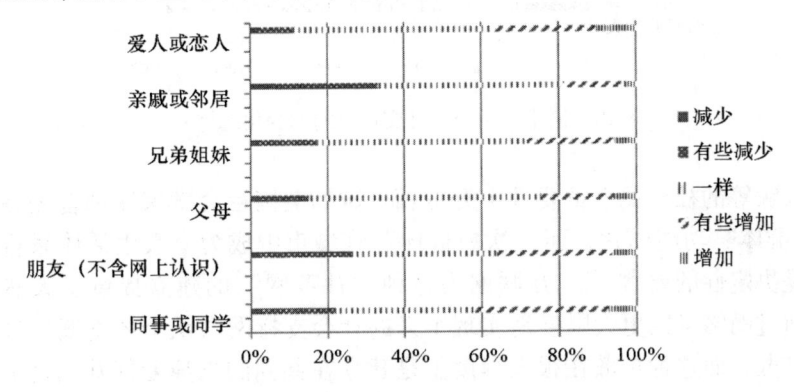

图9　网络使用与日常交往时间的变化统计－1

上述与熟人群体的交往行为更多地体现为一种人际依赖，更多是建立在亲缘、血缘等情感系统之上的。下述这些社会关系，包括相同宗教信仰的人、相同政治观点的人、相同爱好的人、相同专业的人更多地体现为一种群组依恋，这种关系更多地建立在共同的身份认同基础之上，是基于趣缘或业缘的联结。

互联网的使用并没有减少与相同宗教信仰的人、相同政治观点的人、相同爱好的人、相同专业的人的日常交往时间（见图10）。其中值得注意的是，分别有52.8%、42.5%的网友在使用互联网后增加了与相同爱好的人、相同专业的人的日常交往时间。这能够在一定程度上反映互联网使用催化了新型社会关系的发展。

齐美尔说，每个人只有通过加入由兴趣爱好相似的人结成的群体才能实现自身的完善[10]。随着城市社会生活的发展与竞争的加剧，人们之间的相互依赖关系主要通过社会服务体系得到深化，"个人在城市社会中的生存与发展主要依赖于城市中的制度体系创建的某种生活秩序和个人创造的'社群网'"[11]，这比较典型地反映在传统意义上的邻里关系重要性下降，而基于趣

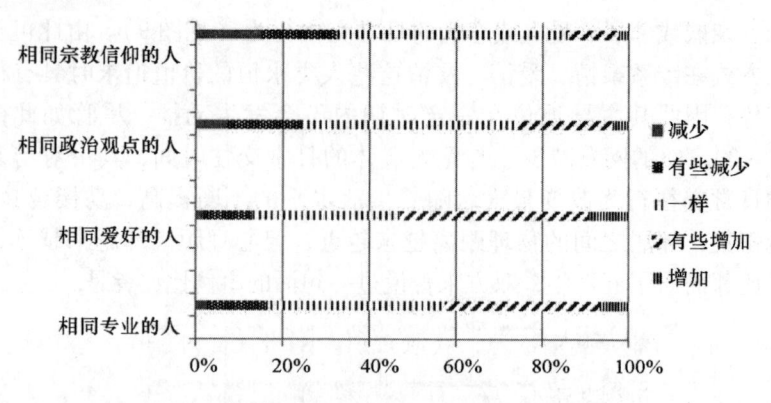

图10　网络使用与日常交往时间的变化统计-2

缘和业缘等的社会关系重要性上升方面。诚如美国社会学家库利首先提出的"首属群体"功能弱化，而"次属群体"在城市中成为个人生活体系重要的或者是决定性的要素[12]。互联网为这种"社群网"的建立提供了天然的平台，通过网络可以更大限度地实现个人的社会支持网络从个体逐渐向社会成员的扩散，而这种扩散在很大程度上是建立在共同的兴趣爱好基础之上。这些"同好"群体不仅在线与他人共享资源、信息，就感兴趣或者专业领域的话题展开讨论，而且可能通过由此所带来的归属感、信赖感而发展成为进行线下的集结与互动，从而带来日常交往活动的增加。

5.3　网络社交扩展了人际交往的范围

人们借助网络既可以结识新朋友，也可以加强与巩固已有的关系。传统社会中，空间距离是造成关系疏离的原因之一，互联网打破了空间距离带来的限制，便利了人与人的情感交流，成为传统人际交往的有益补充。借助QQ、社会化媒体等网络应用，人们可以通过音视频聊天、留言互动等方式巩固既有的人际关系，弥补与熟人交流时存在的缺憾。

网络的出现给传统人际交往提供了新的交往媒介，扩大了人际交往的范围。调查问卷中将网友定义为通过网络认识的朋友，互联网出现之前，这部分人属于陌生人，彼此不属于同一利益群体，关联性较小。与之进行交往，不会影响到现实人际关系，也不会损失人们在现实生活中的既得利益，因此与这些人进行交往可能会具有某种程度的安全感。有被访者表示，他们甚至更愿意将秘密告诉网友而非身边的家人朋友。另外，与他人讨论共同感兴趣的话题是网络社交的目的之一，这种相互交流沟通，也可以扩大网络社交的范围。

5.4 网络社交促使个体不断实现自我完善

社会是不断发展变化的，这个规律同样适用于网络。网络环境要求网民必须有意识、有目的地了解新事物，接受新生活，因此个体的不断完善必须贯穿人的整个生命周期。网民只有不断调整自己的行为方式、行为目标、价值标准，才能不断适应变化的网络社会。同时，实现自我提升是网民进行网络社交的目的之一，这是个体不断完善的内在驱动力。互联网为这种自我提升提供了平台与资源环境。前面的调查结果显示，有超过半数的人进行网络社交的目的是与他人共享资源，获取知识。网络社交可以使个体接触到不同的文化与思想，可以实现思想之间更平等的讨论与碰撞。同时，网络也给用户获取知识提供了广阔的平台。互联网的海量信息涵盖范围广泛，内容丰富，人们可以在上面低成本地汲取任何形式、任何内容的信息，这为人们实现自我提升提供了硬件保障。

6 结语

本研究运用大规模互联网调查数据，通过网络社交范围、方式、动机以及特征等方面，描述了国内当前网络社交的现状，一定程度上弥补了国内相关研究的不足，并且从交往时间、交往范围、交往动机等几个要素分析了网络社交对社会人际交往的影响。研究发现，网络社交以现实人际交往为基础，它们遵循同样的社交规范，交往范围存在一定的重叠。但是，网络使人际交往的群体划分更具体，交往目的更明确，并且给现实社会人际交往带来了新的契机，激发了人际交往的主动性，使交往范围更广，方式更便捷。网络社交对现实社交是一种有益的补充，可以使互联网赋予人类社会的便捷、自由、平等得到更充分、更理性的发挥，使人与人的关系更加稳定。正确地认识网络社交，对于培养健康的人际交往心理，树立互联网环境下的新型人际交往理念具有一定的现实意义。

参考文献：

[1] 阎学勤. 城市人的理性化与现代化——一项关于城市人行为与观念变迁的实证比较研究 [M]. 南京：南京大学出版社，2004.

[2] 闫金山. 大学生网络交往对心理健康影响的研究 [D]. 哈尔滨：哈尔滨工程大学，2007.

[3] Sporull L, Kiesler S. Connections：New ways of working in the networked organization [M]. Cambridge：MIT Press，1991：87.

[4] Kiesler S, Kraut R. Internet use and ties that bind [J]. American Psychologist，1999,

54 (9): 783-784.

[5] Cornwell B, Lundgren D C. Love on the Internet: Involvement and misrepresentation in romantic relationships in cyberspace vs. real space [J]. Computers in Human Behavior, 2002, 17 (2): 197-211.

[6] Whitty M T. An examination of how open, supportive and honest people in chat rooms [J]. Computers in Human Behavior, 2002, 18 (4): 343-352.

[7] Walther J B. Computer-mediated communication: Impersonal, interpersonal and hyperpersonal interaction [J]. Communication Research, 1996, 23 (1): 3-43.

[8] 庄佳婧. 拓展人脉还是维护关系——社会资本视野下的SNS网站悖论 [J]. 新闻大学, 2010 (2): 149-151.

[9] 林南. 社会资本——关于社会结构与行动的理论 [M]. 上海: 上海人民出版社, 2005.

[10] 格奥尔格·齐美尔. 大都市和精神生活 [M]. 郭子林, 译. 上海: 上海三联书店, 2007.

[11] 城市社会结构变迁中的趣缘群体研究 [D]. 武汉: 华中科技大学, 2006.

[12] Cooley C H. Social organization: A study of the larger mind [M]. New York: Charles Scribner's Sons, 1909.

作者简介

田丽, 北京大学新闻与传播学院讲师, 博士, E-mail: pkusjctl@163.com; 安静, 北京大学新闻与传播学院博士研究生。

基于微博传播的舆情演进案例研究[*]

在我国，微博自 2009 年兴起以来的短短 3 年多时间内，用户规模便达到 3.09 亿[1]，微博因其具有的用户草根化、内容微小化、介质移动化、传播碎片化、交互多样化等沟通特征[2]，迸发出前所未有的能量，不仅搅动了整个网络环境，而且掀起了社会舆论的新波澜[3]。随着微博影响力的扩大，微博话题也越来越集中于社会热点事件，在当今的舆情应对中，任何机构恐怕都无法忽视微博传播的作用。基于此，本研究以"三亚宰客门"为案例，试图探讨基于微博传播的舆情演进模式及其动因，以期为微博传播下的舆情应对提供借鉴与参考。

1 相关研究综述

微博舆情是指民众通过微博传播的态度与情感。由于传播方式简单、操作模式方便以及信息平台开放便捷，微博已成为影响舆论产生与发展的重要力量，国内外学者已开始关注微博舆情的相关研究。

H. Saif 通过对 Twitter 与 Facebook 平台上的政治微博言论进行基于语义层面的情感分析，认为微博对社会舆论影响所带来的系列挑战亟须被认真地对待[4]。H. Savigny 认为，作为新型交流工具的 Twitter 对公众舆论中传统媒体和政党的统治地位提出了潜在的挑战[5]。A. C. Gurcan 通过创建一个可以映射到 8 类不同情绪的系统并配以语料库的建设，来分析 Twitter 用户发布的信息中情绪的转变对舆论的影响[6]。K. Grosse 等提出了一个结合辩论理论和微博技术挖掘的新方法，用于对 Twitter 信息进行观点自动挖掘[7]。Wu Hanxiang 和 Xin Mingjun 探讨了移动互联网服务环境下微博舆情危机应对快速应急响应机制模型的设计及其实施[8]。

谢新洲等通过对 3 000 名网民的大样本调查分析，提出微博已成为社会动员的新力量[3]。朱恒民等结合微博的传播特性以及舆情话题的衍生等因素，

---

[*] 本文系国家自然科学基金资助项目"基于互联网网民言论信息的口碑监测、分析与管理研究"（项目编号：71073006）研究成果之一。

以有向无标度网络为载体提出了舆情传播的 SIRS 模型,并对该模型进行了仿真分析[9]。刘金荣通过厘清微博舆论的两条演变路径和危机沟通视角下微博舆情的三条演变路径,为危机管理者有效化解舆情提供了参考依据[10]。代玉梅结合时间维度的短期、中期与长期效应,对微博舆情传播效果进行了理论考察[11]。目前国内的相关研究,多侧重于对微博舆情的传播路径、微博传播对舆论的影响等理论方面的探讨,而对微博传播下舆情演进的动因,缺乏较为深入的实证分析。基于此,本研究将通过"三亚宰客门"对微博传播的舆情演进路径及其发展动因进行深入剖析。

2 微博传播对"三亚宰客门"事件形成的作用机理

2012 年 1 月 28 日,新浪实名认证微博客罗迪发布了一条朋友春节期间在三亚吃海鲜被宰的消息,激起热议。网友纷纷跟帖讲述自己在三亚旅行时被宰的经历,掀开了国内前所未有的三亚旅游黑幕曝光序幕。这场始于微博曝光的事件,被网民冠以"三亚宰客门"。从该事件被触发、放大,到引爆以及后续发展等各个阶段,凸显了微博对舆论的发源与发酵作用。

2.1 突破了话语权的垄断

微博传播主体的草根化,促使了话语权的变更。"140 字"的简短信息以及移动终端的无缝对接,使普通大众就身边所发生的事件能随时随地发布信息,对传统媒介环境下"语言单一的中心神话、中心意识形态的向心力量提出了强有力的挑战"[12],传播信息与报道新闻也不再是大众媒体独有的使命与责任,微博传播内容去中心化的特征,使得草根阶层的话语权得到空前释放。以往传统媒介时代以精英为主导的"传－受"话语模式被彻底打破,每一个独立的个体,都能够成为一个自媒体平台,拥有社会大众信息传播过程中的话语权。草根博主罗迪的微博曝光,便突破了传统媒介生态下信息单向的流动方式,从而受到社会大众的广泛关注,催生了"三亚宰客门"事件的形成。

2.2 拓展舆论信息渠道

微博因其便捷性、及时性与互动性等实用特点而逐渐成为新闻议题和素材的来源,成为第二大舆论信息的源头,仅次于传统新闻媒体[13]。近年来,"三亚宰客门"、"方韩之争"、"江苏溧阳卫生局长微博直播开房"、"表哥"、"房姐"、"李某某涉嫌轮奸" 等新闻事件,其触发点无一不源自微博。在"三亚宰客门"事件中,首先通过微博曝光朋友被宰消息的罗迪,不一定是新闻舆论形成的关键节点,但由于他是该事件的知情者和见证者,其消息发布之后，经过微博活跃用户的转发、其他粉丝的改写与评论，聚合成强大的推动力量，使得三亚宰客的信息渠道被极大地拓展，引起了社会大众线上与线下的热议，进而使得"三亚宰客门"成为2012年的社会舆论大事。

2.3 促进舆论的形成与发酵

舆论的形成包括事件的发生、舆论领袖的发现、意见的产生、事实与意见信息的传播、意见的互动与整合、舆论的形成等6个阶段[14]，作为自媒体平台的微博，将公众关注的涉及公共利益的社会问题引入网络空间，通过微博活跃用户的转载与粉丝的评论、其他媒体的报道，能够吸引更为广泛的受众，成为促进舆论形成与发酵的新的平台。从罗迪通过微博发布发布消息，到消息不断扩散导致"三亚宰客门"舆论事件的形成这一过程中微博传播作用机理可用图1清晰地表示："罗迪微博"是整个事件的触发点，仿佛被置于由其他微博用户的转载与关注功能所形成的舆论凸面镜的焦点处的"光源"，让三亚宰客现象受到了门户网站、论坛、视频网站以及其他传统媒体的关注，产生多媒体共鸣而被引爆，受到社会大众的关注，并被冠以"三亚宰客门"，且成为了2012年度中国旅游行业的十大事件之一[15]。

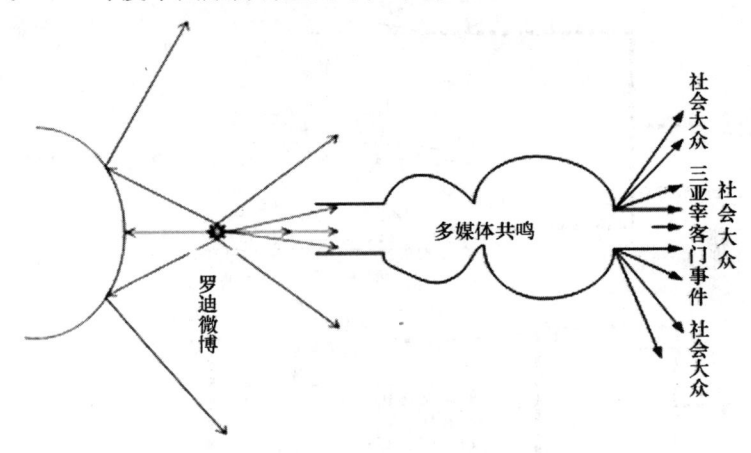

图1 "三亚宰客门"舆论形成过程中的微博传播作用机理

微博不仅是"三亚宰客门"的触发点，而且是促使多媒体共鸣导致该舆论事件形成的"发酵池"。在"三亚宰客门"舆论事件形成的过程中，微博活跃用户对"触发点"罗迪微博的转发和评论，是整个舆论形成不可忽略的因素之一。对罗迪微博转发之后的二次传播，极大地加速了"三亚宰客门"事件舆情的演进。

249

3 微博传播下"三亚宰客门"的舆情演进路径

由于传播主体的草根化、传播渠道的多元化与传播内容的去中心化等新特性,微博已成为一个催生、引爆舆情发展的舆论场。在这个舆论场中,微博打破了传统媒体对公共议程单向设置的模式,通过用户个体节点的互联互通所组成的复杂网络,将草根关注和关心的问题通过群体讨论、互相转引以及微博活跃用户传播等方式带入公众视野。"三亚宰客门"事件便发端于微博,并在强力传播与对传播渠道的整合下,形成了"事件触发→事件放大(舆情萌芽、舆情形成以及全民关注与评论)→事件引爆(舆情爆发、舆情应对、舆情高潮)→事件后续发展(舆情消退、舆情消亡)"的舆情发展路径。其演进模式与其他网络事件的舆情演进具有相似性,即遵循舆情演进的"发生→发展→消解"规律(见图2)。

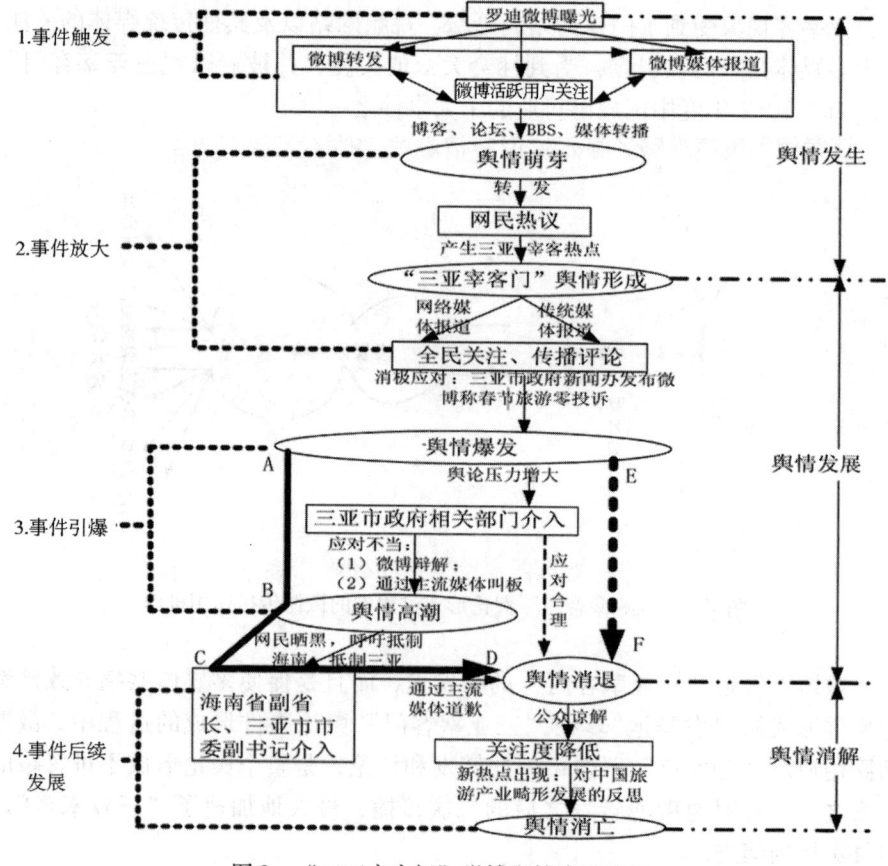

图2 "三亚宰客门"微博舆情演进路径

"三亚宰客门"事件的发展经历了4个阶段：①事件触发阶段，以2012年1月28日罗迪微博曝光为中心，其他微博客、微博媒体以及微博活跃用户之间所构成的叠套传播的网络，促使该事件短时间内成为公众讨论的议题；②事件放大阶段，由于罗迪关于朋友被宰的消息引起网友的共鸣，广大网友纷纷对其进行转发，促使"三亚宰客门"舆情形成，在网络媒体与传统媒体的报道下，引发全民关注与评议；③事件引爆阶段，迫于舆情形成之后全民评议的压力，三亚市政府新闻办通过官方微博予以回应，但其关于"春节期间旅游零投诉"的消息暴露了其舆情应对的消极态度，招致网友的质疑而导致舆情爆发，在舆论压力不断增大的情势下，三亚市政府相关部门的"辩解"与"叫板"，彻底激发了民众的情绪，舆情发展到高潮；④事件后续发展阶段，在民众对海南与三亚抵制的呼吁声中，海南省副省长、三亚市市委书记姜斯年于2012年2月1日通过主流媒体向公众道歉，取得了部分民众的谅解，随着时间的推移，网络媒体与主流媒体纷纷展开了对宰客背后中国旅游产业畸形发展的反思，从而使"三亚宰客门"舆情从消退状态到达被彻底消解的状态。

该案例舆情演进路径显示：因舆情相关主体不了解新媒介环境下微博媒体对社会舆论动员的威力，而错失了微博传播下舆情危机应对的最佳时机，导致舆论被放大、舆情负面态势愈发难以控制。最终，网民负面评论总占比为64.29%，对三亚市政府新闻办官方微博的负面评论占比达到70.49%[13]。

4 微博传播下"三亚宰客门"的舆情演进动因

在"三亚宰客门"舆情的演进过程中，即使在舆情爆发后，若应对得当，也可使舆情沿着"E→F"（见图2）路径直接进入消退状态。但由于传统媒介环境下主管部门公权力的强势与霸道，面对质疑时，三亚市政府却采取了"辩解"与"叫板"的做法，最终因应对不当，导致爆发的舆情沿着"A→B→C→D"（见图2）的路径被推向高潮之后，才在市委书记的直接干预下逐渐消退。"三亚宰客门"舆情演进主要动因如下。

4.1 主管部门遮掩事实：网民情感负面态势的推动力

网民情感态势可以通过情感值分析体现。知微平台的情感值分析是对转发微博文本进行分词后应用自然语言处理技术判别用户的情感倾向的一种方法，情感值取值范围为-100-100，是反映用户情绪强烈程度的指标，负值越大表示用户负面情绪越强烈；反之，正值越大，表示用户正面情绪越强烈。对于热点事件，网民的情感负面态势的强烈程度，直接反映了舆情的发展趋势。

图3a为"三亚市政府新闻办"在事件被曝光后24小时内回应的6条微博的转发与评论数量统计图。从图中不难看出，第3条"春节旅游零投诉"的微博被转发、评论的次数达到了一个高峰，说明舆情主体遮掩事实的态度已经引起了广大网友的不满，网民的态度情感值急转直下，达到 -74（见图3b）。而其之后的两条微博似乎有认真应对的趋势，但其第6条"春节旅游零投诉表述有误"的辩解微博，则再次诱发了网民的负面情绪。

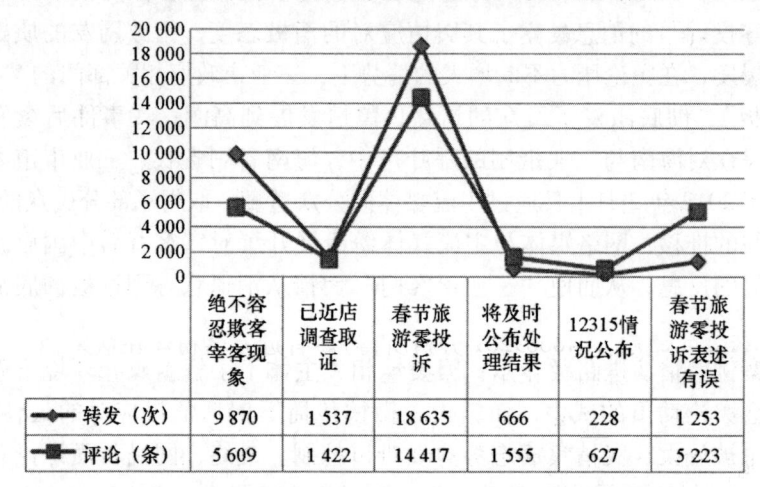

	绝不容忍欺客宰客现象	已近店调查取证	春节旅游零投诉	将及时公布处理结果	12315情况公布	春节旅游零投诉表述有误
转发（次）	9 870	1 537	18 635	666	228	1 253
评论（条）	5 609	1 422	14 417	1 555	627	5 223

图3a "三亚宰客门"舆情主体回应微博被转发与评论的数量统计

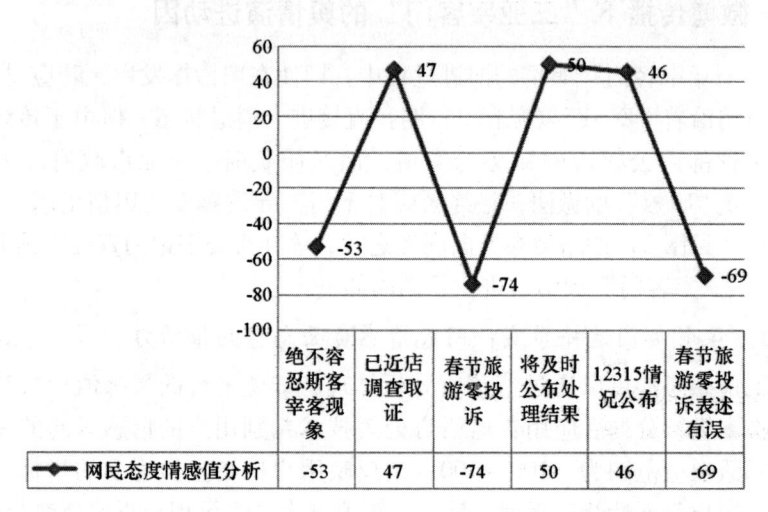

	绝不容忍斯客宰客现象	已近店调查取证	春节旅游零投诉	将及时公布处理结果	12315情况公布	春节旅游零投诉表述有误
网民态度情感值分析	-53	47	-74	50	46	-69

图3b "三亚宰客门"舆情主体回应微博网民评论态度情感值趋势

通过三亚市主管部门在舆情危机处理过程中的表现，不难发现他们力求通过遮掩事实来平息网民的负面情绪。但在微博平台上，草根微博客可以"自下而上"灵活地设置议程，推动舆情的发展。图3结果显示：三亚市政府新闻办发布的相关微博中，不及时公布事情发展真相、企图遮掩事实的微博，其网民评论的负面情感值偏低。因此，在舆情危机爆发时，主管部门遮掩事件的真相，将会推动网民情感负面态势的发展，诱发舆情高潮。

4.2 微博活跃用户介入：舆情产生与发酵的催化剂

微博平台上的活跃用户经过长期粉丝的累积发布的消息极易吸引网民的关注，从而形成舆论的源头；草根博主罗迪曝光朋友被宰的消息之所会成为广受关注的网络舆论大事。他们对该事件的关注，起到了极其重要的作用。

• 微博活跃用户直接参与议题，催生舆情的形成。A 在罗迪发布消息的当晚，发布了一条"三亚市政府有人上微博吗"的消息，由于其粉丝量达到几千万之多，这条11个字的消息短时间内曝光量达到31 084 072次（通过知微分析平台 http：//www.weiboreach.com/Try/exa.jsp？val = 3406960110340257_ 1046609201 分析所得）。有近万名粉丝在这条消息之后发布了相关的评论，通过分析得到的结果显示：网友在此消息后面的评论的情感值总体为 -73，催生了三亚宰客舆情的形成，见图4。

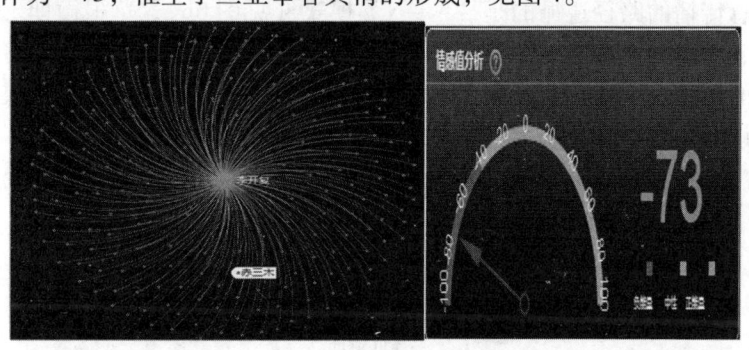

图4 微博活跃用户 A 的传播路径分析及网友评论情感值分析

• 微博活跃用户与微博媒体互动，将舆情推向高潮。微博活跃用户 B 先后在"@新京报"、"@新浪财经"以及"@头条新闻"发布相关博文。其"@新浪财经"之后发布的对三亚市政府处理宰客事件的态度进行评论相关的消息，受到两位粉丝超过20万次的微博客的转发，其中的"王巍 w"的更是转发了超过210万次如图5所示：

正是微博活跃用户与微博媒体以及与"王巍 w"的叠套互动传播中，"三

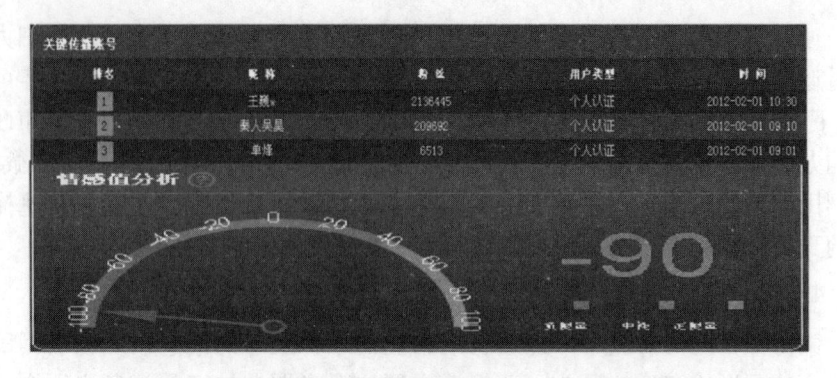

图5 微博活跃用户B的关键传播账号与情感值分析

"亚宰客门"舆情被推向了高潮:网民的负面情绪更是达到难以抑制的程度,情感值为-90。

4.3 主动议程设置不当:错失舆情消解的良机

在传统媒介环境下,社会信息传播路径遵循的是"1-1"模式(见图6a),舆情主体通过媒体议程设置以及与微博活跃用户的联系,即可干预传递到社会大众的信息,从而能够有效地处理舆情危机。而在微博媒体环境下,社会信息传播的路径遵循的是"N-N"模式(见图6b),草根微博、微博活跃用户、博客、论坛、贴吧、SNS社区以及其他传统主流媒体均能够形成信息流通的渠道。由于信息来源的渠道、信息传播的模式不同,微博媒体与传统媒体议程设置存在着明显的差异。

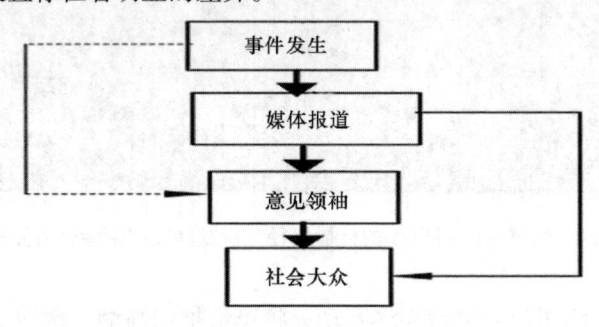

图6a 传统媒体信息传播的"1-1"模式

一方面是议程设置的方法不同。传统媒体议程的设置,往往是基于"自上而下"的单向引导方式,舆论的发展受精英话语阶层所把控,而微博媒体议程的设置则是基于"自下而上"的自发讨论与参与方式,从议题的曝光、

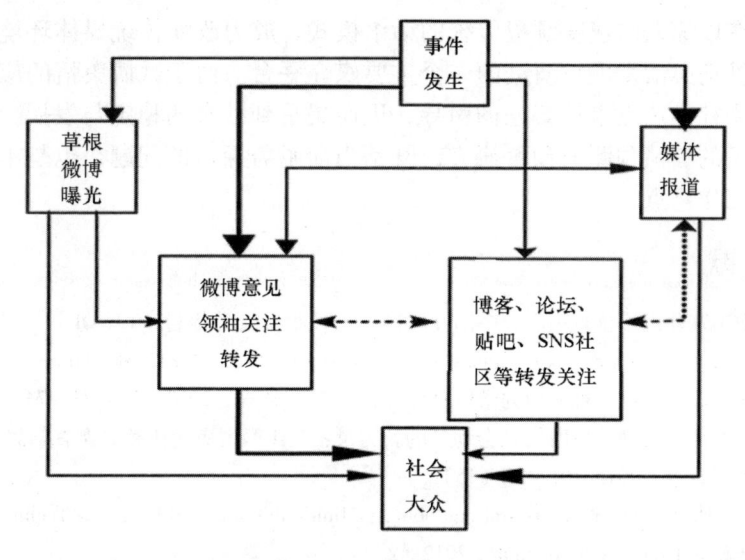

图6b 微博媒体信息传播的"N–N"模式

舆情的萌芽、形成以及向高潮发展的过程中，都受微博客讨论和意见汇集的影响；二是议题选择的角度不同，传统媒体选择议题时会受到媒体的定位与宗旨、新闻的价值取向、舆论主管部门的意愿等因素的制约，而微博客则热衷于发掘社会突发事件的真相，且在议题参与中热衷于展示个体自身的影响力。

三亚市政府新闻办未能借助官方微博及时征求罗迪对宰客处理的建议，以使刚形成的舆情直接过渡到消退状态。在舆情爆发之后，三亚市主管部门也没有主动道歉或者承认其旅游业发展中存在的问题，而是发布微博消息遮掩客观存在的欺客宰客事实，从而导致舆情发展迈向高潮阶段并招来网民抵制的呼吁。三亚市政府相关部门在处理舆情危机时，在传统公权力的强势与霸道下，不屑于设置议题以与民众积极交流沟通，未能及时转移民众对欺客宰客的关注，从而错失舆情消解的良机。

5 结语

本文借凸面镜及共振等社会物理学原理，分析了"三亚宰客门"舆论形成过程中的微博传播作用机理：微博传播主体的草根化，使得拥有了自媒体平台的普通民众突破了话语权的垄断；微博的便捷性、及时性以及互动性，大大地拓展了舆论的信息渠道；微博活跃用户的介入，将公众关注到的公共利益的社会问题引入网络空间，从而能够吸引更广泛的受众。可以说，微博传播正在以惊人的速度颠覆传统的话语模式，成为改变传统媒体环境下舆论格局、推动舆情发展与演进的一个重要媒介平台。由于微博舆情的应对与处理关系到社会热点事件舆论的引导，进而关乎到社会的稳定与发展，所以微博环境下的舆情预测与预警研究，既是当前亟需探讨的问题，也是本研究下一步的工作重点。

参考文献：

［1］ 中国互联网络信息中心．中国互联网络发展状况统计报告［EB/OL］．［2013-01-02］．http：//wenku.baidu.com/view/bef8d307f12d2af90242e615.html．

［2］ 杨晓茹．传播学视域中的微博研究［J］．当代传播，2010（2）：73-74．

［3］ 谢新洲，安静，田丽．社会动员的新力量：关于微博舆论传播的调查与思考［N］．光明日报，2013-01-29（15）．

［4］ Saif H. Sentiment analysis of microblogs：Mining the new world［R］．Technical Report of Knowledge Media Institute，2012：2．

［5］ Savigny H. Public opinion, political communication and the Internet［J］．Politics，2002，22（1）：1-8．

［6］ Gurcan A C. Using microglogs for cowdsourcing and public opinion mining［D］．Buffalo：State University of New Yok，2010．

［7］ Grosse K, Chesnevar C I, Maguitman G. An argument-based approach to mining opinions from Twitter［EB/OL］．［2013-01-28］．http：//ceur-ws.org/Vol-918/111110408.pdf．

［8］ Wu Hangxiang, Xin Mingjun. A quick emergency response model for Micro-blog public opinion crisis oriented to mobile Internet services：Design and implementation［J］．Advances in Intelligent and Soft Computing，2012，129（7）：1-7．

［9］ 朱恒民，李青．面向话题衍生性的微博网络舆情传播模型研究［J］．现代图书情报技术，2012（5）：60-64．

［10］ 刘金荣．危机沟通视角下微博舆情演变路径研究［J］．情报杂志，2012（7）：21-24．

［11］ 代玉梅．微博舆情传播效果的时间维度考察——"螺旋效应"、"集聚效应"与"涵化效应"［J］．西南大学学报（社会科学版），2012（3）：94-99．

［12］ 刘康．对话的喧声：巴赫金的文化转型理论［M］．北京：中国人民大学出版社，1995：106．

［13］ 百度文科．2011年上半年网络舆情指数报告：微博已成为第二大舆情源头［EB/OL］．［2013-02-16］．http：//wenku.baidu.com/view/88bd3e6faf1ffc4ffe47ac8c.html．

［14］ 韩运荣，喻国明．舆论学原理、方法与应用［M］．北京：中国传媒大学出版社，

2005：76.

[15] 信息时报.2012旅游热点事件盘点 三亚"宰客门"上榜［EB/OL］.［2013-01-20］.http：//news.xinhuanet.com/travel/2012-12/31/c_124170861.htm.

作者简介

付宏，北京市科学技术情报研究所助理研究员，博士后，E-mail：fhfuhong2011@sina.com；田丽，北京大学新闻与传播学院讲师，博士。

危机事件网络舆情传播模型及消极思潮应急对策*

1 引言

网络舆情是指[1]由于各种事件的刺激而产生的、通过互联网传播的、人们对于该事件的所有认知、态度、情感和行为倾向的集合,具有内容庞杂性、现实互动性、情绪感染性和总体可控性等[2]性质。网络舆情隐含了网民的情绪和态度,常带有一定的鼓动性,分为积极和消极两种。积极的网络舆情有助于政府反应迅速、公开透明的应对突发事件,如2009年发生的湖北巴东邓玉娇案、上海"钓鱼执法"等事件都是积极网络舆情步步跟进、推动问题解决的例子。消极的网络舆情传播的讯息是落后的,甚至是反动的。在突发事件发生发展的整个过程中,由于信息的不对称,多数群众对于事件的认识相当模糊,也往往会因为关心则乱而情绪敏感、激动,极易受到别有用心的人的不实舆情的蛊惑,导致矛盾升级,次生群体事件爆发,局面更加复杂并难以控制。2008年"3.14"事件爆发之前,境外"藏独"分子就通过电子邮件发送《"西藏人民大起义运动"倡议书》和达赖"3.10"讲话等材料,反复进行煽动;新疆乌鲁木齐"7.5打砸抢烧严重暴力犯罪事件"也是通过QQ群和BBS等手段传递上街游行信息,造成了大规模的骚乱事件。

研究网络舆情,尤其是舆情在网络上的传播方式,有利于防止消极网络舆情扩大而在网络上引起消极思潮,有利于社会的稳定,保证政府的权威和公信力,增强群众对危机事件管理机构的信任感。目前网络舆情已经引起不少学者的关注:许鑫,章成志等[3]对国内网络舆情研究进行了回顾与展望;李雯静,许鑫等[4]设计了网络舆情的指标体系;戴媛,姚飞[5]构建了网络舆

---

* 本文系国家自然科学基金资助项目"面向地震灾情速报的多源异构灾情信息融合与提取研究"(项目编号:40901272)和江苏省高校哲学社会科学基金资助项目"基于知识管理的政府危机决策支持系统研究"(项目编号:08SJD8700010)研究成果之一。

情安全评估指标体系。关于网络舆情传播的研究有：刘毅[6]研究了网络舆情的传播途径；张丽红[7]提出采取有效的网络舆情传播策略来确保中国的文化安全；姜胜洪[8]讨论了网上舆情的传播途径、特点及其现状。本文研究危机事件网络舆情的传播，建立网民关系网络模型，采用类传染病模型来分析网络舆情在危机事件生命周期上的传播和扩散过程，针对不同规模的消极思潮提出应急对策。

2　网络舆情的传播特点和网民关系网络

研究网络舆情的传播模型，需要先了解网络舆情的传播特点以及网络舆情的传播主体（即网民）在网络上的关系。

2.1　网络舆情的传播特点

网络舆情的传播打破了文化和地域的界限，具有如下特点：

• 传播主体隐蔽性。如英国社会学家吉登斯[9]所说"在互联网上，没有人可以知道其他人的真正面貌——他们是男性还是女性，或者生活在哪里"。美国学者 Hayne 和 Rice 将网络匿名性分为两大类：技术匿名性和社会匿名性。技术匿名性是指在交流过程中移除所有和身份有关的信息；社会匿名性则指由于缺乏相关线索，而无法将一个身份与某个特定的个体相对应。在一般情况下，网民在网站注册用户时通常使用化名，在今后的发帖中显示的便是注册时使用的化名。网民使用技术性匿名手段的目的是达到社会性匿名的效果，即其他网民并不知道是谁发的帖子。匿名性带来的安全感使群众比在现实社会中更积极、真实地发言。因此网民在发表言论时，尤其是批评建议时，减少了后顾之忧。

• 传播方式开放性。群众可以借助网络新闻网站、BBS、博客等方式，通过发帖、转贴、回帖等网络行为，超越地域、阶层、文化程度的限制对同一个危机事件进行交流。传播方式的开放性打破了传统新闻媒体对信息的垄断，给予了传播、传受双方平等互动的地位，这有利于充分反映社会各方面的舆情，发挥舆论导向的正面效应，推进社会主义民主化的进程。但也给消极舆情的传播提供了可乘之机，当对消极舆情的监管不到位的时候，就会给舆论导向带来负面效应，引起消极网络思潮。

• 传播速度快捷性。网络舆情的传播比传统媒体传播速度快，互联网技术不断升级，为网络舆情传播提供技术支持。宽带和手机上网使网络舆情传播迅捷方便，截至 2009 年 12 月，我国网民规模已达 3.84 亿，其中，宽带网民规模达到 3.46 亿人，占整体网民的 90.1%，较 2008 年增长了 7

600万。随着3G时代到来，手机和笔记本电脑的优势将综合于3G移动网络个人终端，其移动性和伴随性将使群众上网发表言论更为迅捷方便。并且，群众越来越关注社会重大热点问题，逐渐形成参与其中的行为举动。据2010年3月18日发布的《2009中国网络舆情指数年度报告》中披露，中国网民最关注的8大热点问题依次是[10]：反腐倡廉、房价问题、就业问题、户籍制度、养老保险、食品安全、医疗保险和交通安全问题。当相关危机事件发生后，网民对事件的带有主观意见的转贴是舆情在网络上传播的重要推动力。

2.2 网民关系网络模型

将网民之间的关系看成一个网络 G，网民为网络上的节点 V。Watts D J[11]等认为一般用2-3个维度就可以进行较高效率的网络搜索，则假设网民关系网络是由关于 V 的三个特征向量（X_1，X_2，X_3）组成的三维网络。常用的对网民进行的分类的方法有[12]：按照上网时间划分——轻度上网者（每周上网平均3.5小时到5小时）、中度上网者（每周上网平均5小时到10小时）、重度上网者（每周上网平均10小时到30小时）、职业上网者（每周上网平均30小时到50小时）和上网成瘾者（非职业上网，每周上网平均30小时到50小时或以上）；按照上网目的划分——获得信息类网民、娱乐休闲类网民、学习类网民、交友聊天类网民和工作类网民；按照其网上活动的特征划分——纯信息网民、纯沟通网民、基础网民、纯娱乐一般网民、典型娱乐网民、信息娱乐网民、泛娱乐网民、网络工作网民、次全能网民和全能网民。第一维向量 X_1 为上网时间，第二维向量 X_2 为上网目的，第三维向量 X_3 为网上活动特征，m_1、m_2 和 m_3 为各个向量取值的个数，N_0 为网民数。

同一般的社区结构一样，网民关系网络中的一些网民之间的相对连接率较高，一些网民之间的连接率相对较低，从而形成网民社群。用 k 表示每个网民所在节点的度，划分网民社群原则为：当 X_1 相同时，任意两个网民之间相互连接的概率为1；当 X_1、X_3 不同而 X_2 相同时，任意两个网民之间相互连接的概率为 P_1；当 X_1、X_2 不同而 X_3 相同时，任意两个网民之间相互连接的概率为 P_2；当 X_1 不同，X_2、X_3 相同时，任意两个网民之间相互连接的概率为 P_3。

由于目前还没有相关的经验公式，本文采用模拟的方式给出网民关系网络的度分布图（其中，$N_0 = 12\,000$，$m_1 = 5$，$m_2 = 5$，$m_3 = 10$）。如图1所示：

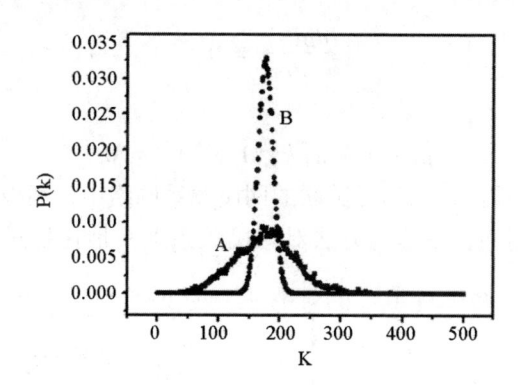

图 1 网民关系网络与 ER 图的度分布图的比较

由图 1 可知，网民关系网络图 A 接近随机 ER 图 B 的分布，呈 Possion 分布，即近似于均匀网络。

3 危机事件网络舆情传播模型

关注危机事件的网民中有两种不同态度的群众：①有消极倾向的；②无消极倾向的，这两种倾向的网民随着时间的推移可以相互转化。消极倾向的网民可以影响无消极倾向的网民，危机事件发生初期，具有消极倾向的网民为少数；随着事件的发展，这部分有消极倾向的网民把消极倾向通过网络传递给同样关注此危机事件的部分网民，形成消极思潮在网络上蔓延。与此同时，消极倾向的网民也可转化为无消极倾向，此传播方式类似传染病传播的 SIS 模型。由上文可知，用于承载和传播危机事件舆情的网民关系网络是一个均匀网络，依据复杂网络上的传播理论可知，消极舆情在此网络上的传播一定存在阈值 λ_c。超过这个值，网民的消极思潮产生，低于这个值网民的消极思潮不产生。

在均匀网络中，每个网民的度近似等于网络节点的平均度，即 $k \approx [k]$。对于 SIS 模型，令已经感染消极倾向的网民被转化为无消极倾向的概率 $\delta = 1$。根据 Pastor-Satorras 等[13]的平均场理论，得到被消极倾向感染的网民的密度随时间的演化为：

$$\frac{d\rho(t)}{dt} = -\rho(t) + \lambda[k]\rho(t)[1 - \rho(t)] \quad (1)$$

其中，$\rho(t)$ 为 t 时刻有消极倾向的网民密度，λ 为有效传播速率。由稳定性条件：

$$\frac{d\rho(t)}{dt} = 0 \tag{2}$$

得到方程：

$$\rho[-1 + \lambda[k](1-\rho)] = 0 \tag{3}$$

由方程（3）得出在均匀无关联的网民关系网络中，消极倾向的传播阈值 $\lambda_c = [k]^{-1}$。通过数值模拟的方法对网民关系上舆情传播过程进行仿真，如图2、图3所示：

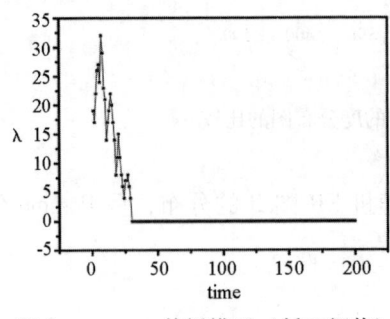

图2　$\lambda < \lambda_c$ 传播模型（低于阈值）　　图3　$\lambda > \lambda_c$ 传播模型（高于阈值）

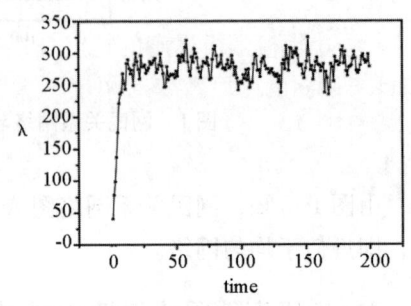

当 $\lambda < \lambda_c$ 时，消极舆情在一定的时间内会自动消亡；当 $\lambda > \lambda_c$ 时，消极舆情会在网络上形成消极思潮。

4　消极思潮的应急对策

不同规模关注危机事件的网民有着不同的消极思潮传播阈值，不同的传播率条件下，具有消极倾向的最终网民数密度 ρ 是不同的。依据不同的最终具有消极倾向的网民数密度 ρ 和不同的传播阈值 λ_c，可以将网民消极思潮的严重度划分为不同等级。根据不同网民数规模下的危机事件规模和相关经验，本文将危机事件的消极舆情范围分为小规模（100人）、中等规模（1 000人）和大规模（5 000人）。再根据不同的最终具有消极倾向的网民数密度 ρ 将网民消极思潮的反应类型分为：Ⅰ（$0 < \rho < 0.25$）、Ⅱ（$0.25 < \rho < 0.5$）、Ⅲ（$0.5 < \rho < 0.75$）、Ⅳ（$0.75 < \rho < 1$），其中 $\rho = 0$ 为可消解状态。根据这两个指标将传播率划分，括号中数据为传播率的取值范围，由上述模型得出，等级划分如表1所示：

表1　消极思潮传播率的等级划分

	小规模	中等规模	大规模
Ⅰ	(0.056, 0.074 7)	(0.005 6, 0.007 47)	(0.002 9, 0.003 9)
Ⅱ	(0.074 7, 0.112)	(0.007 47, 0.011 2)	(0.003 9, 0.004 5)
Ⅲ	(0.112, 0.224)	(0.011 2, 0.022 4)	(0.004 5, 0.005 1)
Ⅳ	(0.224, +∞)	(0.022 4, 0.056)	(0.005 1, 0.005 6)

● 小规模消极思潮的特点是：在小范围内产生的消极态的传播；最终具有消极倾向的网民数变动幅度不大；消极思潮的传播率比较大。由于参与人数较少，多数是自发形成的，所以政府有关部门可以将主要的注意力集中在已有消极倾向的网民身上，通过控制消极舆情传播率来降低消极思潮的最终存在率。

● 中等规模的消极思潮形成的人群范围较广，最终消极态的人数变动幅度较大，消极舆情传播率一般。在这种情形下，可以通过电子政务网络，向网民传递官方的正确信息和进行教育，使其由消极态转化为非消极态。假设一段时间内官方信息在网络中传递给网民的次数 n_f 是网民关系网络中消极舆论传播次数的 n 倍时，消极思潮可以被成功的控制。因此，可以得出政府在这段时间内信息发布密度（次数）的关系式：

$$n_f \geq n\lambda \tag{4}$$

● 对待大规模消极思潮，政府部门一方面可以直接通过网络媒介将信息发布给网民；另一方面可以通过传统媒体将信息发布给网民。设政府运用网络媒介的权重为 α，信息发布的次数为 n_s；运用传统媒体的权重为 $1-\alpha$，信息发布的次数为 n_m。则信息发布密度关系式为：

$$\frac{\alpha n_m}{2} + \frac{(1-\alpha)n_s}{3} \geq n\lambda \tag{5}$$

中等规模和大规模的消极思潮往往是在小规模消极思潮的基础上发展起来的，或经过一定时间的聚集，或由于少数人有预谋的组织、煽动和策划。故小规模消极思潮的管理应引起政府的重视，在消极思潮处于小规模阶段时，进行疏通和劝导可以很好的引导危机事件的网络舆情向着良性的方向发展。抓住时间这个因素十分重要，一旦错失良机，消极思潮有进一步向深层次发展的危险。

当消极舆情的扩散路径已经完成、规模已经扩大时，政府相关部门除了注意恰当地使用网络媒体和传统媒体进行干预，还应对有激进消极倾向的网民采取相应的隔离措施，使其很难与未被感染者接触，从而防止事态进一步扩大。

5　结语

网络对现实社会的影响日益加大，社会实情与网络舆情之间的互动格局正在形成，政府和群众通过网络良性互动是提高政府执政能力的一条重要途径。关注网络舆情的传播可以防止消极舆论思潮的发生，控制危机事件事态的扩大，稳定民心。本文研究表明网民关系网络为均匀网络，依据传染病传播模型建立危机事件网络舆情传播模型，根据所建模型分析消极思潮产生条件，给出应急对策。研究成果为政府的危机事件网络舆情管控提供了思路。

参考文献：

[1] 曾润喜，徐晓林．网络舆情突发事件预警系统、指标与机制．情报杂志，2009，28（11）：52－54．

[2] 曾润喜．网络舆情管控工作机制研究．图书情报工作，2009，53（18）：79－82．

[3] 许鑫，章成志，李雯静．国内网络舆情研究的回顾与展望．情报理论与实践，2009，32（3）：115－120．

[4] 李雯静，许鑫，陈正权．网络舆情指标体系设计与分析．情报科学，2009，27（7）：986－991．

[5] 戴媛，姚飞．基于网络舆情安全的信息挖掘及评估指标体系研究．情报理论与实践，2008，31（6）：873－876．

[6] 刘毅．略论网络舆情的概念、特点、表达与传播．理论界，2007（1）：11－12．

[7] 张丽红．从网络舆情传播的角度谈文化安全．社科纵横，2007，22（2）：129－131．

[8] 姜胜洪．试论网上舆情的传播途径、特点及其现状．社科纵横，2008，23（1）：130－131．

[9] 吉登斯．社会学．赵东旭，译．北京：北京大学出版社，2003：597．

[10] 天山网．2009中国网络舆情报告：网民最关注8大热点问题．[2010－04－14]．http：//www.tianshannet.com.cn/mt/content/2010－03/22/content_4859327.htm．

[11] Watts D J, Strogatz S H. Collective dynamics of small world network. Nature, 1998, 393（6684）：440－442.

[12] 郭玉锦，王欢．网络社会学．北京：中国人民大学出版社，2005：82－85．

[13] Pastor-Satorras R, Vespingnani A. Epidemic spreading in scale-free networks. Physical Review Letters, 2001, 86（14）：3200－3203.

作者简介

潘芳，女，1982年生，博士研究生，发表论文20篇。卞艺杰，男，1964年生，教授，博士，发表论文60余篇。潘郁，男，1955年生，教授，博士，发表论文70余篇。